汽车底盘电控系统检修

主　编　柯文远　谢岳辉
副主编　朱润标　石俊锋　李春辉
参　编　李　超　周建周　张淑梅
　　　　方　正　张　胜　肖伟强
主　审　苏　州

中南大学出版社
www.csupress.com.cn

全国高等职业教育汽车类"十三五"规划教材编委会

总序 / Preface

汽车后市场风云变幻，配件垄断市场的、汽车维修技术信息公开、互联网＋、大众创业万众创兴等对传统汽车后市场业态产生了巨大冲击，传统业态——4S店、一二类综合性维修企业的发展空间备受挤压，利润大幅缩水，甚至面临企业的生存问题；而新兴业态——上门保养，技术上门，快修快保连锁经营，综合维修企业联盟发展，汽车维保线上下单、线下作业等层出不穷但却没有赚到理想中的利润，发展前途堪忧。而随着制造汽车的原材料、汽车零部件的加工工艺、汽车装配工艺、汽车运行材料等的技术进步，以及道路条件的大幅改善，汽车的故障概率大幅度下降，汽车的可靠性大幅度提高，"汽车不坏了"已经是一个不争的事实；在环保和能源的重重重压之下，新能源汽车，特别是纯电动汽车的市场份额将急剧扩大。因此，过去汽车"以修为主"的时代已经成为历史，"以养代修"的汽车后市场时代已经来临。基于以上现实，在不久的将来，传统业态中的4S店、大型综合性汽车维修企业将面临大批倒闭的困境，汽车后市场的转型升级势在必行；流程化、规范化、标准化、专业化、品牌化、连锁化的汽车专项维修将是汽车后市场的必然发展趋势；汽车后市场对汽车类人才的需求将从单一的"技术技能型人才"向"技能服务型人才"过渡，过去汽修职业教育"以就业为导向"的人才培养模式将面临挑战，毕业生将无业可就，倒逼汽修职业教育人才培养向"以创、就业为导向"人才培养模式转变，因此汽修职业教育也必须进行转型升级，从而汽车职业教育也要从人才培养模式、人才培养方案、教学计划、教学大纲、课程建设、师资队伍建设、实训基地建设等方面进行全新规划。

职业教育不是为过去的行业培养人才，而是要为未来的行业发展需求储备人才，因此职业教育要紧跟行业发展，甚至要预判行业未来发展趋势，走在行业发展的前面，千万不能职业教育和行业发展两张皮，我办我的教育，不管行业发展什么事。因此汽修职业教育一定要研究汽车后市场，一定要贴近汽车后市场，一定要比汽车后市场更懂汽车后市场，要知道汽修职业教育到底应该教什么！到底应该怎么教！到底要教到什么程度！谋定而后动，直击汽修职业教育的痛点。鉴于此，中南大学出版社邀请行业专家参与，组织国内知名汽修高等职业教育院校教育专家共同剖析汽车后市场发展现状，研究汽车后市场发展趋势，积极探索汽修职业教育人才培养方案和人才培养模式，以满足汽车后市场现实要求和适应未来汽车后市场未来发展需求为出发点，构建全新的汽修与汽服职业教育课程体系，打造全国高等职业教育汽车类"十三五"规划教材，相信这套丛书的出版将对推动我国汽车职业教育的发展，为汽车后市场的发展奠定基础。

李东江
2016 年 6 月

前言 / Foreword

　　《汽车底盘电控系统检修》根据"十三五"规划教材要求，结合了高等职业教育汽车类人才培养目标和定位来编写，既强调以应用为主线来构建教材的结构和内容，做到基本理论适度、实际综合性应用突出，又把本专业学生应当学习和掌握的应知应会的基本技能贯彻于教材中，使理论与实验实训有机结合起来，让学生快速提高汽车故障诊断及维修的能力。

　　本书作者在多年从事汽车底盘电控构造及维修课程教学及大量社会调研的基础上，充分考虑了当前职业教育的特点，本书以职业能力培养为主线、以工作任务为导向，按照情境导入、学习目标、相关知识、工作过程、拓展知识及项目评价的结构体系进行编写。

　　全书按照"教、学、做"一体化的理念进行学习情境设计和教学单元设计，相关知识本着"必需、够用"的原则，着重强调项目的可实施性和与实际工作的零距离接轨。在表现形式上本书使用了大量便于学生理解的实际操作图片，相关知识后有"工作过程"专栏跟进，强调工作的真实性、规范性和安全性。（"工作过程"中的内容各校可以根据实际情况灵活选用，每个任务后均配有工作单，可与任务结合使用。）本书较为系统地介绍了汽车底盘电控系统各零部件的组成结构、工作原理、检修及故障诊断方法，共设置了8个项目，102个课时，建议采用理论实践一体化教学模式，各章的参考学时见下面的学时分配表。

学时分配表

项目	课程内容	学时
项目一	自动变速器电控系统的检修	44
项目二	防抱死制动系统（ABS）的检修	10
项目三	牵引力控制系统（ASR）的检修	8
项目四	汽车电子稳定系统（ESP）的检修	6

续表

项目	课程内容	学时
项目五	电控悬架系统的检修	10
项目六	电控动力转向系统的检修	12
项目七	胎压监测系统的检修	6
项目八	定速巡航系统的检修	6
课时总计		102

本书内容丰富、实用性强，不仅可作为高职高专院校汽车检测与维修技术等相关专业的教学用书，还可作为其他层次学历教育和短期培训的教材，也可作为广大汽车服务工程技术人员的专业参考书。

本书由广东省高级技工学校柯文远、谢岳辉任主编。朱润标、石俊锋、李春辉任副主编。本书编写具体分工如下：柯文远、谢岳辉共同编写项目一、五、七、八，朱润标编写项目二、三，石俊锋编写了项目四，石俊锋和李春辉共同编写项目六。另外，参与本书编写的人员还有李超、周建周、张淑梅、方正、张胜、肖伟强。

此外，要特别鸣谢广东省高级技工学校的苏州，他认真审订了本书并提出了许多宝贵的意见。在本书编写的过程中，参阅了大量国内外专业书籍和资料，在此一并表示感谢。

由于编者水平所限，书中难免出现错误之处，恳请读者批评指正。

编　者
2016 年 5 月

目 录
CONTENTS

项目一　自动变速器电控系统的检修

自动变速器是指汽车驾驶中离合器和变速器的操纵都实现了自动化,通过电控系统控制换挡,在发动机和车轮之间产生不同的变速比,使发动机工作在其最佳的动力性能状态。自动变速器的发展趋势是越来越复杂,自动化程度也越来越高,自动变速器将是未来的主流。

本项目介绍自动变速器检修的知识,分五个工作任务:任务1——自动变速器总体认知;任务2——丰田A341E自动变速器的检修;任务3——电控自动变速器的故障诊断排除;任务4——本田飞度CVT自动变速器检修;任务5——双离合器(DCT或DSG)自动变速器检修。学生能通过本项目的学习,学会自动变速器的基础知识及检修技能。

任务1-1　自动变速器总体认知

★ 情境导入

某汽修厂李师傅接到一张"丰田A341E自动变速器维修工时单"后,叫徒弟先去查询这款车自动变速器维修技术资料。徒弟很茫然,师傅问他怎么不动,徒弟说这款车装载的是什么变速器,于是,师傅就车现场给他讲了许多。你想知道师傅给徒弟讲些什么吗? 不妨看看下面就知道了。

自动变速器的结构及工作原理均与传统的手动变速器有很大不同,在维修之前做好基础性了解十分必要,本任务将进行自动变速器基本知识学习,充分了解自动变速器的类型、工作原理、使用等。

★ 学习目标

完成本学习任务后,你应该能:

1. 了解自动变速器的相关历史。
2. 知道自动变速器的类型、组成、挡位使用及工作原理。
3. 能够通过自动变速器的标志牌查询相关信息。
4. 能够对自动变速器进行基础检查。
5. 工作符合6S要求。

建议课时: 2课时

【相关知识】

在汽车工业一百多年的发展史中,动力传动系的技术进步一直处于一个举足轻重的地位。车辆行驶性能的好坏不仅取决于发动机而且在很大程度上依赖于变速器及变速器与发动机的匹配。为了有效地提高车辆的动力性和燃油经济性,所以产生了适应时代需求的自动变速技术。随着电子技术和自动控制技术的发展,自动变速技术已经越来越成熟,自动变速器的种类和形式也日益多样化。计算机与换挡变速技术的结合,有力地推动了汽车工业的发展。

一、自动变速器与手动变速器比较

自动变速器车辆驾驶不需要离合器和换挡杆的频繁控制,驾驶轻松;手动变速器车辆驾驶,需要控制离合器位置和经常换挡,增大驾驶员疲劳强度,如图1-1所示。

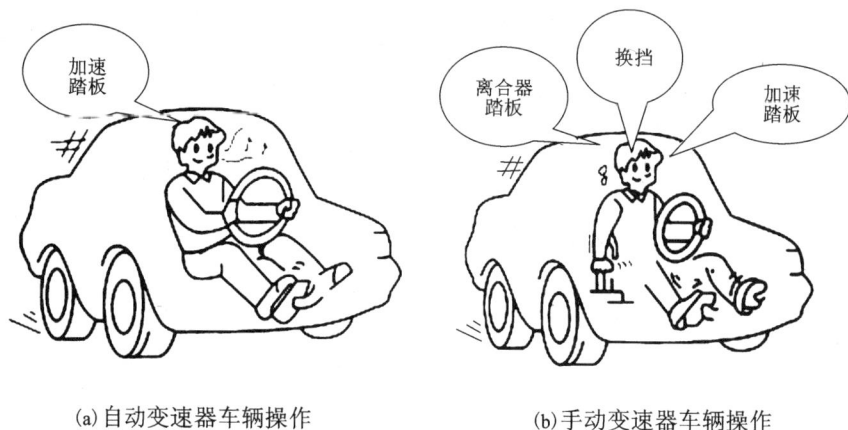

(a)自动变速器车辆操作   (b)手动变速器车辆操作

图1-1 手动变速器与自动变速器车辆操作方法区别

与手动变速器相比,自动变速器具有如下特点:

(1)使用寿命长、经济性好。有试验资料表明,由于采用液力传动技术,发动机的使用寿命延长85%,变速器的使用寿命延长12倍,传动轴的使用寿命可延长75%以上。自动变速器能根据行驶路况变化,选择最佳换挡时机,从而提高了汽车的动力性和经济性。

(2)适应能力强、驾驶性好。自动变速器根据行驶阻力变化,自动控制挡位变换,同时减少换挡次数和换挡冲击,特别适合非职业人员驾驶。

(3)行车安全性高、排放性好。由于换挡次数的减少和道路适应性高等优点,驾驶员避免了频繁操作,有利于注意力的集中和体力的保持,增强了行车安全系数。采用自动变速器后,汽车能保持在最经济范围工作,其废气排放低,从而降低了排气污染。

(4)复杂、成本高、效率低。结构较复杂,生产和维修成本都较高,传递效率低。

二、自动变速器分类

1. 按照驱动方式分类

自动变速器分为前驱动自动变速器和后驱动自动变速器，如图1-2所示。

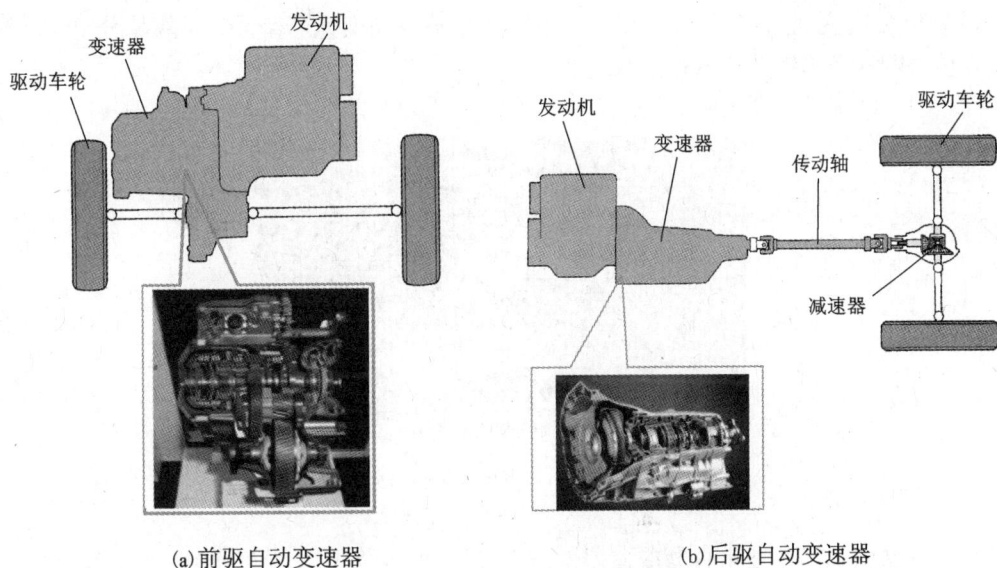

(a)前驱自动变速器　　　　　　　　(b)后驱自动变速器

图1-2　前、后驱自动变速器示意图

2. 按照自动变速器的传动原理分类

按照传动原理的不同可分为三种：AT，CVT和DCT，如图1-3所示。

AT——auto transmission，为液力自动变速器的缩写；

CVT——continuously variable transmission，为无级变速器的缩写；

DCT——double clutch transmission，为双离合自动控制变速器的缩写，大众公司又叫DSG。

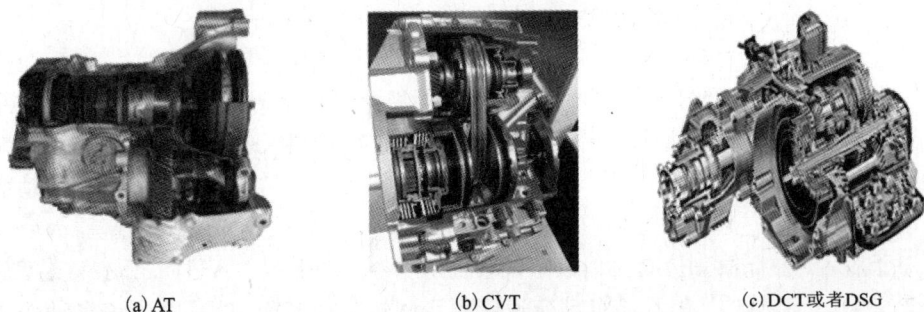

(a)AT　　　　　　　　(b)CVT　　　　　　　　(c)DCT或者DSG

图1-3　不同传动机构的自动变速器

不同车型装备不同型号的自动变速器。在使用或维修过程中，首先要对自动变速器型号了解，否则对查找资料、故障分析、诊断和排除带来困难。同样，对选挡手柄标识及自动变速器的使用等问题，也是必须了解的内容。

三、自动变速器型号识别

自动变速器型号很多，其产品型号也不同。在变速器壳体上一般都有一个金属铭牌，上面标有自动变速器生产公司名称、型号、生产序号代码、液力变矩器规格等内容，很方便地从铭牌知道自动变速器型号，如图1-4所示。了解自动变速器型号，对故障分析、资料查找、零件采购和正确拆装会有很大帮助。

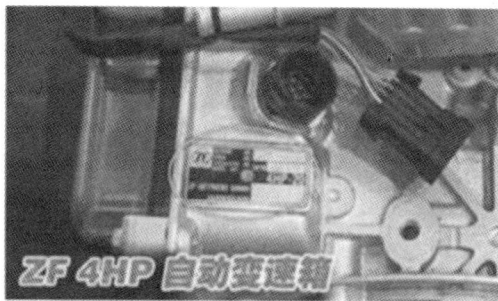

图1-4　宝马的自动变速器

自动变速器型号主要由自动变速器性质字母代号、生产厂家字母代号、驱动方式字母代号、前进挡数字代号、控制类型字母代号和改进序号等组成。

1. 日本丰田

```
A    3    1    1    E
①    ②    ③    ④    ⑤
```

①A表示自动变速器
②3表示后驱
③4表示有4个前进挡
④1表示生产序号为第二代
⑤E表示控制方式为电控

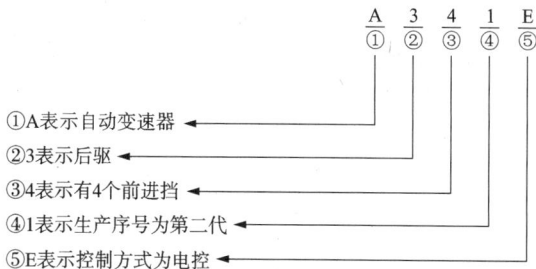

丰田自动变速器的型号分为两大类：一类为型号中除字母外有两位阿拉伯数字，如A43DL或A45DF，另一类为型号中除字母外有3位阿拉伯数字，如A340H、A341F。前者左起第一位字母"A"表示自动变速器，左起第一位数字分别为"1""2""5"则表示该自动变速器为前驱动车辆用；若左起第一位阿拉伯数字分别为"3""4"则表示该自动变速器为后驱动车辆用。对于后者，左起第三位阿拉伯数字代表生产序号。如上图中A341E所示。数字后面的字母的含义为："H"或"F"表示该自动变速器用于四轮驱动车辆，"D"表示该自动变速器设有超速挡；"L"表示该自动变速器带有锁止离合器；"E"表示该自动变速器为电控式，同时带有锁止离合器；若无"E"表示全液控自动变速器。

2. 美国通用

$$\frac{4}{①}\ \frac{T}{②}\ \frac{65}{③}\ \frac{E}{④}$$

①4表示有4个前进挡
②T表示变速器为横置式
③65表示额定转矩为65 N·m
④E表示控制方式为电控

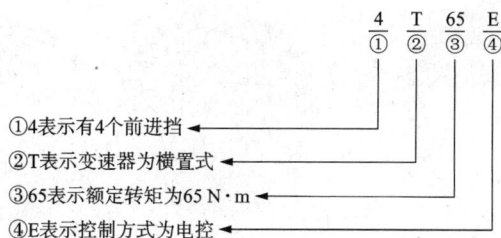

该公司自动变速器的型号主要有4T60E，4L60E等。第一位阿拉伯数字表示前进挡的个数，"4"表示有4个前进挡。第二位字母表示驱动方式，"T"表示自动变速器横置（transverse）；"L"表示后置后驱。第三、四位数字表示自动变速器的额定驱动转矩。第五位字母表示控制类型，"E"表示电子控制。

3. 德国采埃孚

$$\frac{ZF}{①}\ \frac{5}{②}\ \frac{H}{③}\ \frac{P}{④}\ \frac{19}{⑤}\ \frac{F}{⑥}\ \frac{L}{⑦}\ \frac{A}{⑧}$$

①ZF表示采埃孚
②5表示有5个前进挡
③H表示为液压控制方式
④P表示行星齿轮传动
⑤19表示额定转矩为19 N·m
⑥F表示前驱
⑦L表示发动机纵置
⑧A表示全轮驱动（无A为前驱）

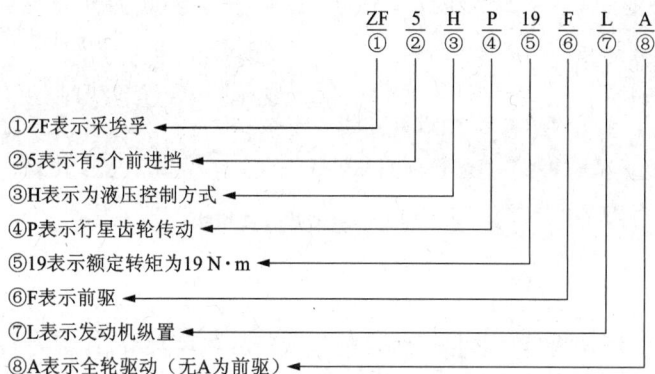

第一位 ZF 表示生产公司名称是德国的采埃孚，第二位数字表示前进挡位数是 5 个挡。左起第三位字母"H"代表控制类型为液压控制，第四位字母"P"代表齿轮类型为行星齿轮，第五位为额定转矩。第六、七位为发动机的布置形式，末尾的"A"表示驱动形式。

四、自动变速器基本组成

自动变速器安装在发动机和驱动桥之间，它的功用是：根据汽车行驶阻力的变化，在一定范围内自动地改变传动比，传递动力使汽车行驶，并能改变汽车行驶方向。自动变速器由液力变矩器、齿轮变速器机构、液压控制系统、电子控制装置等主要部件构成。

1. 液力变矩器
液力变矩器是安装在发动机和行星齿轮变速器之间的动力传递元件。它能在一定范围内自动地改转矩比，传递动力，且具有离合器的功用，如图1-5所示。

2. 齿轮变速机构
齿轮变速机构是安装在液力变矩器和驱动桥之间用于改变传动比重要元件，如图1-6所示。齿轮变速器有动轴式（行星齿轮）和定轴式（机械齿轮）两种。动轴式齿轮变速器常见于前驱或者后驱的汽车上，而定轴式齿轮变速器一般用于前驱的汽车上。它能组合成自动变速器的不同挡位，改变汽车前进的方向，以满足汽车驾驶的需求。

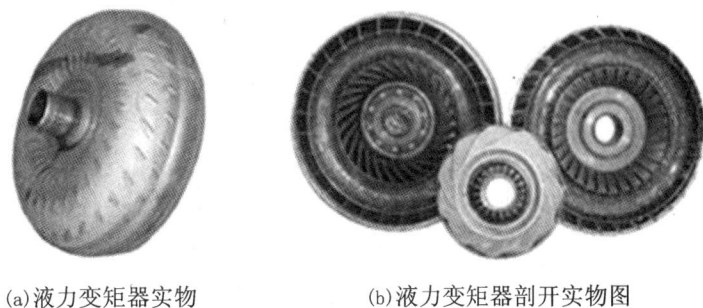

(a)液力变矩器实物　　　　　　(b)液力变矩器剖开实物图

图1-5　液力变矩器

图1-6　行星齿轮变速机构

3. 液压操纵系统

液压操纵系统主要包含液压控制系统和换挡执行机构两部分。

(1)液压控制系统。该系统由油泵、控制阀和与之相连接的液压换挡元件组成的液压控制回路,如图1-7所示。它根据节气阀、车速阀的信号及换挡杆的位置,按照一定规律自动控制换挡元件的工作,实现自动换挡。

(2)换挡执行机构。电控自动变速器的换挡执行机构与普通手动变速器中的同步器有类似的作用,但前者是受电液系统控制的,而后者则是由人工手动控制的。电控自动变速器的换挡执行机构,包括离合器、制动器、单向离合器三种,如图1-8所示。

图1-7　液压控制系统

图1-8　换挡执行机构

4. 电子控制装置

电子控制装置由传感器、电控单元和执行器组成,控制过程利用了现代电子技术,可以实时测量汽车工作状态,电脑运算后对电磁阀和液压控制装置进行控制,使自动变速器满足汽车行驶的最佳状态,如图 1－9 所示。

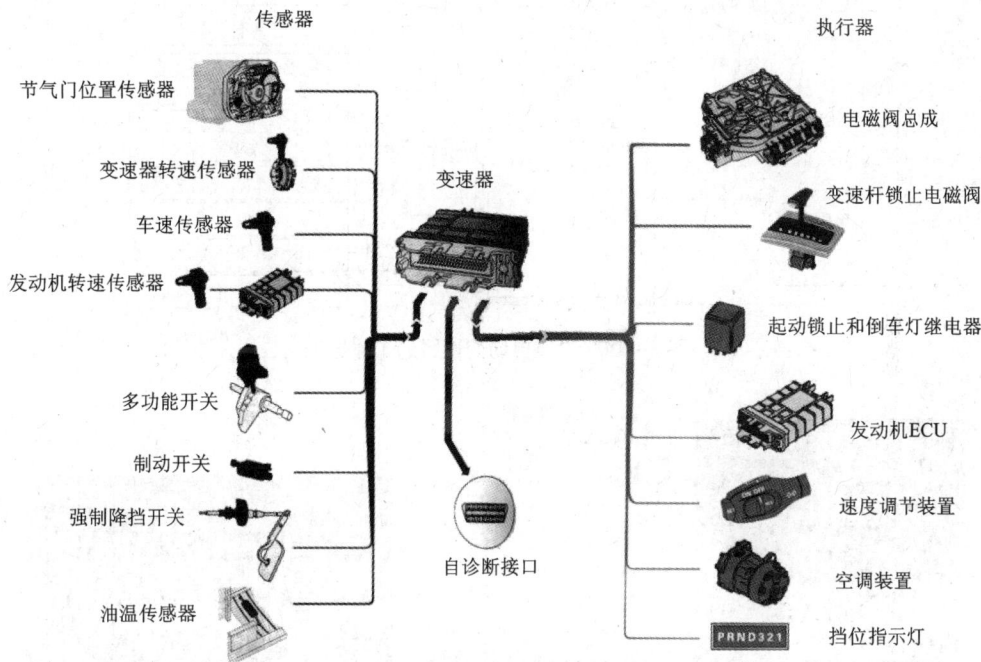

图 1－9 电子控制装置

五、电控液力自动变速器的工作原理

汽车在行驶不同路况的时候,需要不同的车速和驱动力,也即需要不同的挡位比输出,例如起步或上坡时,应该挂低挡挡位,而在下坡或者走高速路时,应该挂入高挡位,这就是变速器应有的基本功能。对于自动变速器来讲,它能自动根据汽车的行驶状况,适时地控制挡位更换。工作的时候,电控自动变速器将各种传感器的信号输入控制单元(ECU),ECU 根据这些信号进行处理,并按照设定的换挡规律,输出控制指令控制液压系统中各种电磁阀,使相应换挡阀动作和切换挡执行元件油路,从而实现自动换挡,如图 1－10 所示。

六、自动变速器挡位识别

不同厂家生产的自动变速器换挡杆上的挡位会有所不同,以日系车为例,通常有 6 个位置(P－R－N－D－2－L)或 7 个位置(P－R－N－D4－D－2－1)两种,当换挡手柄在某一挡位时,位于仪表盘中显示器将显示出对应某一挡位标识,如图 1－11 所示。自动变速器挡位标识含义如表 1－1 所示。

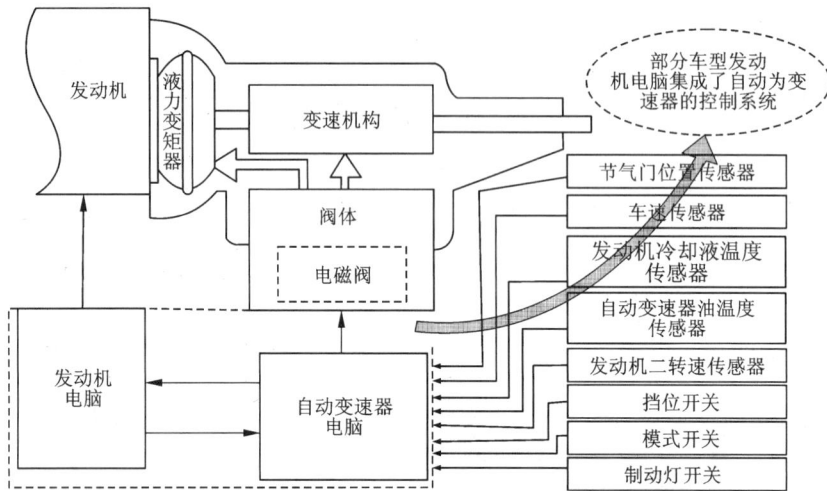

图 1-10　电控自动变速器的工作原理

(a)选挡手柄

1.锁止按钮

2.超速挡开关

3.选挡手柄

4.挡位标识

(b)挡位指示器

图 1-11　自动变速器选挡手柄和挡位指示器

表 1-1　自动变速器挡位标识含义

挡位标识	挡位	说明
P	驻车挡	汽车停稳后按下手柄上的解锁按钮后才能挂入,变速器输出轴被锁死,汽车不能移动
R	倒挡	汽车停稳后按下解锁按钮后才能挂入,汽车实现倒退行驶
N	空挡	当选挡手柄在该位置时,自动变速器空转,输出轴无动力输出,汽车没有动力,但是输出轴并没有被锁死
D	前进挡	当选挡手柄在该位置时,自动变速器可以在所有前进挡位之间自动换挡
D4	前进四挡	常见于有4速前进挡的自动变速器,不另设超速挡开关,在该挡位时,变速器可以在1~4挡位之间自动换挡

挡位标识	挡位	说明
D3	前进三挡	当选挡手柄在该位置时,自动变速器可以在前进 1~3 挡间自动换挡,不能进入 4 挡,适用于交通繁忙路况
S(或 2)	前进二挡	当选挡手柄在该位置时,自动变速器可以在前进 1~2 挡位之间自动换挡。有较大动力性,适用于长坡路和坏行驶,此外还可以使自动变速器逆向传递动力,实现发动机制动
L(或 1)	前进一挡	当手柄在该位置时,自动变速器被锁定在前进 1 挡行驶。发动机转速较高,可获得较大动力,适用于长坡路和坏行驶,同样具有发动机制动功能
图 1-11 中 1	换挡手柄锁止按钮	未按下此按钮时,选挡手柄不能移动,按下此按钮时,换挡手柄才可以移动
图 1-11 中 2	O/D 超速挡换挡开关	当汽车行驶速度达到高速时,可以按下 O/D 开关,此时汽车可在超速挡位置保持行驶

手自一体变速器就是具有自动换挡和手动换挡两种模式,其换挡杆外形如图 1-12 所示。该变速器结合了自动变速器和手动变速器的优点,最大限度地减少了变速系统的功率损耗。在自动换挡模式时,由电控系统根据车况自动变换挡位。而在手动换挡时,驾驶员凭主观意愿操纵换挡杆挂入向上"+"或向下"-"挡位,可以自由调节挡位及转速,增加了驾驶乐趣。如果速度跟不上相应的挡位,那么挡位会自动往下调;如果速度高于所在的挡位,则需要手动向上拨。

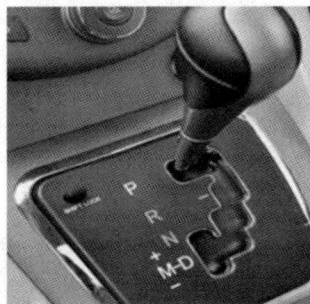

图 1-12　手自一体变速器的换挡杆

七、自动变速器的使用注意

(1)只有在变速杆置于 P 位或 N 位时发动机方可起动,在点火开关接通状态下若想移出这两个挡位,需踩下制动踏板,同时按下操纵手柄上锁止按钮。临时停车时最好不要挂入 P 挡,以免被后车追尾,而造成变速器驻车机构损坏。

(2)装备自动变速器的车辆无法用牵引的方法起动发动机,

(3)若车辆出现故障无法行驶,车辆被牵引时的注意事项如下:

①变速杆置于 N 挡。

②牵引速度小于 50 km/h,牵引距离小于 50 km。

③若需长距离牵引,则需将驱动轮置于牵引车上。

④P 挡可作为驻车制动器的辅助制动器,却不可代替驻车制动器。

⑤若短时停车,不必换入 N 挡。下长坡时,严禁空挡滑行。

⑥在很冷的冬季起动时,应允许 1 min 预热。长时间行驶后,不要马上熄火,以使变速器迅速冷却。

【工作过程】

一、实践准备及相关技术要求

1．实践准备

(1)液力自动变速器、双离合器自动变速器、CVT 自动变速器若干台；配备 U341E 自动变速器的丰田卡罗拉车辆一台。

(2)常用工具、常用量具、手电筒、干净的抹布。

(3)各种变速器的维修手册、工单。

2．技术要求及注意事项

(1)搬动或者翻转自行变速器时注意安全，谨防砸伤；

(2)在发动机舱查看变速箱型号时，严禁启动车辆。

二、自动变速器的型号识别

自动变速器维修之前，可通过铭牌识别，应确认型号，以便于维修资料的查询和参数数据的确定，保证正确的诊断、拆卸、维修和安装以及选用正确的零部件，保证维修质量。尝试寻找实训自动变速器上的标志牌(图 1-13)，并利用网络查出该款型号自动变速器的具体信息。

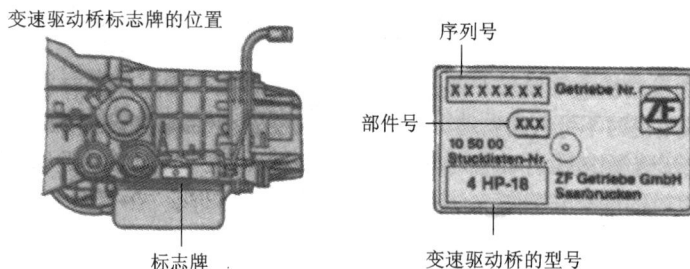

图 1-13　自动变速器上的标志牌

提示：铭牌标示有自动变速器的生产公司名称、型号、生产序号的代码等信息。

任务 1-2　丰田 A341E 自动变速器检修

★ **情境导入**

一辆丰田卡罗拉汽车，搭载四缸发动机，装用 A341E 型自动变速器，因无法行驶，被拖入了修理厂。经检查发动机完好，变速器有打滑现象，变速器油黑色且有焦糊味和固体颗粒物，需要对该变速器进行拆检。

本任务中先要对丰田电控液压自动变速器进行相关知识的学习，了解自动变速器中主要的构造及工作原理，其次需要完成技能任务对自动变速器的主要部件的修理以及检测。

★ **学习目标**

完成本学习任务后，你应该能：

1. 熟悉自动变速器的构造及动力传动路线。
2. 学会自动变速器液力变矩器、齿轮机构及液压系统的构造及检修方法。
3. 能正确检测自动变速器电控系统的各种传感器及开关。
4. 能正确检测自动变速器电控系统的执行器。
5. 能够进行团队合作，工作过程符合6S管理要求。
6. 能够检查、评价、记录工作结果。

建议课时：18 课时

【相关知识】

一、丰田 A341E 自动变速器总体结构

丰田 A341E 型自动变速器总成主要由前后壳体、油底壳、液压板阀总成、油泵总成、行星齿轮变速器、传感器及开关、节气门拉索、油管、密封垫圈等附件构成。A341E 自动变速器分解如图 1-14(a)，(b)所示。

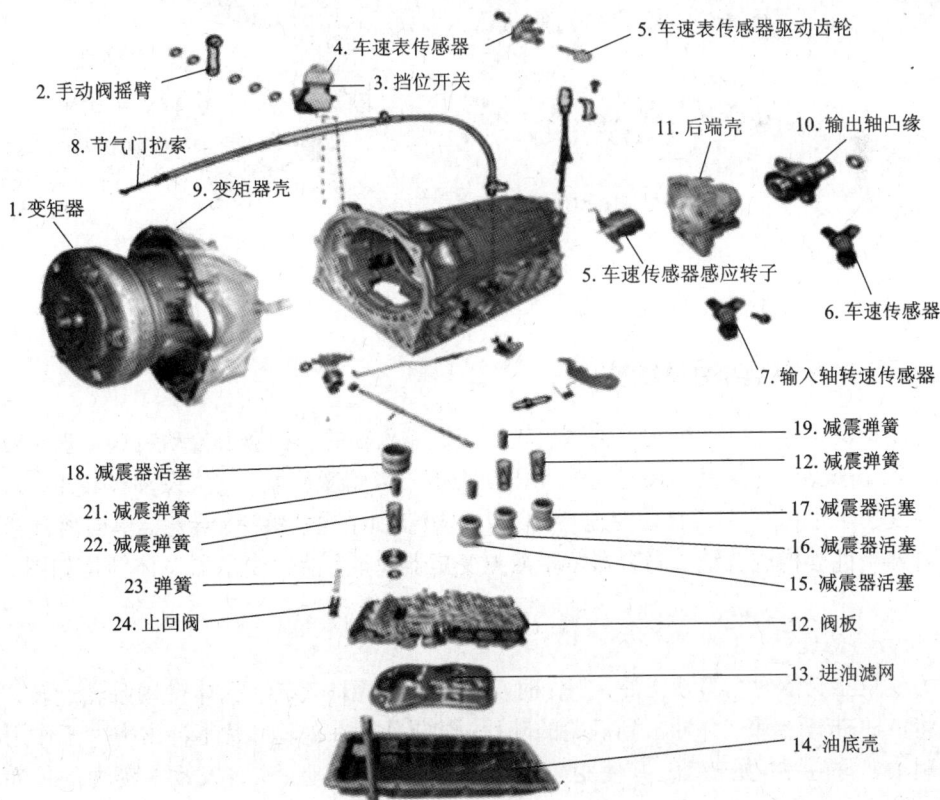

图 1-14　A341E 自动变速器分解图(a)

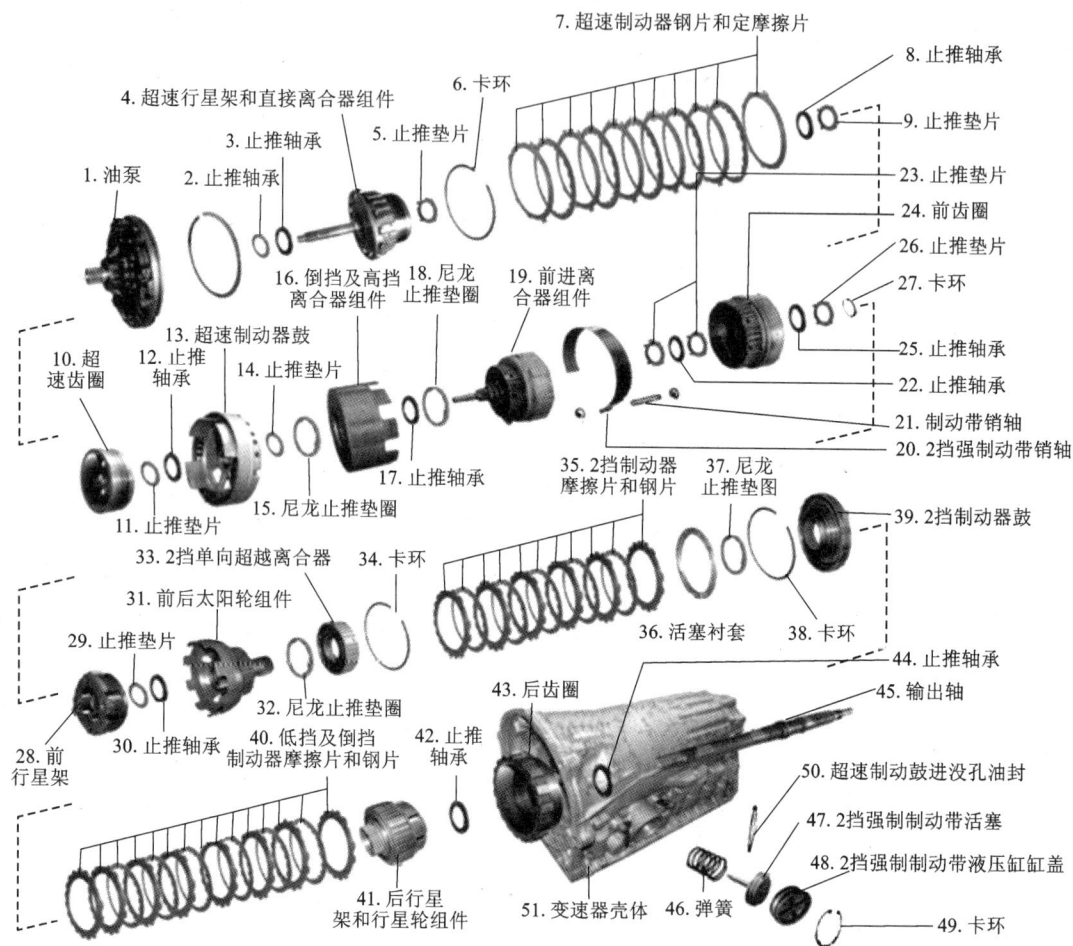

图1-14　A341E自动变速器分解图(b)

二、液力变矩器功用及结构

液力变矩器是连接发动机输出轴和齿轮变速器输入轴的一种液力传动装置。它安装在发动机和齿轮变速器之间。其功用是将发动机动力传给齿轮变速器，增大发动机转矩，并可以实现无级变速。丰田A341E自动变速器的液力变矩器由泵轮、涡轮、导轮、单向离合器以及锁止离合器组件等构成。锁止离合器位于液力变矩器前端，液力变矩器总体结构如图1-15所示。

1. 动力的传递

液力变矩器壳体内充满液压油，工作时发动机带动壳体旋转，壳体带动泵轮旋转，泵轮的叶片将ATF带动起来，并冲击到涡轮的叶片；如果作用在涡轮叶片上冲击力大于作用在涡轮上的阻力，涡轮将开始转动，并使变速器的输入轴一起转动，实现发动机动力的传递。由涡轮叶片流出的ATF经过导轮后再流回到泵轮，形成如图1-16所示的循环流动。

图 1 - 15　液力变矩器

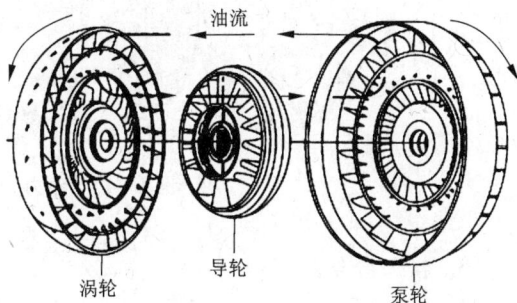

图 1 - 16　液力变矩器的油液流动

2. 变矩的放大

液力变矩器在工作时内部油液也会发生环流，但是油液穿过导轮的流动方向会随着泵轮和涡轮转速差值发生变化，从而起到不同的效果。

汽车刚起步或者重载时，泵轮与涡轮的转速差值较大，从涡轮回流的工作油液就会冲击到导轮叶片的正面，如图 1 - 17(a)所示，导轮由于逆时针方向上锁止，不能转动，此时工作油液的流动方向被改变，同时油液对涡轮产生反作用力，这个力的方向与涡轮转动的方向相同，可以起到增加力矩 M_B 的效应，此时 $M_w = M_B + M_D$。

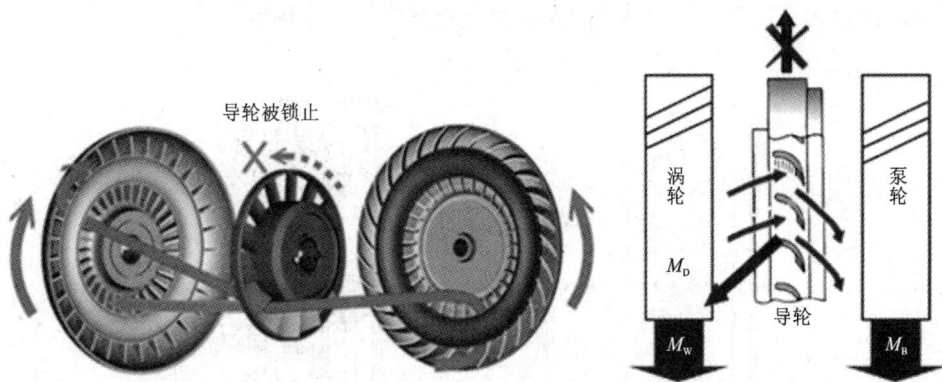

图 1 - 17　液力变矩器的变矩原理(a)

随着涡轮的转速升高，两轮的转速差值变小，从涡轮回流的工作油液就会冲击导轮叶片的背面，如图 1 - 17(b)所示，导轮由于顺时方向上不会被锁止，就能够转动，方向与泵轮涡轮一致，油液的流动方向没有改变，而原来反作用在涡轮上的反作用力矩也没有了，失去了增矩 M_B 作用，此时 $M_w = M_B$。

图1-17 液力变矩器的变矩原理(b)

3. 锁止离合器

锁止离合器简称 TCC，主要由锁止活塞、减震盘和涡轮传动板等组成。锁止离合器可以将泵轮和涡轮直接连接起来，即将发动机与变速器直接连接起来，这样减少液力变矩器在高速比时的能量损耗，提高了传动效率，提高汽车在正常行驶时的燃油经济性，并防止 ATF 过热。控制系可以决定锁止离合器的结合和分离两种状态，如图1-18所示。

(1)结合状态。锁止活塞被油压推动压靠在变矩器壳内的前部，与变矩器壳体连接成为一体，通过摩擦力矩使二者一起转动。此时发动机的动力经液力变矩器壳体、锁止活塞、扭转减震器、涡轮轮毂传给后面的机械变速器，相当于将泵轮和涡轮刚性连在一起，传动效率为100%。

液力变矩器锁止的条件包括：①冷却液温度不低于65°；②选挡杆处于 D 位，且挡位在 D2、D3 或 D4 挡；③没有踩下制动踏板；④车速高于56 km/h；⑤节气门开启。

(2)分离状态。当车辆行驶速度较低时，锁止离合器的前后侧的压力相等，锁止离合器向后移动，锁止离合器处于分离状态，使液力变矩器具有变矩作用。

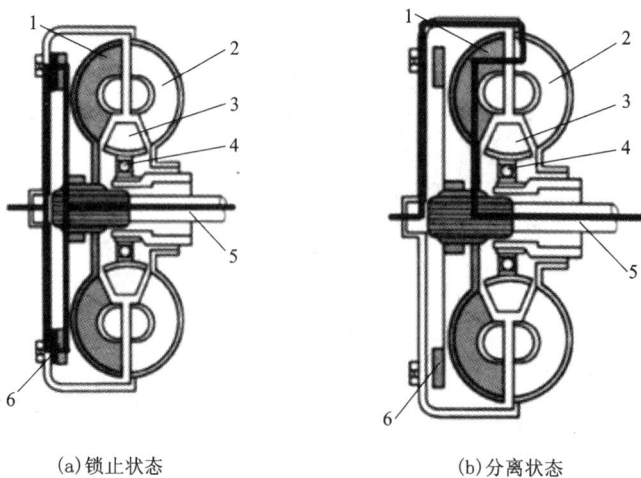

(a)锁止状态   (b)分离状态

图1-18 锁止离合器工作示意图

1—涡轮；2—泵轮；3—导轮；4—单向离合器；5—涡轮输出轴；6—锁止离合器；7—壳体

三、齿轮变速机构

虽然液力变矩器也能改变扭矩，但是范围很有限，无法满足汽车在不同路况下的行驶需要。而齿轮变速器机构能提供更大变化范围的扭矩，大大提高汽车的行驶性能。

齿轮变速机构主要由齿轮传动机构和换挡执行机构两大部分组成，如图1-19所示。齿轮传动机构作用是改变挡位和传动方向。换挡执行机构的作用是实现挡位的变换，包括片式离合器、片式制动器、带式制动器和换挡单向离合器等。较为典型的齿轮变速机构是四挡辛普森行星齿轮变速器。

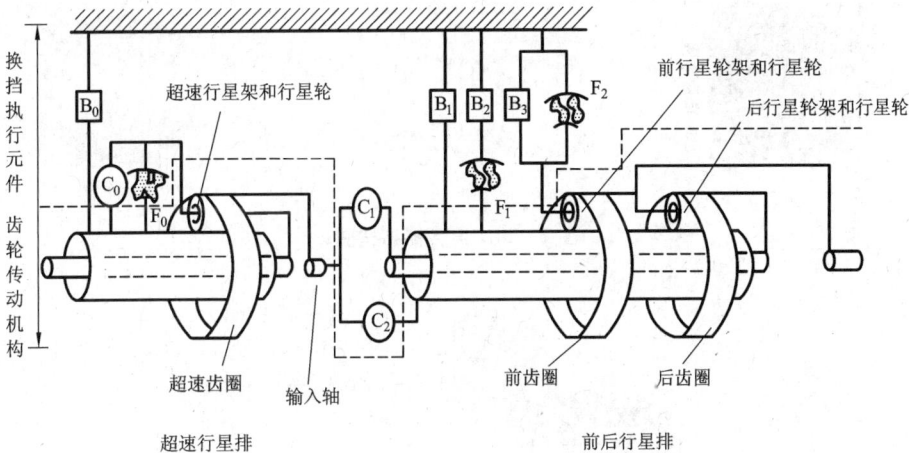

图1-19　齿轮变速机构组成

换挡执行元件：超速挡制动器 B_0、超速挡离合器 C_0、超速挡单向离合器 F_0、前进挡离合器 C_1、高挡及倒挡离合器 C_2、2挡强制制动器 B_1、2挡制动器 B_2、低挡及倒挡制动器 B_3、2挡单向离合器 F_1、低挡单向离合器 F_2。

齿轮传动机构：超速行星齿轮排，前行星齿轮排和后行星齿轮排，即辛普森齿轮传动机构。

1. 换挡执行元件

（1）离合器。离合器的基本功用就是结合、中断动力传递动力。它由外毂、活塞、回位弹簧、钢片、摩擦片、内毂和单向阀等组成，如图1-20所示。

离合器分离时，活塞在回位弹簧作用下抵靠在外毂上，输入轴旋转带动外毂和钢片转动，由于钢片和摩擦片之间有间隙，摩擦片和离合器内毂不转动。离合器结合时，变速器油进入活塞室，在油压作用下活塞向右移动，回位弹簧被压缩钢片和摩擦片逐渐压紧，动力经输入轴、离合器外毂、钢片、摩擦片、离合器内毂传到输出轴输出。

（2）换挡制动器。自动变速器的制动器将行星齿轮排某一旋转构件与壳体或者与壳体相连的固定件相连，使该部件不能转动。主要有两种类型，片式制动器和带式制动器。片式的构造及工作原理与离合器的相类似（图1-21），所不同的是制动器外毂与变速器外壳连接，内毂与行星排某元件连接。这里主要介绍一下带式制动器。带式制动器如图1-22所示，主要由制动鼓、制动带、伺服机构和调整螺钉组成。伺服机构由缸体、活塞、推杆、弹簧和密封圈组成；调整螺钉用于调整制动间隙。

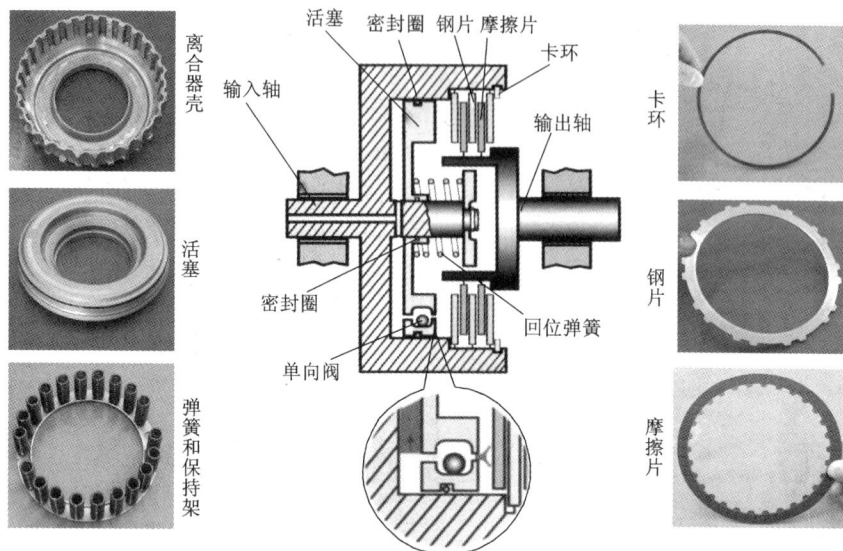

图1-20　离合器结构图

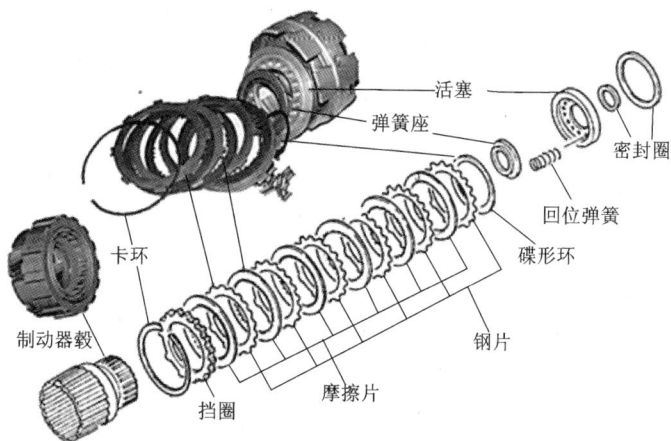

图1-21　湿式多片制动器构造

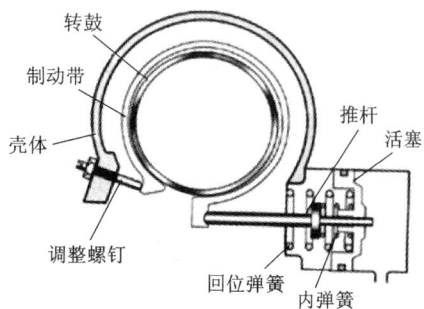

(a)带式制动器结构　　　　　　　　(b)带式制动器实物

图1-22　带式制动器的工作原理

带式制动器的原理：制动器制动时，变速器油进入活塞室，在油压作用下活塞和推杆向左移动，回位弹簧被压缩，制动带内收抱紧制动鼓使其停止转动。解除制动时，活塞室油液压力消失，在回位弹簧作用下，制动带外张使其制动解除。

（3）单向离合器。自动变速器里的单向离合器约束行星齿轮排某一构件只能单向转动，以实现换挡要求或提高换挡质量的要求。单向离合器有滚柱式（图1-23）和楔块式（图1-24）两种。

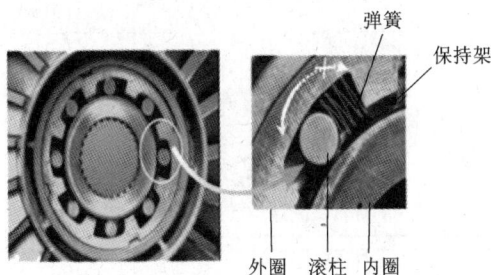

图1-23　滚柱式单向离合器

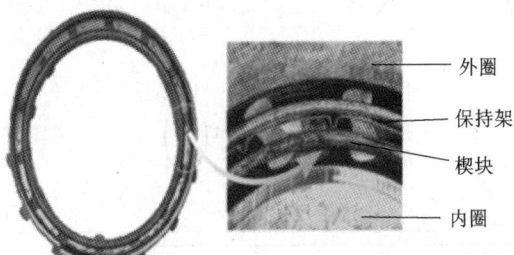

图1-24　楔块式单向离合器

2. 齿轮传动机构

（1）组成部件。如图1-25所示，单排行星齿轮机构一般由四个元件构成，齿圈、太阳轮及行星架有一个共同的固定轴线，行星齿轮则是由行星架上的齿轮轴支承着，与太阳轮是外啮合，与齿圈是内啮合。

（2）行星齿轮机构特点。太阳轮、齿圈和行星轮架均为旋转构件，若不对其中的元件加以约束，就不可能有动力输出。因此，可以将不同构件设定为输入或输出或固定条件，随着条件不同就能获得多种传动比和旋向，实现不同挡位的变换。下面是单行行星排挡位传动比的计算公式：

图1-25　单个行星齿轮机构（左）和简示图（右）

1—太阳轮；2—行星齿轮；3—齿圈；4—行星架

$$i = 主动齿轮转速/从动齿轮转速 = 从动齿轮齿数/主动齿轮齿数$$

下面假设太阳轮齿数 Z_1 为24，齿圈齿数 Z_2 为56，行星轮架齿数 $Z_3 = Z_1 + Z_2 = 80$ 来分析单排行星齿轮机构运动状态和传动比。

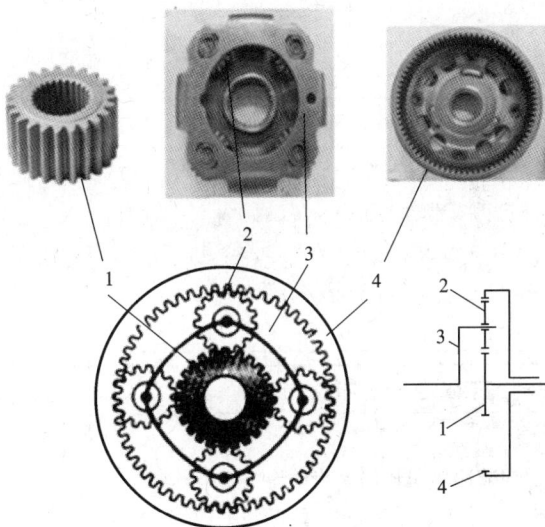

规律 1：齿圈固定，太阳轮为主动件，行星架为从动件。

行星架将同向减速增扭输出。传动比为 i = 从动齿轮齿数/主动齿轮齿数 = 80/24 = 3.33 > 1，相当于变速器 1 挡。

规律 2：齿圈固定，行星架为主动件，太阳轮为从动件。

太阳轮将同向增速减扭输出。传动比为 i = 从动齿轮齿数/主动齿轮齿数 = 24/80 = 0.3 < 1。传动比太小，这种传动方式不被变速器采用。

规律 3：太阳轮固定，行星架为主动件，齿圈为从动件。

齿圈将同向增速减扭输出。传动比为 i = 从动齿轮齿数/主动齿轮齿数 = 56/80 = 0.7 < 1，相当于变速器 4 挡 (超速挡)。

规律 4：太阳轮固定，齿圈为主动件，行星架为从动件。

行星架将同向减速增扭输出。传动比为 i = 从动齿轮齿数/主动齿轮齿数 = 80/56 = 1.43 > 1，相当于变速器 2 挡。

规律 5：行星架固定，太阳轮为主动件，齿圈为从动件。

齿圈将反向减速增扭输出。传动比为 i = 从动齿轮齿数/主动齿轮齿数 = 24/56 = 2.33 > 1，相当于变速器 R 挡。

规律 6：行星架固定，齿圈为主动件，太阳轮为从动件。

太阳轮将反向减速增扭输出。传动比为 i = 从动齿轮齿数/主动齿轮齿数 = 56/24 = 0.43 < 1，这种传动方式同样不被变速器采用。

规律 7：任意两个构件为主动件，另一个构件为从动件。	
整个行星齿轮机构将联为一个整体转动。其转速、方向均相同，其传动比 i = 从动齿轮齿数/主动齿轮齿数 =1，相当于变速器 3 挡（直接挡）。	

规律 8：三个构件均不受约束。	
各构件将都可做自由转动，不受任何约束。当主动件转动时，从动件不动则不传递动力。相当于变速器 N 挡。	

单排行星齿轮运动规律总结如表 1－2 所示。

表 1－2　单排行星齿轮运动规律总结表

固定件	主动件	从动件	输出转向	输出转速	输出转矩
齿圈	太阳轮	行星架	方向相同	减速↓	增扭↑
齿圈	行星架	太阳轮	方向相同	增速↑	降扭↓
太阳轮	齿圈	行星架	方向相同	减速↓	增扭↑
太阳轮	行星架	齿圈	方向相同	增速↑	降扭↓
行星架	太阳轮	齿圈	方向相反	减速↓	增扭↑
行星架	齿圈	太阳轮	方向相反	增速↑	降扭↓

四、辛普森行星齿轮机构

辛普森行星齿轮变速器从 20 世纪 70 年代开始应用在通用、福田、克莱斯特、丰田、日产等多家汽车自动变速器上。四挡辛普森行星齿轮变速器是在三挡辛普森行星齿轮变速器的基础上发展而成的。从 20 世纪 80 年代起，越来越多的轿车自动变速器采用四挡辛普森行星齿轮变速器，以提高燃油的经济性。该变速器 4 挡为最高挡，即超速挡，其传动比小于 1。辛普森四挡齿轮变速器通常是采用三组行星齿轮机构组合而成的，包括超速行星齿轮机构和三挡辛普森行星齿轮机构，如图 1－26 所示。

1. 辛普森行星齿轮机构特点

如图 1－27 是三挡辛普森行星齿轮机构的简图，其特点是：①前排太阳轮和后排太阳轮连成一体；②前行星架和后排齿圈连成一体，一般作为输出组件。这样，该行星机构只具有 4 个独立元件：前排齿圈、前后太阳轮组件，后排行星架、前行星架和后齿轮组件。前两者一般作为输入组件。

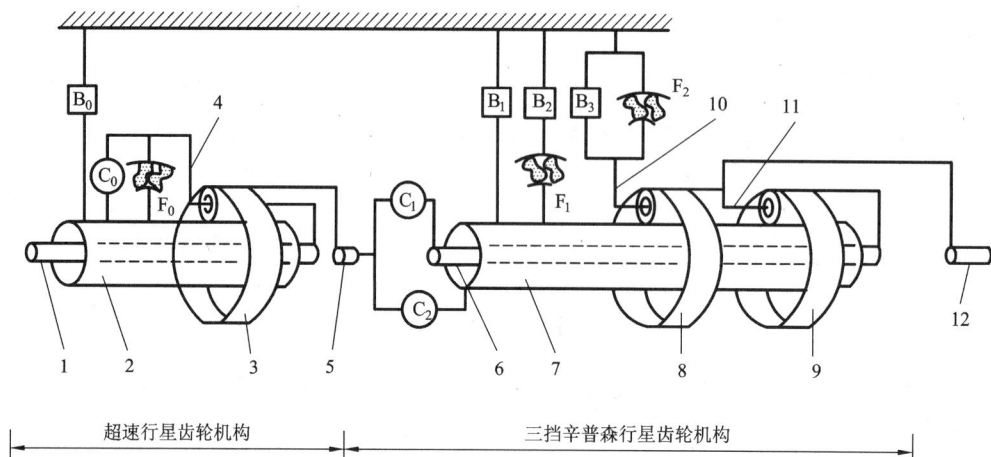

图 1 - 26　辛普森行星齿轮机构

1—超速挡输入轴；2—超速排太阳轮；3—超速排齿圈；4—超速排行星架；5—3 挡输入轴；6—中间轴；
7—前后排太阳轮；8—前排齿圈；9—后排齿圈；10—前排行星架；11—后排行星架；12—3 挡输出轴

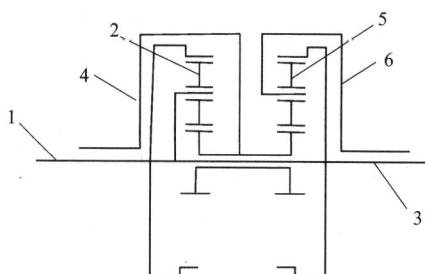

图 1 - 27　辛普森齿轮机构简示图

1—前行星齿圈；2—前排行星轮；3—前行星架/后排行星齿圈组件；
4—公共太阳轮；5—后排行星轮；6—后排行星架

2. 基本原理

自动变速器挡位有 6 个位置和 7 个位置两种。四挡辛普森行星齿轮变速器为 6 个位置，即 L 挡、2 挡、D 挡、N 挡、R 挡和 P 挡；各挡位原理如表 1 - 3 所示。

表 1 - 3　四挡辛普森行星齿轮变速器挡位与操作元件关系表

手柄位置	挡位	换挡执行元件									
		C_0	C_1	C_2	B_0	B_1	B_2	B_3	F_0	F_1	F_2
D	1	结合	结合						●		●
	2	结合	结合				制动		●	●	
	3	结合	结合	结合			制动		●		
	4		结合	结合	制动		制动				

续表 1-3

手柄位置	挡位	换挡执行元件									
		C_0	C_1	C_2	B_0	B_1	B_2	B_3	F_0	F_1	F_2
2	1	结合	结合						●		●
	2	结合	结合			制动	制动		●	●	
L	1	结合	结合					制动	●		●
R	倒挡	结合		结合				制动	●		
P	驻车										
N	空挡								●表示参与工作		

1) 1 挡

(1) D 位-1 挡或"2"位-1 挡。当发动机负荷很小或行车阻力很大,选挡手柄在 D 位或"2"位时,电控系统会自动接通 1 挡油路,在这一挡位时,参与工作的换挡执行元件有 C_0, C_1, F_0, F_2。各执行器作用如下。

① C_0 工作时将超速行星排的太阳轮和行星架连接成一个整体,使动力直接传递。

② C_1 工作时将超速排传来的动力,传递到后行星排的齿圈。

③ F_0, F_2 的工作使相关联的元件只能沿顺时针转动,不可逆时针转动。

超速排的太阳轮和行星架连接在一起成整体动力直接传递,前后行星排的太阳轮转速一样,前排齿圈的转速与后排行星架转速一样,由于前排行星架被 F_2 相对固定,由太阳轮带动齿圈,根据行星齿轮运动规律,输出轴和前排齿圈一样同向减速增扭输出,形成 1 挡挡位。动力传递示意图如图 1-28 所示。

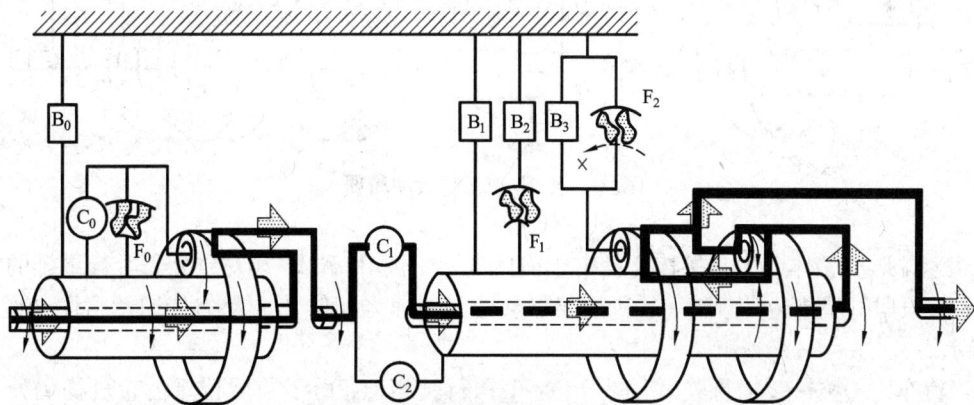

图 1-28 D 位或"2"位 1 挡传动原理

当汽车以 D 位或"2"位-1 挡行驶时,若驾驶员突然松开油门踏板,发动机立即进入急速工况,而汽车在惯性作用下仍以前速度行驶,车速高于发动机转速,此时驱动轮反向带动前后行星转动,由于前排行星齿轮架未被低挡及倒挡制动器 B_3 制动,行星齿轮机构中的 4 个独立元件中有两个元件处于自由状态，故前后排行星齿轮机构失去传递动力的作用，来自变速器输出轴的反向力不能传给输入轴，汽车在下坡时无法利用发动机的怠速阻力来实现汽车的减速，而使汽车车速越来越快。

提示：在 D 位或"2"位－1 挡行驶时，没有发动机制动，这是由于 B_3 不工作(即未结合)，单向离合器 F_2 仅能防止前行星架逆时针转动，而不能阻止它顺时针转动。

(2)L 位－1 挡。为了利用发动机的怠速阻力来实现汽车的减速，可将选挡手柄从 D 位或"2"位换入 L 挡。不同之处：除原来在 D 位或"2"位时 C_0，C_1，F_0，F_2 工作外，其低挡及倒挡制动器 B_3 结合处于制动状态，来自变速器输出轴的反向力就能传给输入轴。因此，发动机怠速运行限制汽车驱动轮的转速而使汽车减速，实现了发动机的制动作用，如图 1－29 所示。L 挡的动力传递路线与 D 位或"2"位－1 挡相同。

2)2 挡

(1)D 位－2 挡。当汽车以 D 位－1 挡行驶阻力减小时，电控系统会自动接通 2 挡油路，变速器进入 D 位－2 挡行驶。参与工作的换挡执行元件有 C_0，C_1，B_2，F_0，F_1。各执行器作用如下。C_0 工作时将超速行星排的太阳轮和行星架连接成一个整体，使动力直接传递。

①C_1 工作时将超速排传来的动力传递到后行星排的齿圈。

②B_2 工作时将使得 F_2 单向离合器的外圈与壳体相连进行，使 F_1 起到单向锁止作用。

③F_0，F_1 的工作使相关联的元件只能沿顺时针转动，逆时针不可转动。

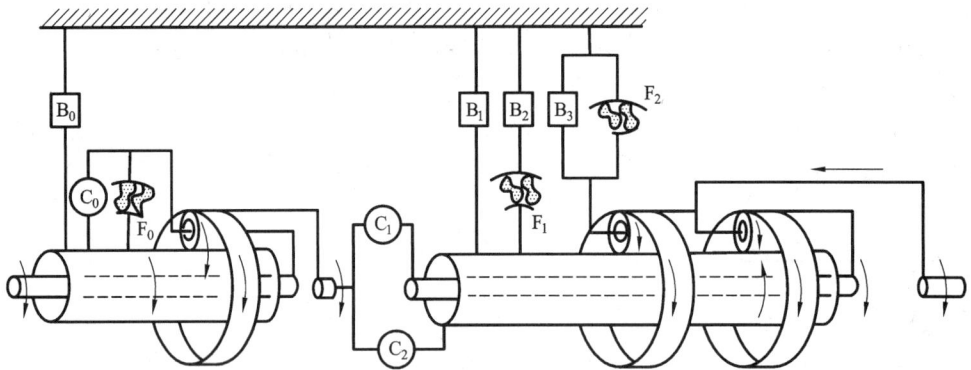

图 1－29　L 位 1 挡传动原理

超速排形成整体动力直接传递。由于前后太阳轮被 B_2 和 F_1 相对锁定，后行星排的齿圈为主动，根据行星排运动规律，后行星架将会同向减速增扭输出。动力传递示意图如图 1－30 所示。

当汽车以 D 位－2 挡行驶时，同 D 位－1 挡行驶相似，由于前后行星齿轮机构仍处于自由状态，机构失去传递动力的作用，来自变速器输出轴的反向力不能传给输入轴，所以汽车在 D 位－2 挡行驶时同样没有利用发动机作用。

(2)"2"位－2 挡。将选挡手柄从 D 位换入"2"位时，变速器可进入 2 挡行驶。当变速器进入"2"位 2 挡时，除 D 位－2 挡的 C_0，C_1，B_2，F_0，F_1 工作外，2 挡强制制动器 B_1 结合而制动，此时"2"位 2 挡传递路线与 D 位－2 挡相同。

不同之处："2"位 2 挡可实现发动机制动作用。2 挡制动作用是通过 2 挡强制制动器 B_1

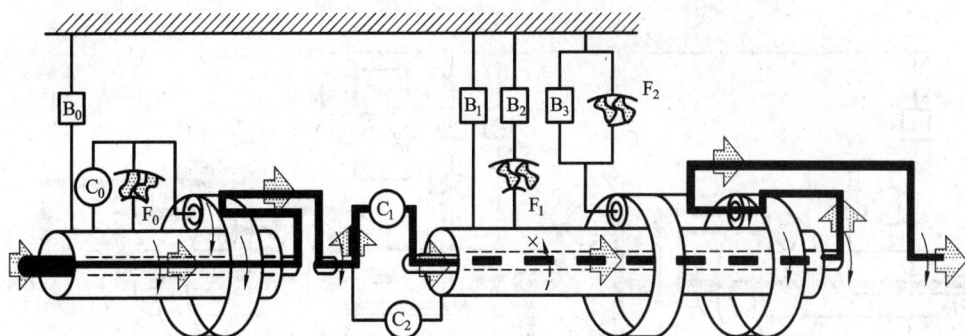

图1-30 D位-2挡的传动原理

来实现的，如图1-31所示，与L挡相似的是2挡强制制动器 B_1 制动将前后排太阳齿轮固定，后排行星轮顺时针反拖带动后排齿圈同向转动，通过后排齿圈把动力传回发动机，依靠发动机怠速运行限制汽车驱动轮的转速而使汽车减速，实现发动机的制动作用。

3）D位-3挡

随着车速的升高，汽车会进入D位-3挡行驶，需要工作的换挡执行元件有 C_0，C_1，C_2，B_2，F_0，F_1。各换挡执行元件的作用如下。

①C_0 工作时将超速行星排的太阳轮和行星架连接成一个整体，使动力直接传递。

②C_1 工作时将超速排传来的动力传递到后行星排的齿圈。

③C_2 工作时将超速排传来的动力传递到前、后行星排公共太阳轮。

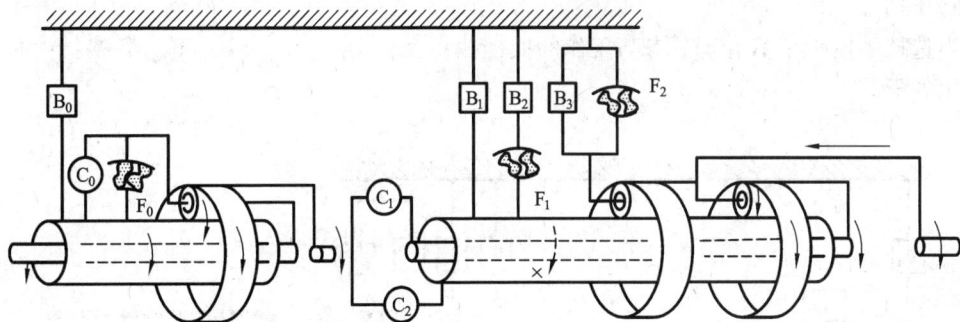

图1-31 2位-2挡的传动原理

④B_2 工作时将使得 F_2 单向离合器的外圈与壳体相连进行，使 F_1 起到单向锁止作用。

⑤F_0，F_1 的工作使相关联的元件只能沿顺时针转动，逆时针不可转动。

超速排形成整体动力直接传递。由于后排齿圈和太阳轮同向同速（前排同后排一样），后行星排成为一整体同速转动，根据行星排运动规律可知，变速器输出轴传动比 $i=1$，为直接挡，即3挡。其动力传递路线图如图1-32所示。

4）D位-4挡

当汽车车速达到4挡车速时，驾驶员可按下选挡手柄上的超速挡O/D开关，汽车则进入D位-4挡行驶。此时，参与工作的换挡执行元件有 B_0，C_1，C_2，B_2。各换挡执行元件的作

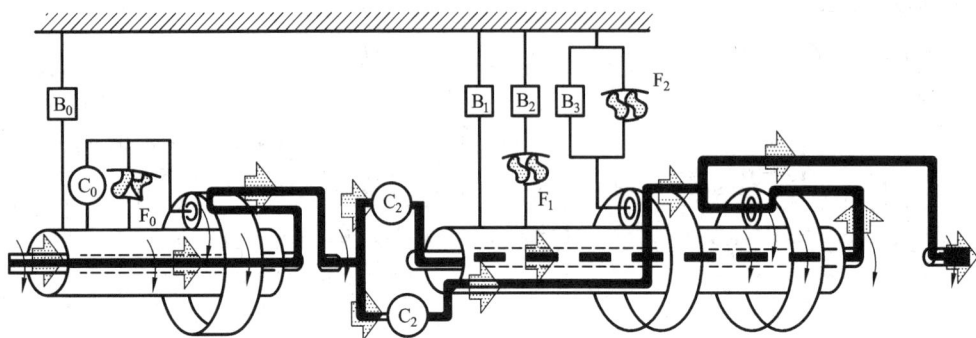

图 1 - 32　D 位 - 3 挡的传动原理

用如下。

①B_0 工作时将超速排太阳轮与壳体固定连接。

②C_1 工作时将超速排传来的动力传递到后行星排的齿圈。

③C_2 工作时将超速排传来的动力传递到前、后行星排公共太阳轮。

④B_2 工作时将使 F_2 单向离合器的外圈与壳体相连，使 F_1 起到单向锁止作用。

在 D 位 - 4 挡工作时，前后行星排保持在 3 挡工作状态，即前后行星排连接成为一个整体，其传动比为 1，但由于超速挡制动器 B_0 制动，超速排太阳齿轮被固定，超速排行星架为主动元件，根据行星齿轮运动规律，超速行星排齿圈处于同向增速减扭输出状态，其传动比小于 1。其动力传递路线如图 1 - 33 所示。

5）R 挡

当选挡手柄位于 R 位时，参与工作的换挡执行元件有 C_0、C_2、B_3、F_0，各换挡执行元件的作用如下。

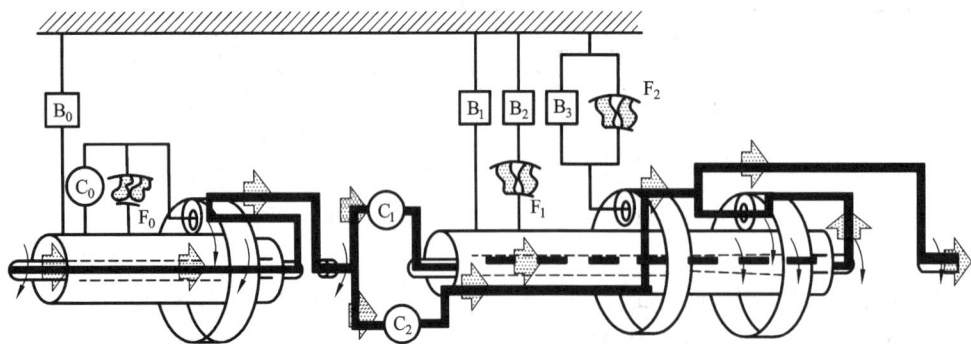

图 1 - 33　D 位 - 4 挡的传动原理

①C_0 工作时将超速行星排的太阳轮和行星架连接成一个整体，使动力直接传递。

②C_2 工作时将超速排传来的动力传递到前、后行星排公共太阳轮。

③B_3 工作时将前行星排的行星架与壳体相连，并锁止。

④F_0 的工作使相关联的元件只能沿顺时针转动，逆时针不可转动。

超速排形成整体动力直接传递。B_3 的工作前行星排的行星架被固定，前排太阳轮为主动元件，根据行星排运动规律，前行星排齿圈和输出轴将会反向减速增扭输出，形成倒挡。

动力传递路线如图 1-34 所示。

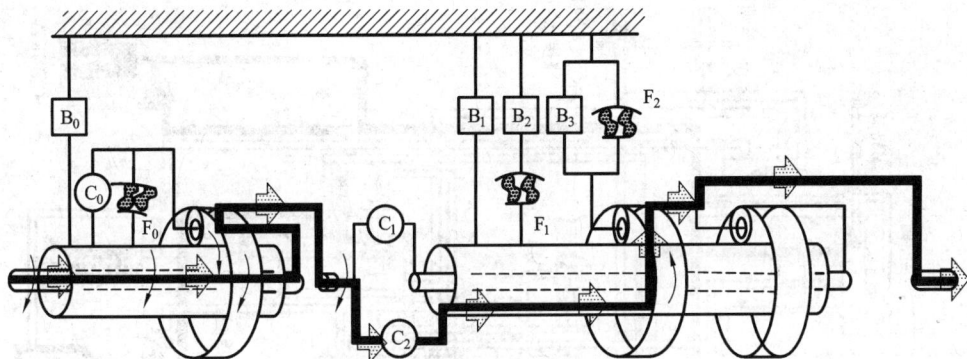

图 1-34 R 挡的传动原理

6）N 挡

当选挡手柄位于 N 位时，所有换挡离合器分离、制动器未制动，发动机动力只传至超速排行星齿轮架，而不能传给中间轴，变速器为空挡。

7）P 挡

当选挡手柄位于 P 位时，变速器为空挡状态。但手柄连杆机构带动停车锁爪固定在变速器外壳上，如图 1-35 所示，输出轴被固定不动，汽车不能移动而为驻车挡。

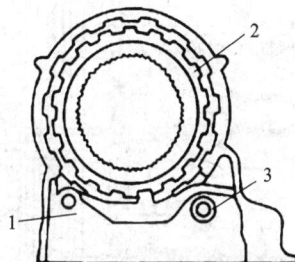

图 1-35 停车挡锁止机构
1—停车闭锁爪；2—输出轴；3—闭锁凸轮

五、液压系统元件

液压控制系统的作用是产生并调整油压，控制换挡油路的切换，控制离合器、制动器，驱动和固定行星齿轮机构中的部件，实现自动换挡。液压控制系统可分为液控式和电液控式两种。电控自动变速器液压控制系统均有液压油泵、调压阀（主、副调压阀）、手控阀、换挡阀、强制降挡阀、蓄压器、缓冲阀、散热器等主要液控元件。电子控制系统比液压控制系统除了基本液压元件以外还多了电控单元，信号传感器以及执行电磁阀，典型丰田 A341E 自动变速器的电控系统，如图 1-36 所示，其换挡是由手控阀和电磁阀联合进行控制的。手控阀控制接通不同挡位的油路，电磁阀直接由电控单元进行控制，一共有 3 个，其中 NO.1 和 NO.2 电磁阀是换挡电磁阀，用于控制自动换挡。NO.3 电磁阀是锁止离合器控制电磁阀，用来控制锁止离合器的接合和分离的。

1. 油泵

液压油泵一般安装在变矩器的后面，由变矩器壳后端的轴套驱动，其功用主要是为液压系统提供油液和油压。轿车上采用的油泵主要有齿轮泵、转子泵和叶片泵 3 种，常见的是齿轮泵。齿轮泵的结构如图 1-37 所示。

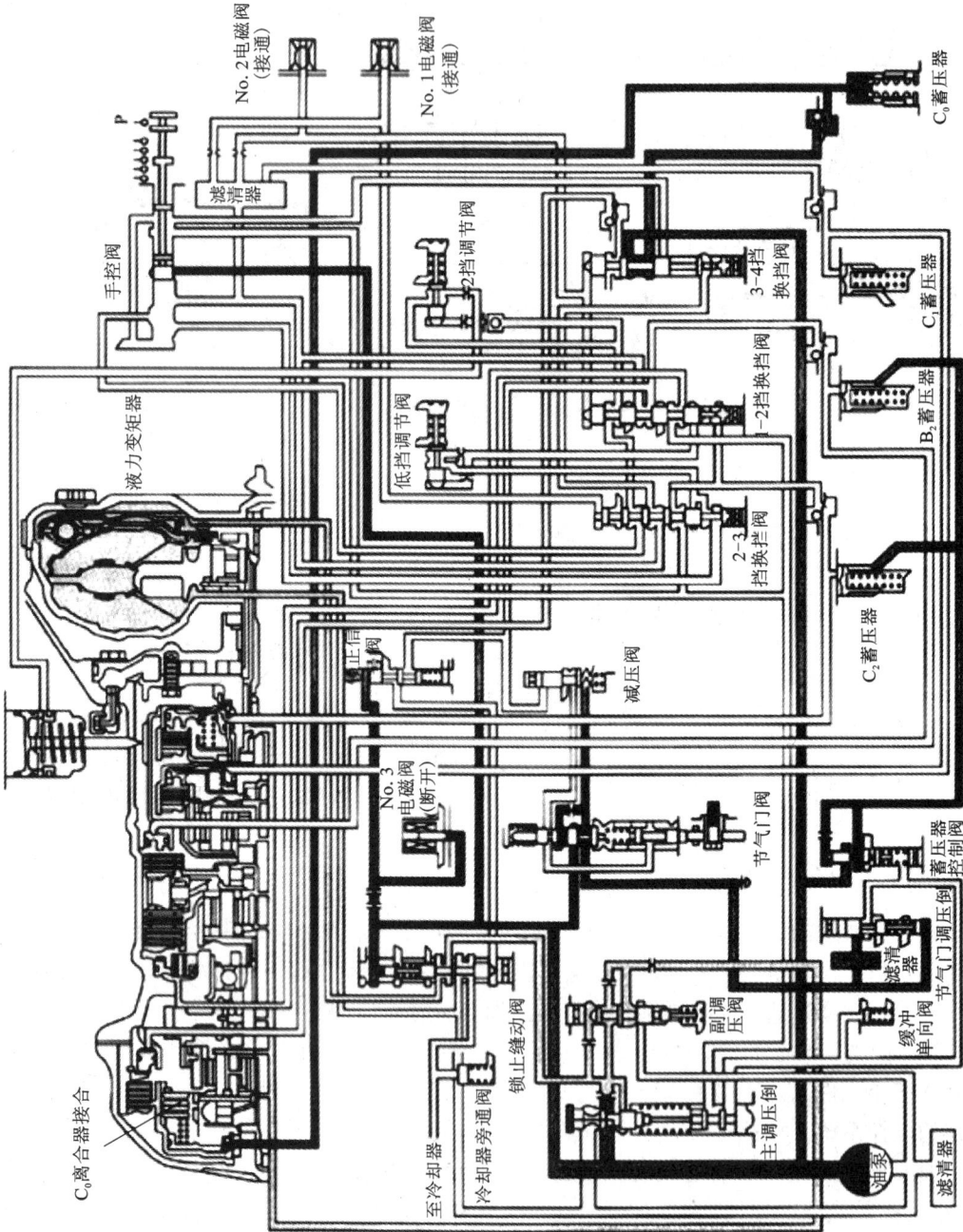

图1-36　丰田A340E/A341E型电控自动变速器液压控制系统

2. 液压阀板总成

液压阀板是自动变速器中最精密的部件之一，它的性能好坏直接影响自动变速器的换挡是否正常。阀板由很多液压阀组成，高度集成在一起，形成一个总成，如图1-38(a)和图1-38(b)所示。对于电液控制式自动变速器，根据阀所起作用的不同，可以将阀分为下列四类：

油压调节类：包括主调压阀，副调压阀，减压阀，节气门阀、速控阀等。

换挡控制类：包括手动阀，换挡阀等。

换挡品质优化类：蓄压器，单向阀，节流孔等。

变矩器控制类：锁止控制阀，锁止继动阀。

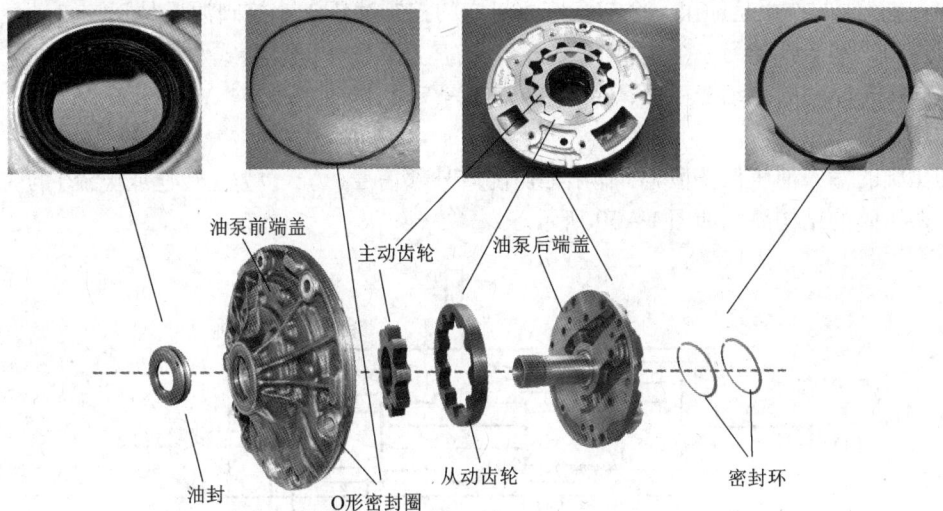

图 1 - 37 齿轮泵的结构

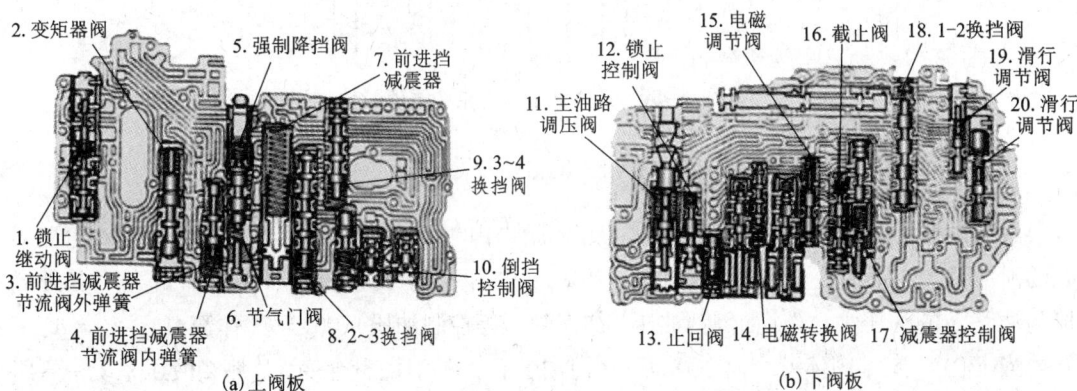

(a)上阀板　　　　　　　　　　　　(b)下阀板

图 1 - 38 A341E 自动变速器上下阀板剖面图

1)调压阀

车辆行驶的不同工况对自动变速器的液压高低有不同的要求，一般情况下高负荷状态的车辆需要传递的扭力大，液压系统的油压也较高，反之则油压降低。为了满足不同需求，液压控制系统中设置了许多液力调节阀，主要有以下几种。

(1)主调压阀是根据节气门开度和变速杆位置的变化，调节油泵输出的油压。油压大小与控制手柄的位置、节气门的开度和车速有关。一般 D 挡时油压 P 为 $4 \sim 10 \ kg/cm^2$，R 挡时油压 P 为 $6 \sim 15 \ kg/cm^2$。

（2）副调压阀主要用于调节液力变矩器的工作油压和自动变速器元件的润滑油压。油压随发动机负荷与车速的升高而增大。经副调压阀调节的油压分别称为变矩器油压和润滑油压，油压值一般为 0.40 MPa。变矩器油压用于实现液力变矩器工作，因为发动机的转矩全部都经液力变矩器传递给变速器。

（3）节气门阀的功用是产生一个随节气门开度变化而变化的油压力。按操纵方式分为机械式和真空式两种节气门阀，电控自动变速器一般采用机械式节气门阀，受加速踏板控制。

（4）速控阀的作用是输出一个与车速相对应的控制油压。速控阀油压是液控自动变速器中除节气门阀油压外的另一个重要油压信号。有离心式和中间复合式双级两种速控阀。一般前者用于后轮驱动的自动变速器，后者用于前轮驱动的自动变速器。

调压阀工作原理：

调压阀的输入油压保持恒定，输出油压随着外部信号（力、位置、转速或电流）的变化而变化。调压阀的结构简图如图 1 – 39 所示。

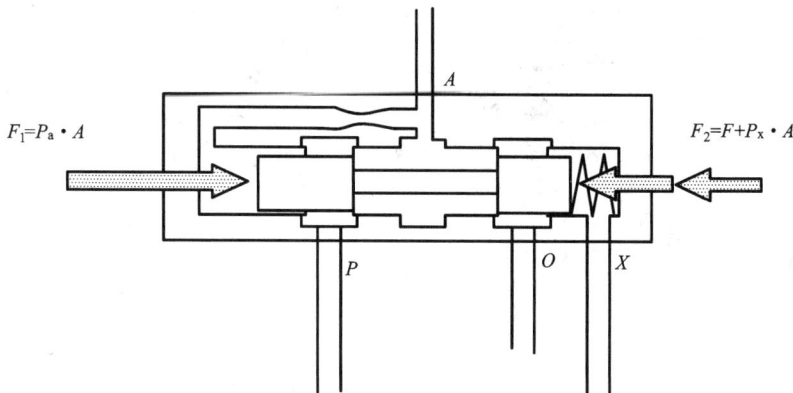

图 1 – 39　压力调节阀的结构原理图

P—来自于油泵或压力控制阀的管路，即管路油压；O—去油底壳的泄压油路；
A—调节后的反馈油压，其大小随管路油压变化而变化；X—阀体控制油路

阀体左端作用力 F_1 大小变化取决于反馈油路中的反馈油压大小 P_a，P_a 会因回油管路 O 处的泄漏量大小而改变。$F_1 = P_a \cdot A$。阀体右端作用力 F_2 大小变化取决于弹簧力 F 和外界控制油路 X 的油压大小（例如倒挡油压、加速油压等控制油压），$F_2 = F(\text{弹簧力}) + P_x \cdot A$。

当 $F_1 > F_2$ 时，阀体就会向右移动，在回油管 O 处的泄漏量会变大，那么液压系统中管路油压 P 就会减小，F_1 也会逐渐减小，直至阀体停止移动。

当 $F_1 = F_2$ 时，阀体两端的力相同，位置保持不变，液压系统管路油压 P 大小没有发生变化。

当 $F_1 < F_2$ 时，阀体就会向左移动，在回油管 O 处的泄漏量会变小，那么液压系统中管路油压 P 就会增大，F_1 也会逐渐增大，直至阀体停止移动。

2）换挡控制阀

换挡控制阀是根据车况的变化改变油路，实现挡位的切换，主要包括手控阀与换挡阀。

此类阀的特点是随着外部控制信号的变化，阀芯的位置也发生变化，油压大小不变，但是流出方向会改变。

（1）手控阀。手控阀与驾驶室内的变速杆相连，它的功用是对液控系统油路进行切换控制，使变速器具有不同的挡位。手控阀主要由操纵手柄、阀体和阀芯等组成。如图1-40所示，以丰田 A340E 自动变速器手控阀为例，其原理是当驾驶人操纵变速杆时，手动阀会移动，使主油压通往不同的油道，从而实现不同挡位油路的。

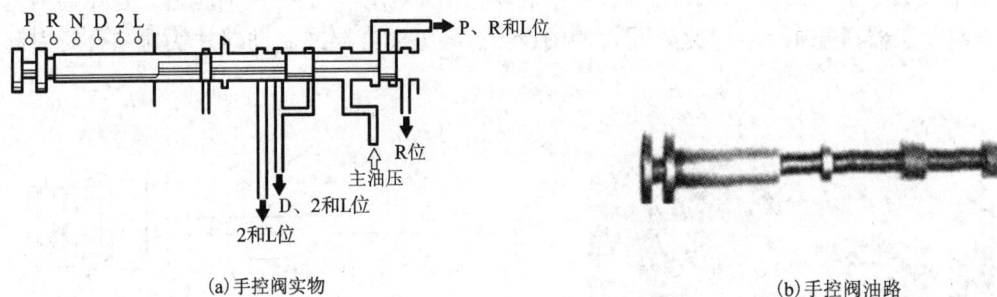

(a)手控阀实物　　　　(b)手控阀油路

图1-40　丰田 A340E 型自动变速器手控阀结构及原理

（2）换挡阀。换挡阀的功用是控制换挡执行元件油路，完成自动升挡和自动降挡控制。电控自动变速器换挡阀工作由换挡电磁阀来控制的，ECU 通过控制换挡电磁阀 A 及电磁阀 B 的开启或者关闭，调解换挡阀两边的油压平衡，使换挡阀向左（升挡）或向右（降挡）移动。

如图1-41，当节气门开度大车速低时，ECU 发出指令电磁阀 B 通电，打开电磁阀右侧通道，换挡电磁阀右侧卸压，电磁阀 A 不通电，工作油压加在换挡电磁阀的左端，换挡电磁阀阀芯在油压和弹簧作用下右移，接通低挡油路，使变速器的低挡离合器、制动器结合，挂上低挡。

如图1-42，当节气门开度小车速高时，ECU 发出指令，电磁阀 A 通电，打开电磁阀左侧通道，换挡电磁阀左侧卸压，电磁阀 B 不通电，工作油压加在换挡电磁阀的右端，换挡电磁阀阀芯在油压和弹簧作用下左移，接通高挡油路，使变速器的高挡离合

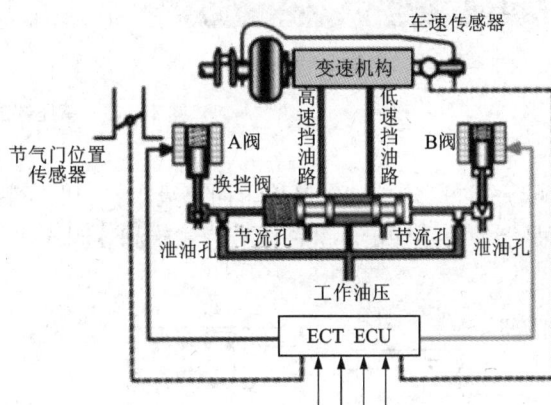

图1-41　换挡阀的降挡原理

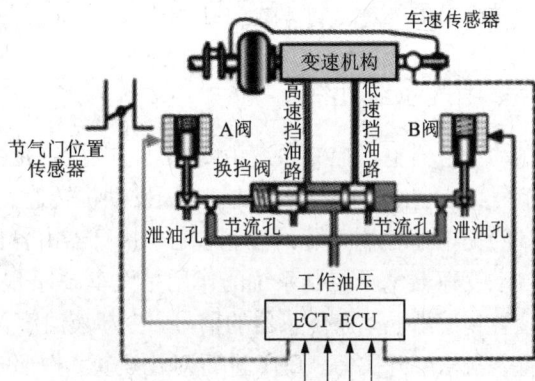

图1-42　换挡阀的升挡原理

器、制动器结合，挂上高挡。

3）换挡品质控制阀

为了提高车辆行驶时自动变速器的换挡质量，增加换挡的平顺性，液压控制系统常设有蓄压减震器、缓冲阀、限流阀、节流阀及节流孔等。

（1）蓄压器。蓄压器又称蓄能器、蓄压减震器或储能减震器，如图1-43（a）所示。一般用来缓冲换挡冲击。它主要由减震活塞和弹簧组成。如图1-43（b）所示，它与离合器或制动器并联安装，主油路在进入换挡离合器或制动器活塞工作A腔的同时也进入蓄压器活塞的上部，将蓄压器活塞压下，以此降低A腔的压力，避免离合器或制动器片快速结合时引起的冲击。

（a）

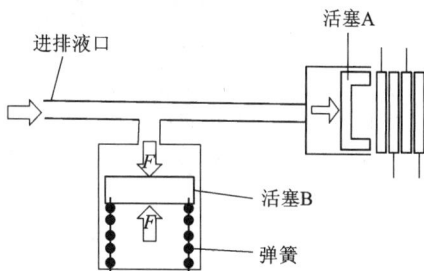

（b）

图1-43　蓄压器的结构

（2）缓冲阀。缓冲阀又称单向节流阀。一般安装在换挡阀至执行元件之间的油路中，其作用是缓冲换挡冲击。缓冲阀有弹簧式和球阀式两种，如图1-44和图1-45所示。

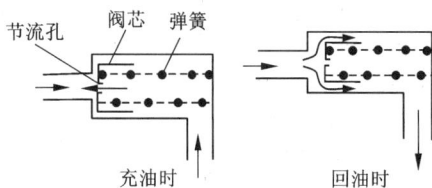

图1-44　弹簧式缓冲阀工作原理

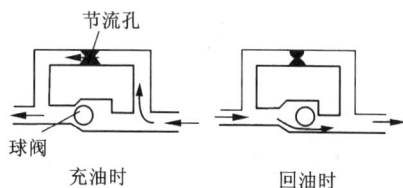

图1-45　球阀式缓冲阀工作原理

六、电控系统元件

自动变速器电子控制系统由传感器、电控单元（ECU）和执行器三大部分组成。传感器主要有节气门位置、车速、输入轴转速、发动机转速、油温等传感器及各种信号开关等；电控单元（ECU）是电子控制系统的控制中心；执行器由各种功能的电磁阀组成。

自动变速器电子控制系统的作用是汽车ECT根据传感器和其他装置输入的信号，例如节气门位置传感器、车速传感器的信号、冷却液温度传感器信号、发动机转速传感器及换挡杆的位置、刹车灯开关等，ECT进行对比运算，按照一定规律自动控制换挡电磁阀、离合器电磁阀等实现换挡和锁止动作的动作。所以ECT能精确地控制电磁阀，使换挡时刻更精准，提高燃油性和动力性。工作示意图如图1-46所示。

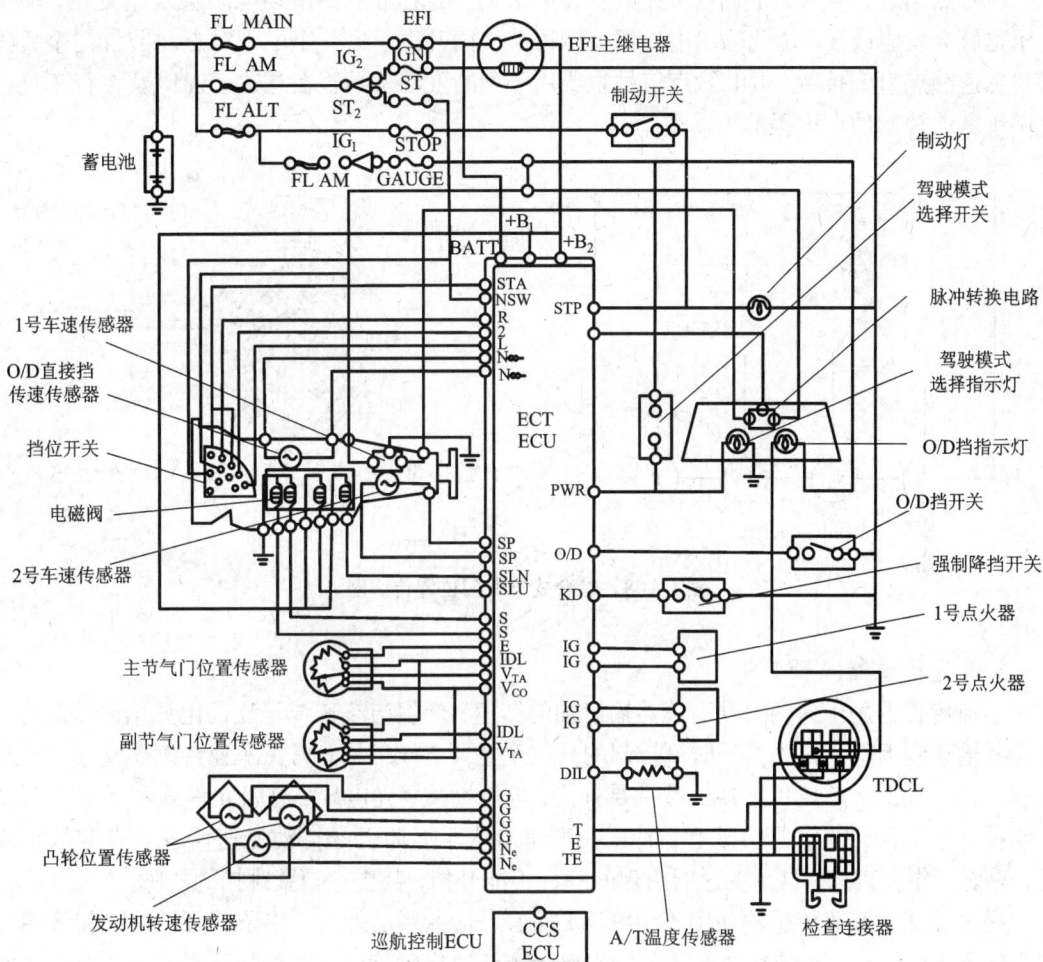

图 1 - 46 丰田 A341E 自动变速器电控系统组成

1. 传感器和开关信号

1) 节气门位置传感器(TPS)

图 1 - 47 节气门位置传感器主要是用于检测节气门的开度,反映发动机的荷大小,作为换挡时刻控制的一个重要信号。节气门位置传感器不正常会引起换挡时机过早和过晚;节气门怠速信号不正常,导致锁止离合器不锁止等故障。

丰田 A341E 自动变速器电控系统中一般采用的是线性可变电阻式节气门位置传

图 1 - 47 节气门位置传感器

感器。线性可变电阻式的节气门位置传感器结构如图 1 - 48(a)和图 1 - 48(b)所示。节气门位置传感器一般安装在节气门体上,随着节气门开度的变化带动电位器内的电刷滑动或导向凸轮随之转动,将节气门角度信号转换成电压信号送 ECU。它主要由一个可变电阻式电位计和一对触点构成，其中一个触点可在电阻体上滑动，随着触点的滑动电阻会发生变化，输出电压也就会发生改变，由此输出电压便可测得节气门开度。另一个电刷触点在节气门全关闭时与怠速触点 IDL 接触。IDL 触点信号主要用于判断发动机是否在怠速工况以及在行车过程中用于断油控制的点火提前角修正。

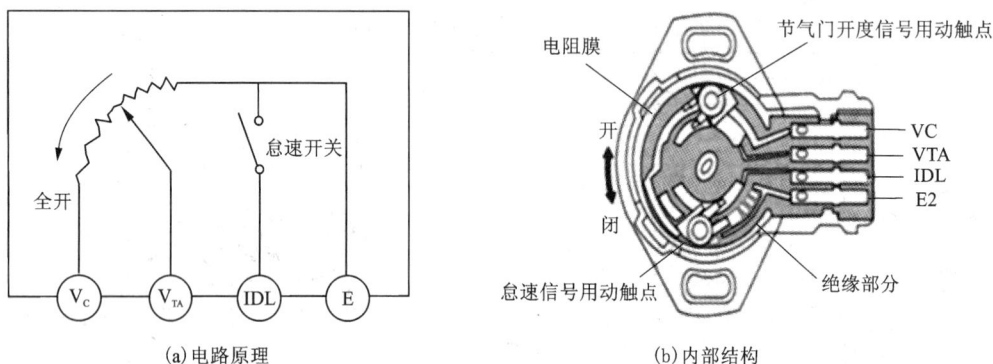

(a)电路原理

(b)内部结构

图 1-48 综合式节气门位置传感器

2）车速传感器（VSS）

车速传感器用于检测自动变速器输出轴的转速，产生与车速成正比的电压信号，作为车速信号输送到 ECU，作为换挡时刻控制的另一个重要电压信号。常见车速传感器安装在自动变速器输出轴上。车速传感器类型主要有：磁电脉冲式、光电式、磁阻元件式和舌簧开关式等四种。这里仅介绍常见的磁电脉冲式、车速传感器损坏引起自动变速器进入自我保护模式，只能工作在 1 挡；自动变速器出现间隔性不能升挡，甚至有频繁跳挡的故障。

磁电脉冲式车速传感器如图 1-49（c）所示。它主要由外壳、转子、永久磁铁和线圈组成。转子上带有凸齿，装在变速器的输出轴上，随输出轴旋转，磁头与凸齿相对，彼此之间有一定的间隙。

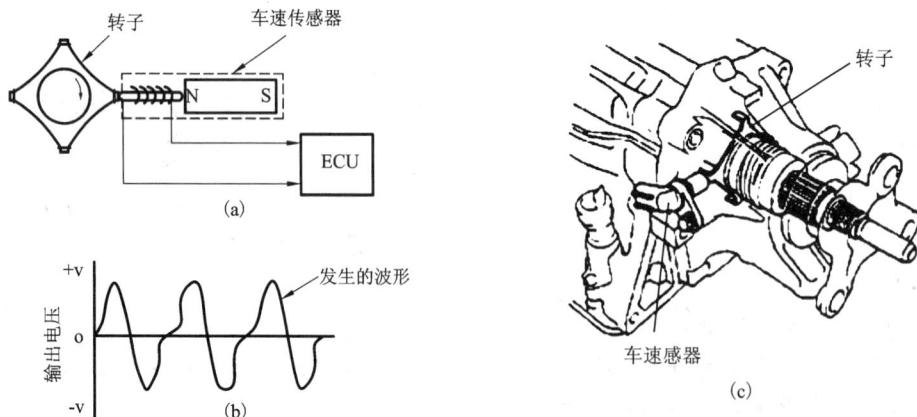

图 1-49 磁电脉冲式车速传感器

如图 1-49(a)和图 1-49(b)所示，当信号转子随输出轴旋转时，信号转子与线圈铁芯之间的气隙周期性变化。因此信号线圈的磁通也发生变化，磁通的变化可使信号线圈产生感应电压向外输出，通过计算感应电压的变化周期即可知道车辆的转速。

车速传感器还有其他的光电式和霍尔式，光电式安装在组合仪表内容上，磁电式安装在变速器输出轴上。

3）输入轴转速传感器

输入轴转速传感器与车速传感器类似，常见的有电磁感应式和霍尔式转速传感器。它安装在齿轮变速器输入轴（液力变矩器涡轮输出轴）附近或与输出轴连接的离合器鼓附近的壳体上，如图 1-50 所示。它主要用于检测输入轴转速，并将信号送入自动变速器 ECU，便于更精确地控制换挡过程。它还作为变矩器涡轮的转速信号，与发动机转速即变矩器泵轮转速信号进行比较，计算出变矩器的传动比，以优化锁止离合器的控制过程，减小换挡冲击，改善汽车的行驶平顺性。

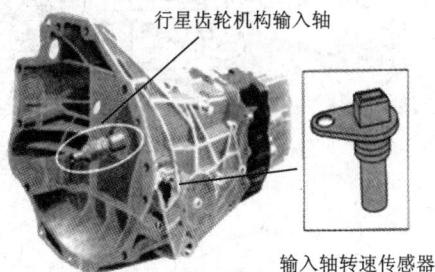

图 1-50 传感器安装位置

4）油温传感器

自动变速器油温度传感器安装在自动变速器油底壳内的液压阀阀体上，如图 1-51 所示，它主要用于连续监控自动变速器油的温度，是自动变速器 ECU 进行换挡控制、油压控制、锁止离合器控制的依据。

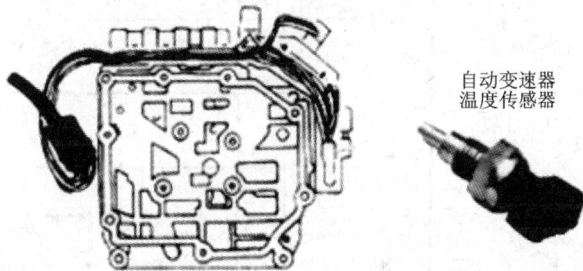

在汽车起步或低速大负荷行驶时，液力变矩器转速比小，效率低，发热严重，造成油温高，因而在超过某一温度界限时，变速器要在较高的发动机转速状况下才开始换挡。随着汽车车速的提高，变矩器的转速比增大，发热减小，油温下降，自动变速器又重新开始正常的换挡行驶程序。

图 1-51 自动变速器油温传感器

5）空挡启动开关

空挡启动开关的主要作用是防止发动机在驱动挡位时启动，也就是自动变速器只有在 N 挡或 P 挡时发动机才能启动。空挡启动开关的结构、电路如图 1-52(a)和图 1-52(b)所示。

选挡杆处于 N 挡或 P 挡位置时，空挡启动开关接通，向电控单元输送启动信号，使启动机能够启动。如果选挡杆位于除 N 挡和 P 挡的以外的其他挡位，则空挡启动开关断开，此时的发动机不能启动，这样可以保证使用安全。其次，当选挡杆在不同位置时，空挡启动开关便接通相关电路，电控单元根据相关电路的信号，控制变速器进行自动换挡。丰田轿车空挡启动开关变速杆有 N，2，L 三个位置信号送到电控单元 ECU，若输入的分别是 N，2，L 信号，电控单元 ECU 会判断变速器处于相应 N，2，L 挡位；若这些变速位置信号都不输入时，电控单元 ECU 会判断变速器处于 D 挡位。

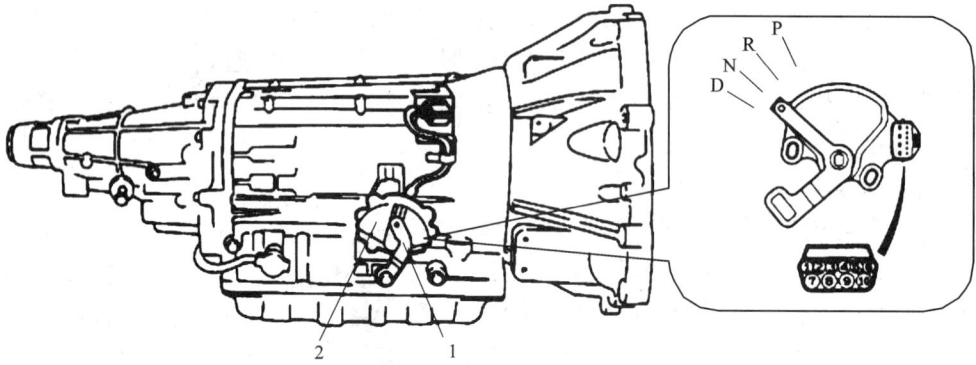

(a)空挡起动开关

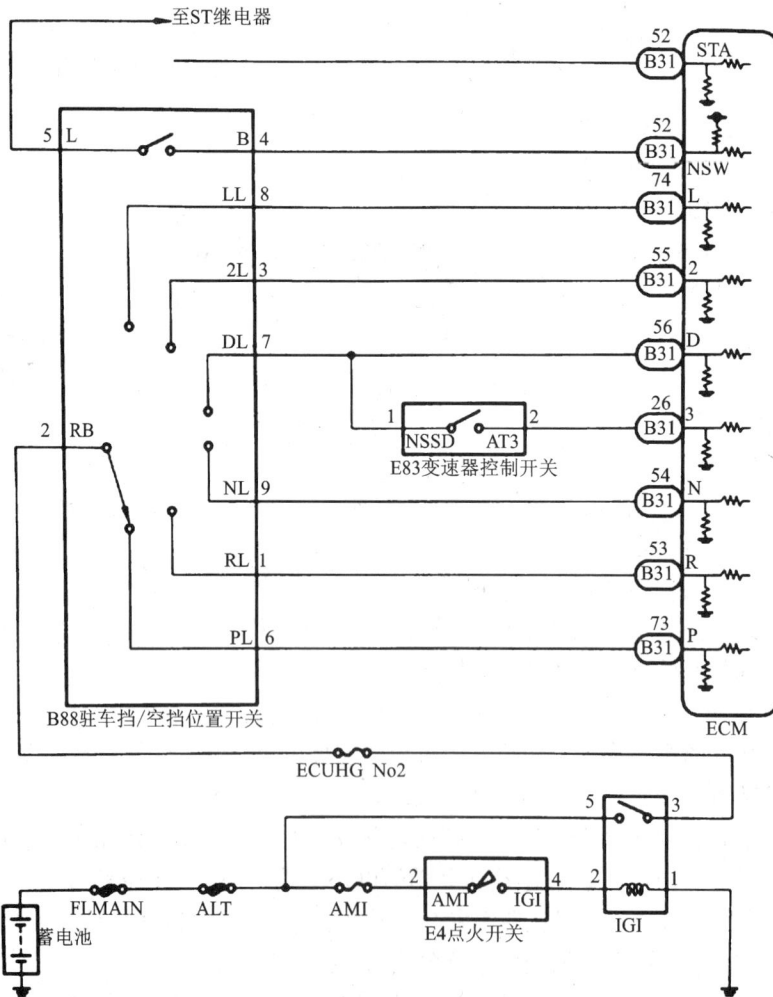

图1-52　丰田卡罗拉的空挡启动开关及其电路

6) 超速挡开关

超速挡开关也称 O/D 开关,如图 1 - 53(a)所示,主要是在超速挡时使用。当该开关按下打开后,超速挡控制电路接通,这时如果操纵手柄位于 D 位,自动变速器的挡位随着车速的上升而升高;挡位可升入最高的 4 挡(即超速挡)。如果超速挡开关关闭,断开超速挡控制电路,仪表板上的"O/D OFF"指示灯亮起(说明超速挡的使用被限制),如图 1 - 53(b)所示,这时的挡位最高只能进入 3 挡,不能进入超速挡。

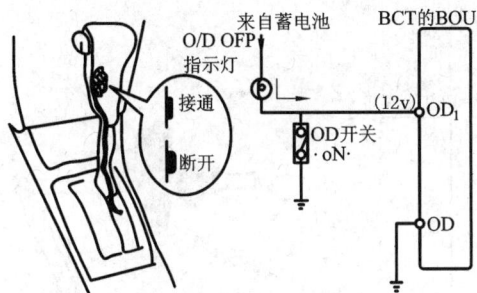

(a)超速挡开关

(b)仪表上的O/D OFF指示灯

图 1 - 53 超速挡开关及指示灯

7) 制动灯开关

制动灯开关除了控制制动灯外,它还向自动变速器控制单元提供信号控制锁止离合器,其位置和电路如图 1 - 54(a)和图 1 - 54(b)所示。当制动踏板被踩下时,制动灯开关闭合,该制动信号输送到电控单元,此时锁止离合器分离,这样可以防止突然制动时发动机熄火。

(a)制动灯开关

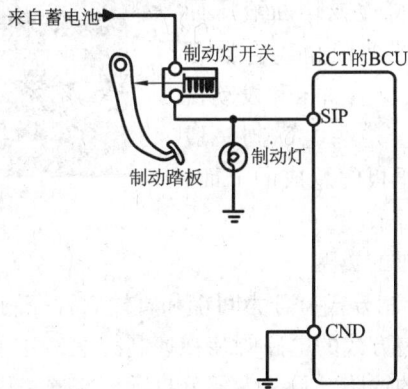

(b)制动开关电路

图 1 - 54 制动灯开关及电路图

8) 强降挡开关

强制降挡开关的主要作用是控制 4 挡强制降到 3 挡,如图 1 - 56 所示。一般在超车时使用。超车时，前车让位但不减速。若想超车时，要迅速踩下加速踏板达到85%时，强制降挡开关接通，并向电控单元输送信号，电控单元接收到信号即使汽车从4挡强制降到3挡，原有的惯性力还在，降挡增加了转矩，牵引力大于行驶阻力，使汽车加速前进。当放松加速踏板时，强制降挡开关断开，电控单元则按选挡杆位置控制换挡。

9）行驶模式选择开关

大多数自动变速器都有一个行驶模式选择开关，如图1-55所示。用来选择自动变速器的换挡控制模式，满足不同使用要求。常见自动变速器控制模式有经济模式、动力模式、标准模式和冬季(雪地)驾驶模式等。

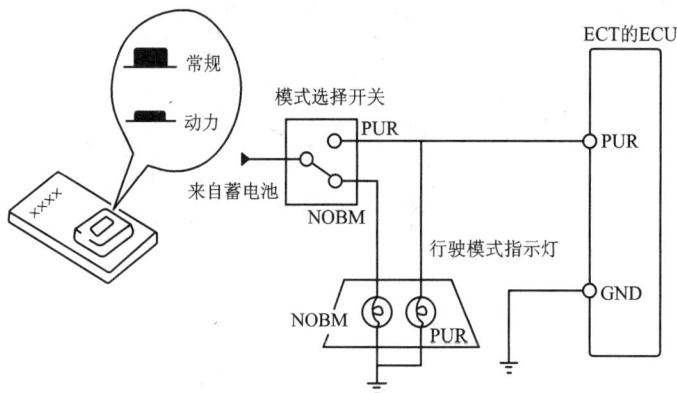

图1-55　行驶的模式开关　　　　　　图1-56　强制降挡开关

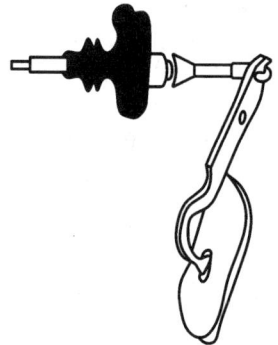

2. 执行器——电磁阀

电磁阀是电控自动变速器中的执行元件。其功用是根据ECU的命令接通或切断液压回路，实现换挡和锁止离合器锁止、分离，以及主油压和发动机制动等控制。这些电磁阀一般都集中在液压板阀总成的上面，如图1-57所示。

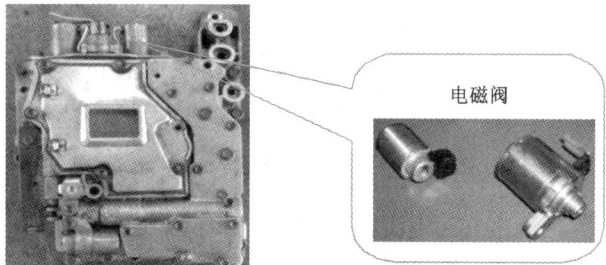

图1-57　电磁阀的位置

1）电磁阀的类型

（1）按控制方式可分为间接和直接二种控制方式。

间接控制方式的电磁阀装在控制阀上，由电磁阀控制机械滑阀的动作，再由机械滑阀控制执行元件的油路。目前大部分自动变速器采用这种控制方式。

直接控制方式的电磁阀位于行星齿轮变速系统执行机构的油路中，直接控制通向执行元件的油路。目前只是少数自动变速器采用这种控制方式，如本田后轮驱动的日产轿车。

（2）按电磁阀作用可分为换挡、锁止和调压三种电磁阀。

（3）按电磁阀的工作方式可分为脉冲式和开关式二种电磁阀。

2）开关式电磁阀

开关式电磁阀的作用是开启和关闭自动变速器油路。可用于控制换挡阀和液力变矩器的锁止离合器锁止阀。它由电磁线圈、衔铁、阀芯和回位弹簧等组成，如图 1-58 所示。

工作原理如图 1-58 所示，当线圈不通电时，阀芯被油压推开，球阀在油压作用下关闭泄油孔，打开进油孔，使主油路压力油进入控制阀；当线圈通电时，电磁力使阀芯右移，推动球阀关闭主油路，打开泄油孔，输出油路与排放油路相通，输出油路的压力油由排放油路泄出。

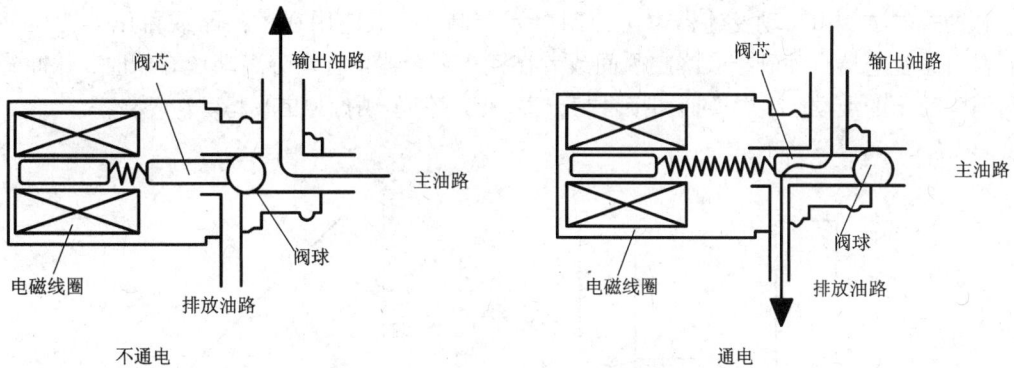

图 1-58　开关电磁阀的工作原理

3）脉冲式电磁阀

脉冲式电磁阀的作用是控制油路中油压的大小。主要用于油压调节和离合器、制动器油路控制。它主要由电磁线圈、衔铁、阀芯等构成，如图 1-59 所示。

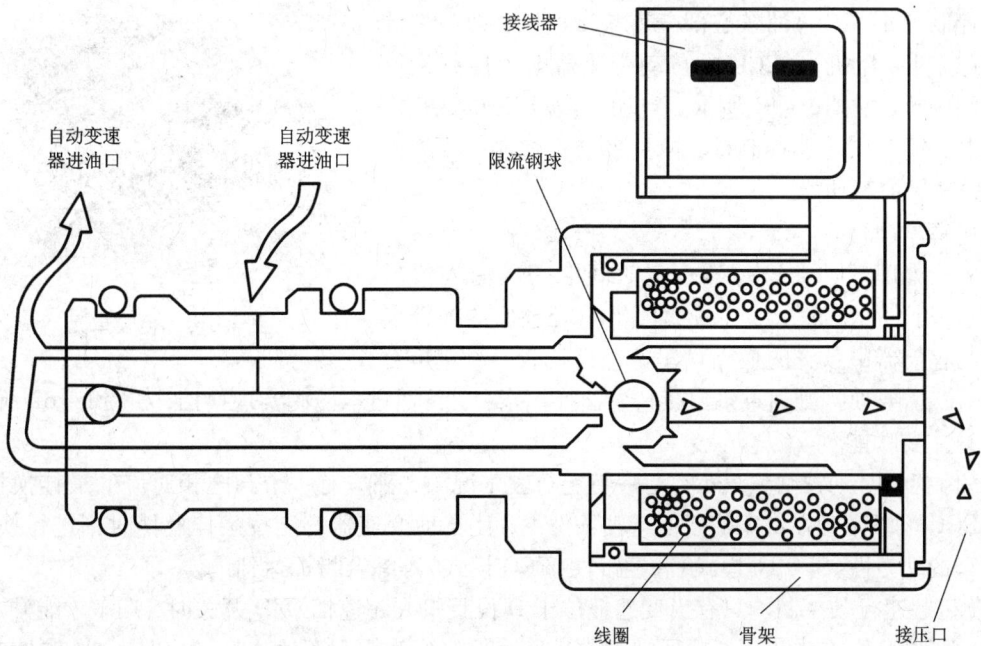

图 1-59　脉冲式电磁阀结构

脉冲式电磁阀的工作原理：如图1-60所示，电磁阀在脉冲电信号的作用下，以一定的频率(一般为50 Hz)不断反复地开启和关闭泄油孔，以达到控制油路压力的目的，电磁阀线圈通过改变每个循环的准时率(0%～100%)，来调节电流接通和断开的时间比例(或称为占空比)，将油路的压力保持在所需要的范围内。在一个脉冲周期内，通电的时长为$T_通$，断电的时长为$T_断$，则占空比 = $T_通/(T_通 + T_断) \times 100\%$，因此，占空比在0%～100%之间变化。占空比越大，其油路压力就越低；反之，占空比越小，油路压力就越高。

脉冲式电磁阀由自动变速器电子控制单元控制，一般应用在主油路或蓄压器背压油路中。在自动变速器自动升挡及降挡瞬间或者在锁止离合器接合及分离动作开始时，脉冲式电磁阀消除油压的波动，减少换挡和接合与分离冲击，使车辆行驶更平稳。

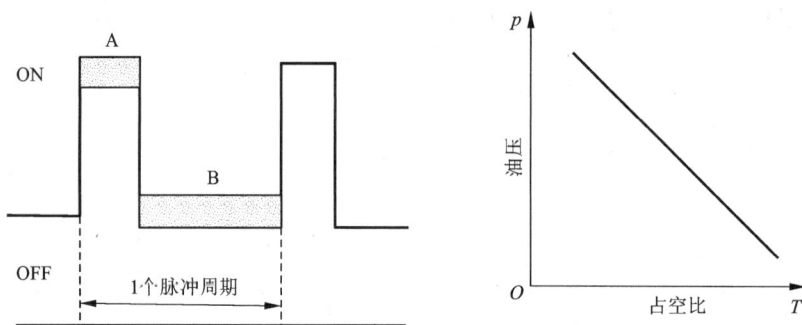

图1-60　脉冲式电磁阀工作原理图

3. 电子控制单元(ECU)

控制单元(ECU)的核心部分就是微电脑，即微型计算机(或叫单片机)。ECU是自动变速器电子控制系统的控制中枢，如图1-61所示。自动变速器ECU具有换挡控制、锁止离合器控制锁、换挡平顺性控制、故障诊断、失效保护等功能。

1)基本原理

中央处理器(CPU)每隔一定时间取一次输入信号(节气门开度、车速等)进行处理，并将处理后的换挡点车速与存储器中预置的换挡点车速进行比较，判断是否

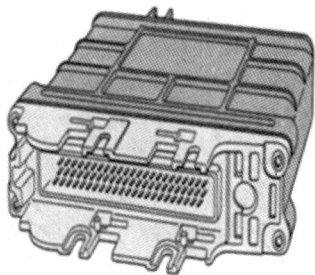

图1-61　电控单元

换挡。当需要换挡则通过输出接口发出换挡指令，再通过电磁阀实现换挡，如图1-62所示。

2)主要功能

(1)换挡时刻控制。汽车在每一特定行驶工况下，都应有一个与之相对应的最佳换挡时刻。ECU可以做到在汽车的任何行驶条件下，让自动变速器都能按最佳换挡时刻进行换挡，使汽车的动力性(SPORT模式)和经济性(ECO模式)等综合指标达到最佳。

(2)超速行驶控制。只有当变速杆位于D位且打开超速挡O/D开关时，汽车才能升入超速挡。当以巡航方式在超速挡行驶时，若实际行驶车速低于车速4 km/h以上，巡航控制单元发出指令，退出超速挡。

(3)锁止离合器控制。自动变速器ECU内储存有不同行驶模式下控制锁止离合器工作的

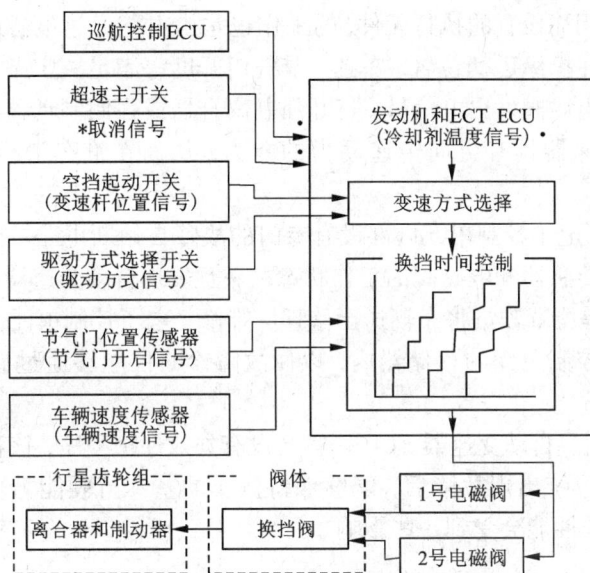

图 1 - 62　换挡时机的控制过程

程序，根据车速传感器和节气门位置传感器发出的信号，自动变速器 ECU 可以控制锁止电磁阀的开和关，从而控制锁止离合器的接合或分离。自动变速器 ECU 在以下几种情况下可强制解除锁止：

①当汽车采取制动或节气门全闭时，为防止发动机熄火，自动变速器 ECU 切断通向锁止电磁阀的电路，强行解除锁止。

②在自动变速器升降挡过程中，自动变速器 ECU 暂时解除锁止，以减小换挡冲击。

③如果发动机冷却液的温度低于 60℃，锁止离合器应处于分离状态，加速变速器预热，提高总体驾驶性能。

(4) 换挡品质控制。自动变速器可采用多种方法控制换挡过程，以改善换挡品质，提高汽车的舒适性。其主要方法如表 1 - 4 所示。

表 1 - 4

①换挡油压控制	②发动机扭矩控制	③换挡控制	④输入轴转速控制
在换挡的瞬间，电脑通过油压电磁阀适当降低主油路油压，以减小换挡冲击，达到改善换挡品质的目的	在升挡或降挡的瞬间，通过延迟发动机的点火时间或减少喷油量，暂时减少发动机的输出扭矩，以减小换挡冲击和汽车加速出现的波动	在选挡手柄由 P 挡或 N 挡换至 D 挡或 R 挡，或相反地 D 挡或 R 挡换至 P 挡或 N 挡时，通过调整发动机喷油量，将发动机转速的变化减小至最小程度，以改善换挡品质	电脑通过输入轴转速传感器可以检测自动变速器输入轴转速，并由此计算出变矩器的传动比以及自动变速器的传动比，从而使电脑更精确地控制自动变速器的工作

（5）发动机制动控制。现在一些新型电控式自动变速器的强制离台器或强制制动器（为利用发动机的制动作用而设置的执行元件）的工作也是由电脑通过电磁阀来控制的，电脑按照设定的控制程序，在操纵手柄位置、车速、节气门开度等满足一定条件时，向强制离合器电磁阀或强制制动器电磁阀发出电信号，打开强制离合器或强制制动器的控制油路，使之接合或制动，让自动变速器具有更向传递动力的能力，从而在汽车滑行时可以实现发动机制动。

（6）自诊断控制。电子控制单元内部设有专门的故障自诊断电路，在车辆行驶过程中不断检测自动变速器各传感器和电磁阀的工作状态。一旦发现自动变速器故障，自动变速器故障指示灯会闪亮，以提醒驾驶员将车辆送至修理厂维修。电子控制单元会将检测到的故障以故障码的形式存储在控制单元的存储器内，以便故障诊断仪能够通过诊断接口检索到故障信息。

（7）失效保护控制。自动变速器 ECU 一般会设有失效保护程序，该程序主要是为了防止自动变速器电子控制系统出现故障后，能够保持汽车的基本行驶能力。当然，在这种状态下，自动变速器的工作性能会受到一些影响。

【工作过程】

一、工作准备及技术要求

1. 实践准备

（1）丰田 A341E 自动变速器若干台。

（2）常用工具、常用量具、手电筒、干净的尼龙布（禁止使用纱布）。

（4）专用工具包括：离合器拆装专用工具、内径百分表、塞尺。

（3）丰田 A341E 变速器的维修手册、工单。

2. 技术要求及注意事项

（1）使用厂家要求的拆装与检测工具。

（2）更换元件时要使用原厂配件。

（3）点火开关接通时，不能拔插系统连接器，拔插 ECU 连接器时应做好防静电措施，以免损坏电脑。

（4）使用压缩空气时，做好防护工作，以免造成人身伤害。

（5）密封衬垫，密封圈和密封环一经拆卸都应该更换。更换新摩擦片需要浸泡 2 h，旧的需要浸泡不少于 30min。

二、丰田 A341E 自动变速器机械元件检修

1. 变矩器的检查

液力变矩器常见故障有异响、漏油和失效。造成其损坏的主要原因有三个。

（1）ATF 油量不足，液力变矩器长期缺油运行。

（2）ATF 油更换不及时，油质变坏，使变矩器损坏。

（3）ATF 油更换不干净，换油过程中还有 1/4 或者 1/3 的 ATF 油残存在变矩器中，残油

的杂质例如磨料微粒、结胶等是导致变矩器损坏的主要原因。

　　由于液力变矩器是一个密封而不可分解的整体，故无法进行拆分修理。在维修时，只能通过外观检视和一些检查方法对变矩器好坏进行判断，若发现异常或工作性能变坏，则应更换液力变矩器。

表 1-5

说明	图示
①外部检查。包括检查变矩器螺钉、螺孔是否损坏；平衡块是否脱落；外壳是否有裂纹、变形；驱动轴颈是否磨损等	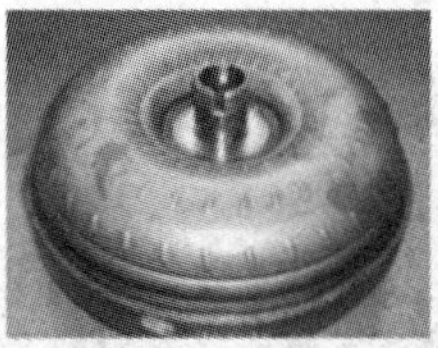
②变矩器径向圆跳动量检查。按技术要求将变矩器安装在飞轮上，安装百分表将表头垂直抵压在涡轮轴上，并压缩 1 mm，旋转曲轴 360°观察百分表指针摆动量。变矩器径向圆跳动量一般不超过 0.05 mm；若跳动量过大，应更换变矩器，否则造成油泵早期损坏	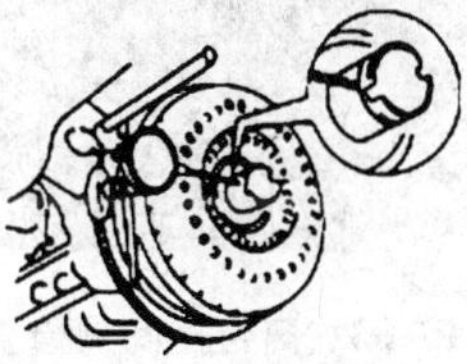
③变矩器内部运动干涉检查。在变速器工作过程中，泵轮、涡轮、导轮之间相对运动应能独立灵活无碰撞或摩擦，否则会产生噪声，甚至损坏变矩器	
④导轮单向离合器检查。用专用工具嵌入变矩器凹槽及单向离合器外座圈内，顺时针方向转动应能自由转动，逆时针则不能转动，否则要更换变矩器	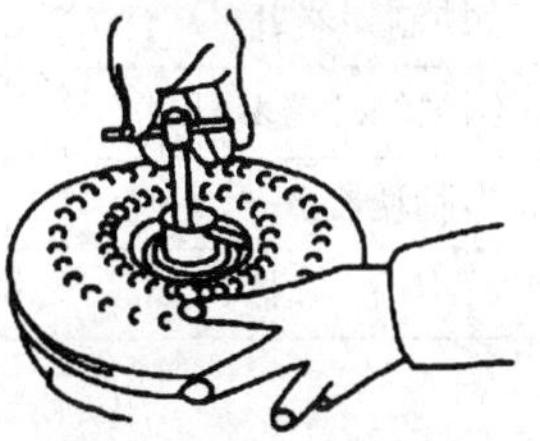
⑤变矩器清洗。将变矩器倒放在油盆木板上，把气管插入变矩器内部到底，打开压缩空气开关，将变矩器内部油液全部吹出	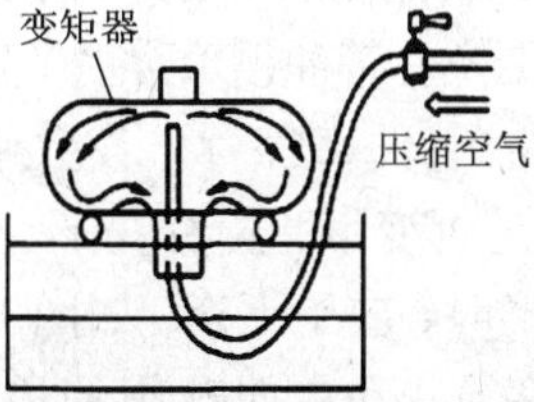

　　2. 齿轮变速机构

　　1）离合器和片式制动器的检查

　　（1）装配完之后离合器片间隙检查和制动器活塞行程检查。将测量的数字与数据比较，确定是否更换压盘或者更换摩擦片和钢片。

①用厚薄规测量离合器间隙大小，操作方法：用测隙规检测弹性挡圈与压盘之间的间隙，如1-63图所示。并与标准数值进行对比。

②片式制动器活塞行程检查：a.安装百分表到超速挡制动器活塞上；b.在对应控制油道中充入和释放压缩空气；c.读取百分表指针的摆动量，如图1-64所示。将测量值与标准值进行对比，如表1-6所示。

图1-63 离合器间隙检查

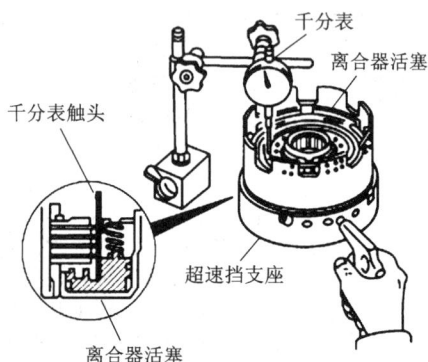

图1-64 组装后检查活塞行程

表1-6 A341E、A342E自动变速器离合器和制动器的检修标准

名称	自由间隙/mm	弹簧自由长度/mm
超速挡离合器 C_0	1.45~1.70	15.80
前进挡离合器 C_1	0.70~1.00	—
倒挡及高挡离合器 C_2	1.37~1.60	24.35
超速挡制动器 B_0	1.75~2.05	17.23
2挡制强制动器 B_1	0.63~1.98	19.64
2挡制动器 B_2	2.00~3.00	—
低挡及倒挡制动器 B_3	0.70~1.22	12.9

(2)离合器摩擦片和钢片检查。若摩擦片发黑说明烧蚀，应予更换。带油槽摩擦片，若被磨平，应予更换。不带油槽带数字的摩擦片，若数字被磨平，应予更换。检查摩擦片是否变形，若有变形，应予更换。若磨损过度、翘曲变形时，应予更换，如图1-65所示。

(3)活塞检查和单向球阀的检查。检查活塞表面有无损伤，单向球阀内的钢球应活动自如，从进油口用压缩空气时，单向阀应密封不漏气，如图1-66所示。若漏气应更换活塞。

图1-65 摩擦片和钢片检查

2)带式制动器的检查

(1)外观检查。制动带若有发黑、不均匀磨损、摩擦材料剥落、原表面印刷数字磨损掉

的情况出现，应予更换。制动带的检查如图 1-67 所示。

图 1-66　活塞单向球阀检查

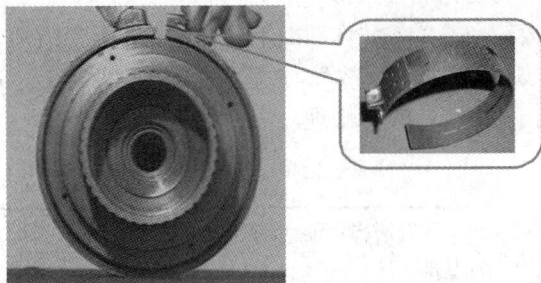

图 1-67　制动带的检查

（2）制动带的调整。它与车轮制动器一样，不制动时，制动带与制动鼓之间存在一定的间隙。若制动间隙过大会造成制动器打滑，若制动间隙过小会造成制动器转动发卡，引起摩擦副严重磨损。因此，自动变速器换挡制动器的制动间隙必须保持在规定范围内，确保制动器接合柔和，获得良好的制动效果，如图 1-68 所示。调整方法如下。

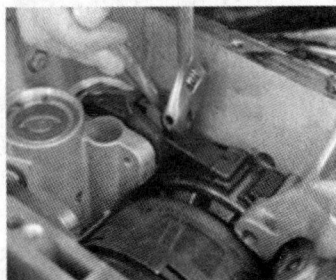

图 1-68　带式制动器调整

①拆下制动器伺服装置外盖，露出锁紧螺母。

②用套筒扳手将锁紧螺母松开。

③夹紧伺服油缸活塞，使其不能转动。

④用定扭力矩扳手拧紧调整螺钉（10 N·m），然后将其拧出（该步骤应反复进行两次，使制动带与制动鼓充分贴合）。

⑤将调整螺钉拧紧（5 N·m），然后拧出 3.5 圈。

⑥将锁紧螺母拧紧（15~20 N·m）。

⑦安装制动器伺服装置外盖。

提示：更换新的制动带时，应该将新的制动带放在 ATF 中浸泡 1 h。装回旧的制动带时，应该将制动带在 ATF 中浸泡 15 min。

3）单向离合器的检查

（1）单向离合器锁止情况检查。直接挡单向离合器逆时针锁止，顺时针转动；前行星排单向离合器逆时针锁止，顺时针转动；后行星排单向离合器逆时针转动，顺时针锁止；3 个单向离合器检查方法如图 1-69 所示，若不是上述情况，说明单向离合器损坏，应更换单向离合器。

（2）单向离合器是否运转卡滞，滚柱、保持架、内外滚道等部件的变形，若有破损、起槽或磨损时，应予更换。

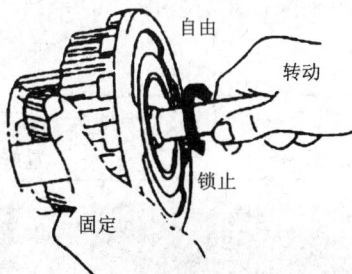

图 1-69　单向离合器锁止情况检查

提示：单向离合器应该严格按照规定方向进行安装，一旦装错方向，可能引起自动变速器严重故障，因为发动机传来的巨大扭矩远大于错装的单向离合器的锁止力矩，足以将其损坏，散落的零部件将破坏自动变速器里其他高速运转的部件。

4）行星齿轮的检修

齿轮变速器各元件润滑条件好，一般不会损坏，但由于人为操作不当或自然损坏，也会出现故障；一旦出现故障时，应拆分齿轮变速器，运用检查和检测方法确认元件是否损坏；若是损坏应更换新件修理。

表 1 - 7

①外观检查。若有磨损、斑点、疲劳剥落现象，应更换整个行星排	②太阳齿轮衬套内径。用内径百分表进行检测，太阳轮衬套内径标准值为 27.80 mm
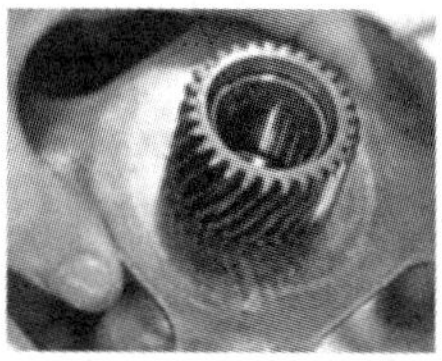	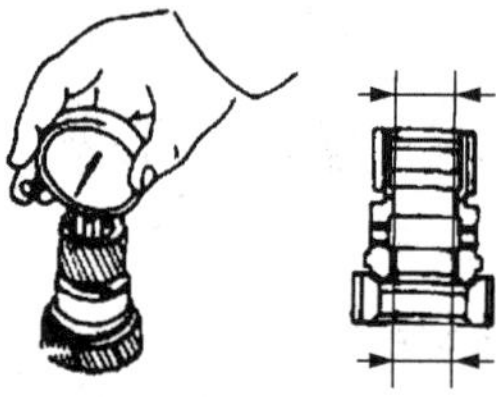
③行星小齿轮止推间隙检查。用厚薄规进行测量，行星小齿轮与行星齿轮架之间标准间隙为 0.20 ～ 0.60 mm	④齿圈凸缘内径检查。查阅维修手册，用内径百分表进行测量，如图 1 - 74 所示，内径标准值为 24.08 mm。若内径超过标准值时，应更换齿圈
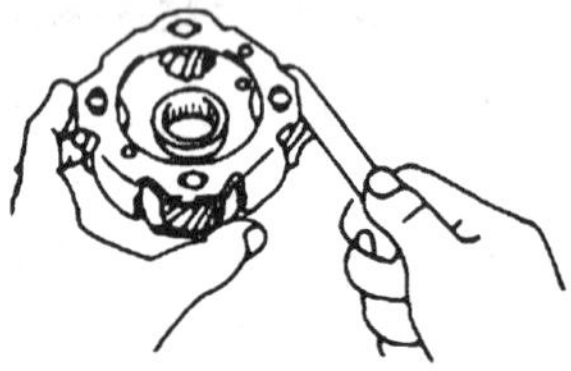	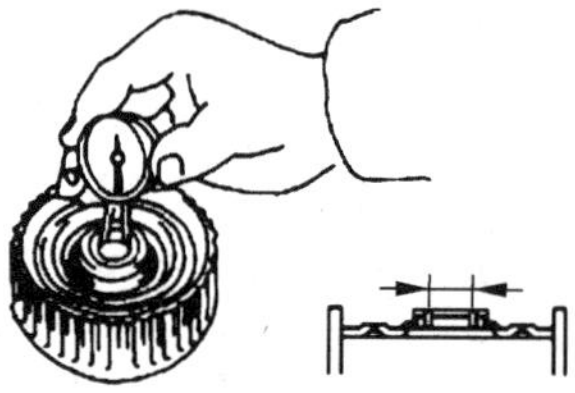

提示：自动变速器行星齿轮机构只要有良好的润滑条件，一般不会出现问题；遇到摩擦片烧蚀等自动变速器大修时，应对行星齿轮机构进行彻底清洁。

3. 液压机构

1）油泵拆装与检查

表 1 - 8

①用"T"字杆按顺序将油泵的所有螺栓拧下	②区分油泵的前后端盖，并放置好	③用塞尺检查从动齿轮与泵体之间间隙。标准间隙为 0.07 ～ 0.15 mm

④用塞尺检查从动齿轮与泵体半月形部分之间间隙检查，标准间隙为 0.11 ~ 0.14 mm	⑤用平板尺检查，从动齿轮端面与泵体平面之间间隙检查，标准间隙为 0.02 ~ 0.05 mm	⑥用内径百分表检查泵体衬套内径，检查泵体衬套最大内径为 38.19 mm

⑦检查完毕之后，按拆卸的循序，重新装复油泵

提示： 齿轮泵有三处泄漏：①主、从动齿轮啮合处；②齿轮齿顶与泵体内壁；③齿轮端面与泵盖。其中主、从动齿轮啮合处泄漏占总泄漏量的 85%。

2）阀体总成检修

自动变速器液控元件几乎安装在阀体上，阀体分上、下阀体。阀体是自动变速器最精密的部件之一，在检修自动变速器时，一般不要拆检阀体，以免破坏阀体的精度。只有确认阀体有故障时，例如，自动变速器换挡规律失常，或摩擦片严重烧毁、阀板内沾有大量摩擦粉末时方可进行拆检。不论是液控阀体还是电控阀体，其阀体拆修方法是相同的。阀体检修内容如下：

（1）用清洗油清洗上、下阀体和所有液控元件。

（2）检查阀体表面及隔板是否损伤：若有轻伤或刮痕、缺陷，均应更换阀体。

（3）检查各液控阀阀芯表面，若有轻微伤痕可用金相砂纸抛光，伤痕严重时或出现卡滞时，则更换阀芯。

（4）检查各阀弹簧有无损坏，各弹簧应符合技术手册要求，否则应进行更换。

（5）检查滤清器，若有损坏或堵塞时，应进行更换。

（6）更换隔板上的纸质衬垫。

（7）更换所有塑胶密封件。

4. A341E 自动变速器电控元件检修

1）节气门位置传感器的检查

（1）电阻检测。点火开关置于 OFF 位置，拔下发动机上节气门位置传感器的导线连接器，将万用表调至 Ω 挡，用红表笔和黑表笔，分别测量此传感器导线连接器上各端子间的电阻，如图 1-70 所示。查阅维修手册，将测量的结果与维修标准值进行对比（表 1-8），如果不符合要求，则说明传感器已损坏。

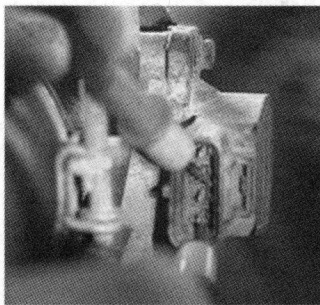

图 1-70 节气门位置传感器电阻测量

表 1 - 8　线性可变电阻型节气门位置传感器各端子间的电阻

测量端子	节气门开度或者节气门摇臂与限位钉之间的间隙/mm	电阻值/kΩ
VTA - E2	0 mm	0.34 ~ 6.3
VTA - E2	全开	2.4 ~ 11.2
IDL - E2	0.45 mm	0.50 或更小
	0.55 mm	∞
VC - E2	全开	3.10 ~ 7.2

（2）线路检查。用万用表测量节气门位置传感器与 ECU 的连接线路是否正常，如图 1 - 71 所示。

（3）电压检测。根据图 1 - 72，插好节气门位置传感器的导线连接器，当点火开关置"ON"位置时，发动机 ECU 连接器上 IDL，VC，VTA 三个端子处应有电压；用万用表电压挡检测 IDL - E2，VC - E2，VTA - E2 间的电压值。其压值应符合表 1 - 9 中要求。

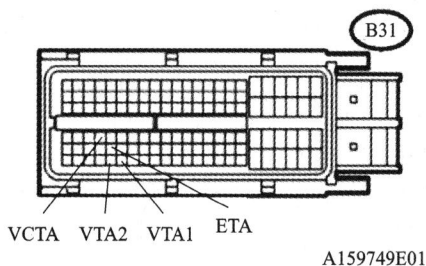

图 1 - 71　节气门位置传感器与 ECU 的连接线路

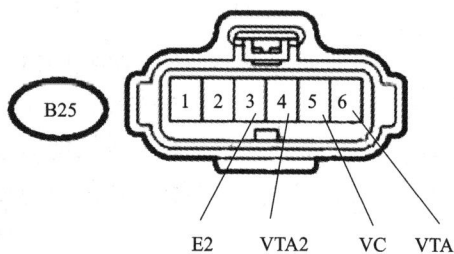

图 1 - 72　节气门位置传感器连接器

表 1 - 9　节气门位置传感器各端子电压

测量端子	条件	标准电压
IDL - E2	节气门全开	9 ~ 14 V
VC - E2	—	4.0 ~ 5.5 V
VTA - E2	节气门全闭	0.3 ~ 0.8 V
	节气门全开	3.2 ~ 4.9 V

2）输入/输出转速传感器的检测

（1）车速传感器或输入轴转速传感器的感应线圈电阻的测量方法。

车速传感器与输入轴转速传感器的结构和工作原理相同，其检修方法也一致，即通过各种测量方法判断其工作性能是否正常。

①拔下车速传感器或输入轴转速传感器的线束插头。

②用万用表测量车速传感器或输入轴转速传感器两接线端之间的电阻（图 1 - 73）。

同车型电控自动变速器的这种传感器感应线圈的电阻不完全相同，通常为几百欧到几千欧。如果感应线圈短路、断路或电阻值不符合标准，应更换传感器。

（2）车速传感器或输入轴转速传感器的输出脉冲的测量。

①电阻测量：拔下车速传感器或输入轴转速传感器线束插头，用万用表测量车速传感器或输入轴转速传感器感应线圈两接线端之间的电阻。不同车型自动变速器的这种传感器感应线圈的电阻不完全相同，通常为 800～1200 Ω。如果感应线圈断、短路或电阻不符合标准，应更换传感器。

②电磁脉冲测量：如图 1 – 74 所示，应将传感器拆下，用一根铁棒或一块磁铁迅速靠近或离开传感器，同时用万用表测量传感器两接线柱之间有无脉冲感应电压。如没有感应电压或感应电压很微弱，说明传感器有故障，应更换传感器。

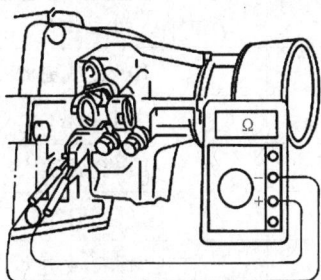

图 1 – 73　车速传感器感应线圈电阻的测量

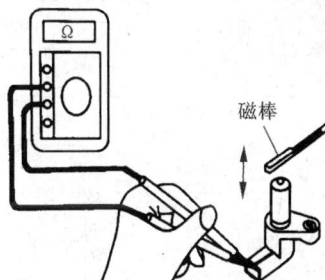

图 1 – 74　输入轴转速传感器输出脉冲的测量

3）油温度传感器的检修

（1）主要检查油温度传感器及导线有无锈蚀、松动。传感器电阻的测量及传感器与车身是否短路。

表 1 – 10　自动变速器油温传感器温度电阻对应关系

传感器温度/℃	电阻值/kΩ	传感器温度/℃	电阻值/kΩ
–20	124.8～142.0	60	5.60～6.30
0	52.00～57.40	80	3.00～3.40
20	23.40～25.00	100	1.70～2.00
40	11.10～12.10	130	0.86～0.92

（2）检查线束插头和连接器是否有短路断路情况，如图 1 – 75 所示。

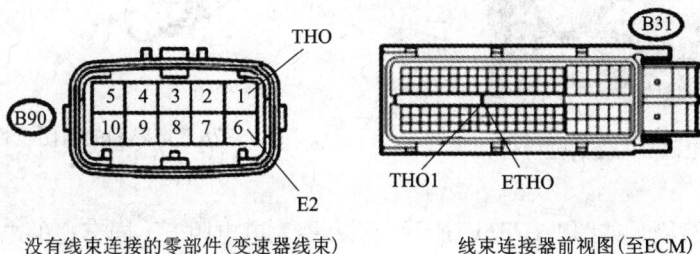

没有线束连接的零部件(变速器线束)　　　　线束连接器前视图(至ECM)

图 1 – 75　油温传感器的线束与 ECU 连接器的测量

4）空挡位置开关检测

以丰田卡罗拉 U341E 变速器的空挡位置开关为例，如果出现故障，先关闭点火开关，应该用万用表检测空挡位置开关的插头 C1（图 1 - 76）的路线导通性，具体标准值如表 1 - 11 所示。

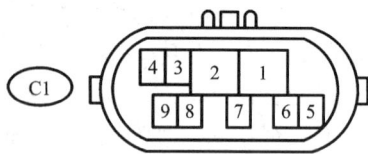

图 1 - 76　卡罗拉 U341E 空挡位置开关的插头

表 1 - 11　标准阻值

检测仪表连接	条件	规定状态
2 - 6 和 4 - 5	P 位置	小于 1 Ω
	除 P 位置外	10 kΩ 或更大
2 - 1	R 位置	小于 1 Ω
	除 R 位置外	10 kΩ 或更大
2 - 9 和 4 - 5	N 位置	小于 1 Ω
	除 N 位置外	10 kΩ 或更大
2 - 7	D 位置和 3 位置	小于 1 Ω
	除 D 位置和 3 位置	10 kΩ 或更大
2 - 3	2 位置	小于 1 Ω
	除 2 位置外	10 kΩ 或更大
2 - 8	L 位置	小于 1 Ω
	除 L 位置外	10 kΩ 或更大

5）电磁阀的检测

（1）密封性检查。如图 1 - 77 所示，在电磁阀关闭状态下，用 0.5 MPa 压缩空气检查时，应能完全密封。电磁阀密封不良时应更换电磁阀。

图 1 - 77　电磁阀的密封性检查

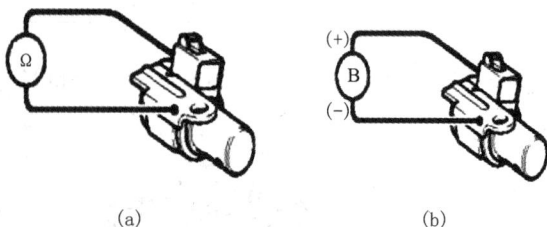

(a)　　　　　　(b)

图 1 - 78　电磁阀的电阻及性能检查

（2）电阻值检测。如图 1 - 78（a）所示，用万用表电电阻，不同车型的电磁阀电阻值各不相同，如丰田变速器内各种电磁阀正常电阻值为 11 ~ 15 Ω。大众变速器上主油压和锁止电磁阀正常电阻值为 4.5 ~ 6.5 Ω，蓄压器和换挡电磁阀正常电阻值为 55 ~ 65 Ω。美国三大公司变速器电磁阀,除主油压电磁阀电阻值为 5 Ω 外,其他在常温时电阻值为 20 ~ 63 Ω。如不符合应更换电磁阀。

(3)性能检测。如图 1 - 78(b)所示,将蓄电池电源串联一个 8 ~ 10 W 的灯泡,然后与电磁阀线圈连接(脉冲电磁阀线圈阻值较小,不能直接与 12 V 电源连接,否则将电磁阀烧坏)。在通电时,电磁阀阀芯应向外伸出;断电时,电磁阀阀芯应内缩入。如有异常,说明电磁阀损坏,应更换。

★ 任务工单

工作单

	任务名称:
	日期:
	组长:
	成员:

车辆描述:

车型＿＿＿＿＿＿＿＿ 发动机型号＿＿＿＿＿＿＿＿ 车辆识别码＿＿＿＿＿＿＿＿

1. 故障现象描述

＿＿＿＿＿＿＿＿＿＿＿＿＿＿＿＿＿＿＿＿＿＿＿＿＿＿＿＿＿＿＿＿＿＿＿＿＿＿

＿＿＿＿＿＿＿＿＿＿＿＿＿＿＿＿＿＿＿＿＿＿＿＿＿＿＿＿＿＿＿＿＿＿＿＿＿＿

2. 选用的工具与材料

＿＿＿＿＿＿＿＿＿＿＿＿＿＿＿＿＿＿＿＿＿＿＿＿＿＿＿＿＿＿＿＿＿＿＿＿＿＿

3. 描述 A341E 自动变速器控制系统的组成及功用

＿＿＿＿＿＿＿＿＿＿＿＿＿＿＿＿＿＿＿＿＿＿＿＿＿＿＿＿＿＿＿＿＿＿＿＿＿＿

4. 基本检查情况记录

项目	检查结果
故障灯	
蓄电池、油液	
线路连接	

预测故障:＿＿＿＿＿＿＿＿＿＿＿＿＿＿＿＿＿＿＿＿＿＿＿＿＿＿＿＿＿＿＿

5. 故障码诊断

步骤	注意事项
连接诊断仪	
读取故障码	

步骤	注意事项
读取数据流	
预测故障范围	
故障排除	
清除故障码	

6. 元件检测

(1) 传感器检测

项目	检测结果

(2) 执行器的检查

项目	检测结果

(3) ECU 连接的检查

项目	检测结果

7. 根据检测结果分析出现该故障原因并提出解决方法

故障分析: _____

_____

修理建议: _____

_____

8. 思考提高

(1) 自动变速器的出现故障时, 我们如何判定是液压部分还是电子控制系统部分的问题?

_____

_____

(2) 哪些电子控制元件出现问题时会导致自动变速器无法换挡?

_____

_____

_____

任务1-3　电控自动变速器的故障诊断排除

★ 情境导入

据车主反映，一辆里程数为10万km的1.6GL丰田卡罗拉轿车挂入D挡后无法前进，并且故障灯亮起，需要进厂维修。作为修理人员，当接到此个工单之后，应该如何着手进行解决呢？

无论哪辆轿车出现故障，在咨询车主有关情况后，都必须判断运用哪种诊断方法来找出故障部位。因此，自动变速器诊断操作内容是变速器故障排除的必需方法。面对复杂的自动变速器故障，一些修理工束手无策，其原因就在于对自动变速器诊断操作和相关理论知识的缺乏。因此，掌握自动变速器诊断操作和熟悉相关理论，是大家必须学习的重要内容之一。

★ 学习目标

1. 能正确描述自动变速器的故障现象。
2. 能学会自动变速器诊断程序和基本检查。
3. 能使用相关试验及诊断仪的结果，分析故障原因。
4. 工作过程符合6S要求。

建议课时： 12课时

【相关知识】

自动变速器故障排除难度大，过程复杂。但是，只要熟悉自动变速器故障相关诊断知识，遵循自动变速器诊断原则，按照自动变速器技术规范和标准，借助各种检查、试验和变速器自诊断系统进行诊断，故障问题就会迎刃而解。

一、自动变速器故障诊断要领和方法

1. 故障诊断要领

(1)充分咨询车主，掌握车辆技术状况，避免走弯路。

(2)分清故障引起的部位。是电控系统故障引起的，还是液压系统、机械部分故障引起的，只有分清故障部位，才能快速准确地排除故障。

(3)先简后繁，逐步深入。

(4)充分利用自动变速器性能检测结果。

(5)充分利用自动变速器的自诊断功能。

(6)不能盲目拆卸。

(7)代码优先。

2. 故障诊断常用方法

(1)失速试验——检查发动机和变速器内部机械技术状况。

(2)手动试验——确认是电控系统故障，还是变速器机械故障。

(3)时滞试验——检查换挡执行元件的工况。

(4)油压试验——检查主油路压力是否正常。

(5)道路试验——验证故障是否完全排除。

(6)解码器读取故障码——快速根据故障码找出故障部位。

3. 自动变速器故障一般诊断(检修)程序

按照科学的故障诊断程序和方法,有利于我们更快找出故障原因,节省人力物力。认真学习下面图1-79的自动变速器一般诊断程序,并在日后的实习过程中亲身实践总结。

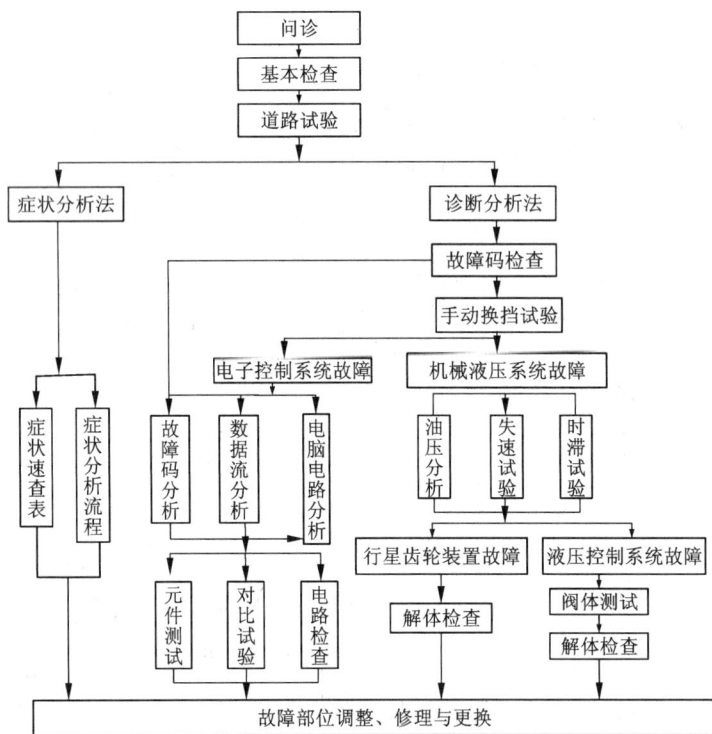

图1-79 自动变速器诊断程序

二、自动变速器的检查维护

1. ATF 油量检查

自动变速器油油面高低与自动变速器能否正常工作关系密切。若油面过高,引起油压过高,造成换挡冲击和油温过高;若油面过低,引起油压过低,造成换挡迟缓和执行元件早期磨损。油量检查方法有两种。

(1)油尺检查法。用于检查自动变速器油油面高度的油尺有双刻线、三刻线、四刻线3种,如图1-80(a)所示,双刻线油尺正常油面:应在"max"和"min"之间。

三刻线油尺正常油面:"COOL"区域表示自动变速器油处于冷态(50℃以下)时油位应处于的范围,"HOT"区域表示自动变速器油处于热态(90℃左右)时油位应处于的范围。

四刻线油尺正常油面:"COOL"区域表示自动变速器油处于冷态(50℃以下)时油位应处于的范围,中间区域为正常油温区域。"HOT"区域表示自动变速器油处于热态(90℃左右)

时油位所处范围。

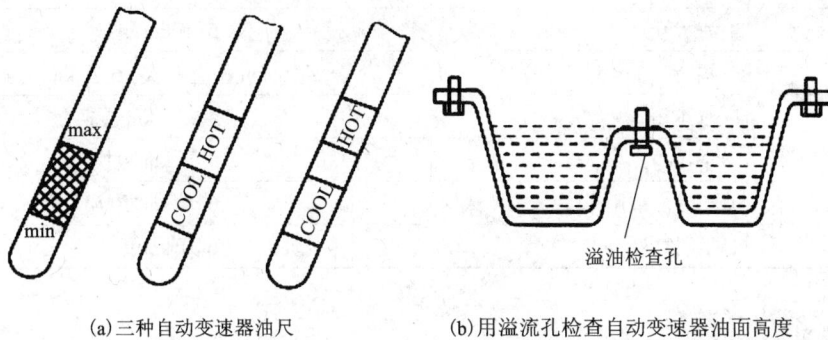

(a)三种自动变速器油尺　　　　　(b)用溢流孔检查自动变速器油面高度

图 1-80　自动变速器油数量检查

(2)溢流孔检查法。部分轿车没有设计油尺,而是在自动变速器油底壳上设一溢流孔,平时用螺钉拧紧,如图 1-80(b)所示,用于检查油面高度。以拧开螺钉,若有少量油液溢出即为合适。

2. ATF 油质检查

自动变速器维修统计,90%以上是由于清洗换油不及时造成的,检查变速器油的状态十分重要,一般 ATF 的使用里程数为 4 万 km 或 24 个月。油液的气味和状态就可以表明自动变速器的工作状态,检查油液时,看一下颜色,用手指相互摩擦一下油,看是否有杂质并闻一下气味,如图 1-81 所示。如液压油有焦味并且呈棕黑色,说明已经变质了。ATF 变质的原因如表 1-12 所示。各品牌车型的 ATF 更换周期不同,市面上的主流车型的 ATF 更换要求如表 1-13 所示。

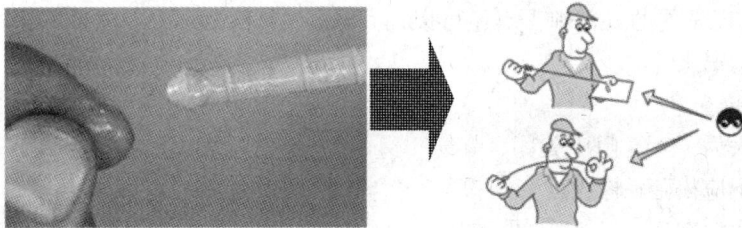

图 1-81　ATF 油质检查

表 1-12　ATF 变质的原因

油的状态	变质原因
油变成深棕色或棕褐色	没及时更换油或由于重负荷运转,某些部件打滑或损坏造成变速器过热
油中有金属屑	单向离合器或轴承严重损坏
油中有胶状油膏胶质	变速器油温长期过热
油有烧焦味道	油温过高,油面过低,冷却器或管路堵塞导致离合器或制动器摩擦片烧蚀

表 1 - 13   各品牌车型更换 ATF 的周期

车辆品牌	换油周期
上海大众	6 万 km 更换
福特	4 万 km 检查一次，6 万 km 更换
广汽本田	4 ~ 6 万 km 更换
丰田	4 万 km 更换
一汽大众、一汽乘用车	6 万 km 更换
东风雪铁龙	6 万 km 更换

3. 变速器漏油检查

自动变速器油一般不会泄漏，但由于使用不当或密封件功能下降，会造成油液泄漏问题，如图 1 - 82 所示。变速器油泄漏后，引起油量不足，造成油压降低，影响换挡质量。因此，在日常维护或在等级维护后，都要对变速器油是否泄漏进行检查。常见的泄漏部位：油底壳密封件、变矩器后盖及主减速器端、壳体边缘、速度表驱动齿轮组件和壳体上的电子设备线束橡胶密封座。泄漏检查方法如下：

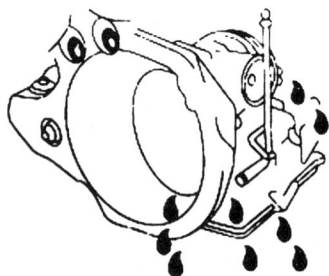

图 1 - 82   变速器漏油的检查

(1)将车辆停在较大的硬纸板上，等待 1 ~ 2 min 后，根据滴在硬纸板上油滴位置确定泄漏部位。

(2)仔细检查可疑泄漏组件和它周围的区域，特别注意衬垫的配合面。

(3)如果还不能发现泄漏，可用清洗剂或溶剂将可疑部位清洗干净，然后让汽车以不同车速行驶一段时间，再检查可疑部位。

(4)对于难以发现的外部泄漏，还可以向可疑泄漏部位喷显像粉，再用紫外线灯照射，可将泄漏处显示出来。

4. 节气门检查

发动机熄火后，节气门应关闭，节气门拉线的线芯不应松弛，橡胶皮套与拉线止动器间的距离应在 0 ~ 1 mm 之间，如图 1 - 83 箭头位置，调整方法如下：

(1)推动油门连杆，检查节气门是否全开，若节气门不能全开，应调整油门连杆。

(2)将油门踩到底，拧松调整螺母，调整节气门拉线。

(3)拧动调整螺母，使橡胶皮套与拉线止动器间的距离应在 0 ~ 1 mm。

(4)拧紧调整螺母。

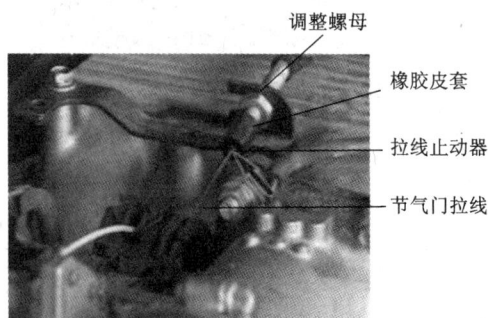

图 1 - 83   自动变速器节气门拉索的调整

5. 发动机怠速的检查

发动机怠速不正常，会使自动变速器工作不正常。怠速过高，出现换挡冲击，怠速过低，车身振动，发动机易熄火。因此，在对自动变速器作进一步检查之前应先检查怠速是否正常。检查时应将自动变速器选挡手柄置于 P 挡或 N 挡位置，起动发动机，放松油门，待发动机声音正常、转速稳定时，观察转速表指示的转速值。通常装有自动变速器的发动机怠速转速为 850 r/min 左右。若发动机怠速过高或过低，按发动机怠速调整方法进行调整。

6. 空挡起动开关的检查

将选挡手柄置于 P 挡或 N 挡位置，打开点火开关，起动发动机，检查发动机是否能起动。正常情况下发动机只能在 P 挡或 N 挡位置起动。若有异常，应调整空挡起动开关，具体方法请参考前文。

三、自动变速器基本试验

自动变速器出现故障时，往往需借助一些试验方法来判断故障部位。这些试验内容主要包括手动挡试验、失速试验、时滞试验、油压试验和道路试验等。

1. 手动挡试验

手动挡试验是指将电控自动变速器所有换挡电磁阀线束插头全部拨开，此时电控单元(ECU)不能通过换挡电磁阀来控制换挡，其挡位主要取决于选挡手柄位置的一种试验方法。通过试验判断自动变速器故障部位是电控系统还是其他系统(液力变矩器、齿轮变速器、液控系统)故障。试验步骤：

(1)将电控自动变速器所有换挡电磁阀的线束插头全部松开。

(2)启动发动机，油温达到 60～80℃。

(3)进行道路试验或将驱动轮悬空进行试验，将选挡手柄拨至不同挡位，观察发动机转速与车速表的对应关系，以判断自动变速器所处的挡位。不同挡位时的发动机转速与车速表对应关系可以参考表 1－14。

(4)若试验结果与表中相同，说明电控自动变速器手动换挡元件工作基本正常。否则，说明手动换挡元件工作有故障。

(5)试验结束后，插上换挡电磁阀的线束插头。

(6)清除电控单元中的故障代码。

不同车型电控自动变速器，在拔开换挡电磁阀线束插头后的挡位与选挡手柄的关系不完全相同。不同车型挡位与选挡手柄的关系如表 1－15 所示。

表 1－14 不同挡位时的发动机转速与车速表的对应关系

挡位	发动机转速/(r·min^{-1})	车速/(km·h^{-1})
1 挡	2000	18～22
2 挡	2000	34～38
3 挡	2000	50～55
4 挡(超速挡)	2000	70～75

表 1-15　不同车型挡位与选挡手柄的关系

选挡手柄位置		D	3	S(2)	L(1)	R	P
自动变速器 实际挡位	丰田 A341E	4 挡	3 挡	3 挡	1 挡	倒挡	驻车挡
	丰田 A340E	4 挡	3 挡	3 挡	1 挡	倒挡	驻车挡
	通用 4L60E	4 挡	3 挡	2 挡	1 挡	倒挡	驻车挡
	大众 01M	3 挡	3 挡	3 挡	1 挡	倒挡	驻车挡

2. 失速试验

试验的目的是通过测量自动变速器在 D 挡和 R 挡时发动机最高转速,来分析判断发动机和自动变速器性能及工作状况。

1)试验步骤

自动变速器失速试验方法如图 1-84 所示。

(1)将自动变速器油温升至 60~80℃。

(2)用三角木掩死前后车轮,拉紧驻车制动器。

(3)发动机在怠速运转,分别将选挡手柄置于 D 挡和 R 挡测试。

(4)测试时,左脚将制动踏板踩死,右脚将油门踏板踩到底,迅速读出稳定时发动机转速值,该转速值称为失速转速。

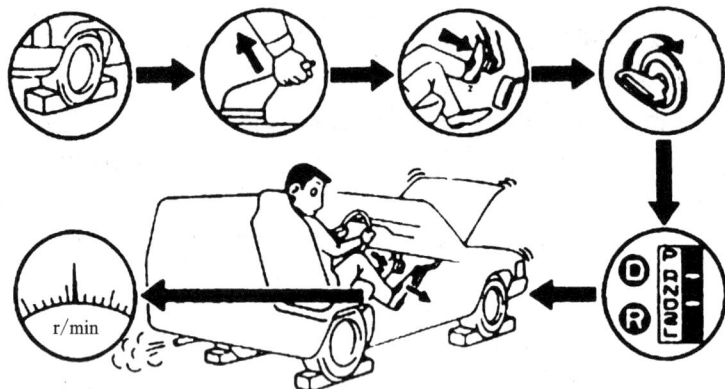

图 1-84　自动变速器失速试验方法

2)试验分析

(1)将所测失速转速与《维修手册》数据对比,看是否符合规定,常见自动变速器失速转速如表 1-16 所示。

(2)如果 D 挡和 R 挡的失速转速相同,且都低于规定值,说明发动机功率不足。如果失速转速比规定值低于 600 r/min 时,说明变矩器导轮单向离合器打滑。

(3)如果 D 挡和 R 挡的失速转速都超过规定值,说明油量不足、油压过低、油质过差等原因,造成离合器和制动器打滑。如果转速过高,高于规定值 500 r/min 时,可能是变矩器叶片损坏。

(4)如果 D 挡转速高于规定值,而 R 挡的转速正常,说明前离合器或制动器打滑,可能是离合器摩擦片磨损或控制油压过低、油泵或调压阀故障所致。

（5）如果 R 挡转速高于规定值，而 D 挡的转速正常，说明倒挡离合器或制动器打滑，可能是离合器摩擦片磨损或控制油压过低所致。

表 1-16 常见自动变速器失速转速

型号	失速转速/(r·min⁻¹)	型号	失速转速/(r·min⁻¹)
丰田 A341E	2050~2350	克莱斯勒 A-413	2200~3220
丰田 A340E	2300~2600	克莱斯勒 AW-4	1700~2000
丰田 A540E	2250~2550	宝马 ZF4HP22-EH	1900~2050
马自达 GF4A-EL	2400~2700	本田雅阁	1850~2200

提示：做上述试验时，由于变矩器涡轮已制动，发动机的全部机械能都转变为变矩器内自动变速器油的动能冲击和摩擦很大，故试验时间不要超过 5 s，试验次数不多于三次，以防止油温急剧升高损坏。

3. 时滞试验

在发动机怠速状态下，将选挡手柄从 N 挡换入 D 挡或从 N 挡换入 R 挡后直到感觉汽车振动或车辆运动时存在一定的时差，称之时滞。时差大小取决于自动变速器油路油压高低、密封情况、离合器和制动器磨损情况。测量自动变速器时差大小试验称为时滞试验。通过试验检查自动变速器油路油压高低、密封情况、离合器和制动器磨损情况。

1）试验方法

试验方法如图 1-85 所示。

（1）将自动变速器油温升至 60~80℃。

（2）拉紧驻车制动器。

（3）保持发动机怠速运转，将选挡手柄从 N 挡换入 D 挡或从 N 挡换入 R 挡，用秒表测量从 N 挡换入 D 挡或从 N 挡换入 R 挡后直到感觉汽车振动时所经历的时间。每次试验间隔时间为 1 min，取三次试验时间的平均值。

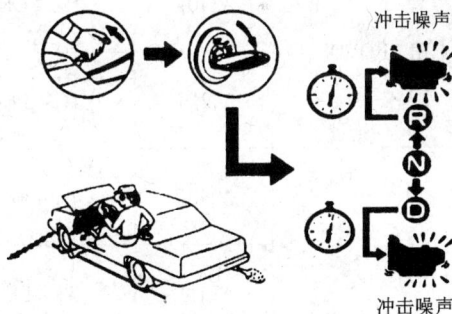

图 1-85 自动变速器时滞试验方法

丰田日系车型标准时滞时间值：N 到 D 挡时滞不大于 1.2 s。N 到 R 挡时滞不大于 1.5 s。

大众系列车型标准时滞时间值：N 到 D 挡时滞不大于 0.9 s。N 到 R 挡时滞不大于 2.0 s。

2）结果分析

若 N~D 迟滞时间过长，说明离合器片间或制动器带、鼓间隙过大或控制油压过低。

若 N~R 迟滞时间过长，说明说明离合器片间或制动器带、鼓间隙过小或控制油压过高。

4. 液压试验

液压试验的目的是测量控制管路中的油压，用于判断各种泵、阀工作性能。自动变速器控制油压过高，引起换挡冲击，密封件过早损坏；若控制油压过低，造成离合器、制动器打滑,汽车加速无力。

1)试验方法

自动变速器油压试验方法,如图 1 - 86 所示。

(1)将油压表接在自动变速器测压孔上。(不同车型的测压孔的位置是不同,请查阅各车型维修手册。)

(2)拉紧驻车制动器,启动发动机,使自动变速器油温达到 60 ~ 80℃。

(3)在发动机稳怠速和失速工况下,分别测出 D 挡和 R 挡的油压值。不同车型自动变速器主油路的标准油压值如表 1 - 17 所示。

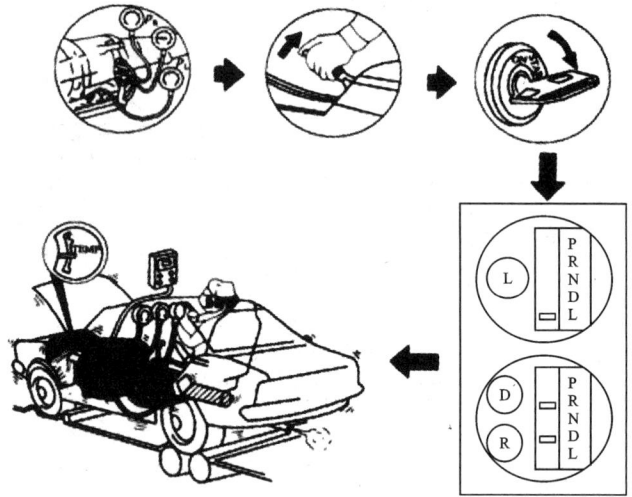

图 1 - 86   自动变速器油压试验方法

表 1 - 17   不同车型自动变速器主油路的标准油压值

车型	变速器型号	发动机型号	选挡手柄位置	主油路油压/kPa	
				怠速工况	失速工况
丰田 CROWN	A340E	2JZ - GE	D	363 ~ 422	902 ~ 1147
			R	500 ~ 598	123 ~ 1589
	A42DL	1G - FE	D	353 ~ 402	1030 ~ 1191
			R	500 ~ 569	142 ~ 1785
丰田 CORONA	A240E	4A - FE	D	373 ~ 422	903 ~ 1050
			R	550 ~ 707	141 ~ 1648
	A241E	3S - FE	D	373 ~ 422	903 ~ 1050
			R	638 ~ 795	156 ~ 1893
	A241L	2C	D	373 ~ 422	824 ~ 971
			R	647 ~ 794	142 ~ 1755
丰田 CAMRY	A540E	3VZ - FE	D	353 ~ 412	99 ~ 1040
			R	637 ~ 745	160 ~ 1873

2)结果分析

(1)D 挡和 R 挡油压均过高:发动机怠速过高,主调压阀阀芯卡滞;调压电磁阀失效或其电路有故障。

(2)D 挡和 R 挡油压均过低:发动机怠速过低,油质较差;油面过低;滤清器堵塞;油泵磨损或损坏；主调压阀阀芯卡滞；主控制油路泄漏；超速挡（O/D）离合器、制动器油泄漏；调压电磁阀失效或其电路有故障；节气门位置传感器有故障。

（3）D挡油压过低，R挡油压正常：前进挡控制油路漏油，前进挡离合器漏油。

（4）D挡油压正常，R挡油压过低：倒挡控制油路漏油，倒挡离合器漏油。

提示： 液压试验还包括速控阀油压测试、前进挡油压测试、倒挡油压测试、油压电磁阀工作测试等测试项目。这些项目的测试方法与主油路测试方法相同，所不同的是测压孔不同。只要将油压表接在相应的测压孔上，按照主油路测试方法就可测出不同项目的油压。不同项目油压标准值不同，根据所测油压值与标准的比对加以分析，以确定故障部位。

5．道路试验

自动变速器道路试验是对自动变速器综合性能的测试，包括齿轮变速器内部的各离合器和制动器的工作情况、液压控制系统及电子控制系统控制的自动换挡点速度是否正确、换挡时车辆的平顺性、行驶时自动变速器内有无异响声、各种行驶模式时车辆的行驶性能等等。

路试前必须排除发动机和底盘故障，使油温达到正常范围（60～80℃）。因为道路试验只能凭感觉以及车速表、转速表检查其性能，所以试车人员应具有操作多种自动变速器的经验，以便能敏锐地感觉故障原因和部位。

1）D挡

（1）升挡检验：将选挡手柄置于D挡，打开O/D挡开关，踩住加速踏板，始终保持节气门全开，记录各换挡点时的车速，与《维修手册》有关数据对照，看其是否在规定的范围之内。

如无1→2升挡，则有可能是速控阀损坏或1，2挡换挡阀卡住。

如无2→3升挡，则可能2，3挡换挡阀卡住。

如无2→4升挡，则可能是3，4挡换挡阀卡住或电磁阀及油路故障。

如换挡点不正确，则可能是节气门拉索调整不当或相应换挡阀有故障。

用同样的方法检查在1→2挡、2→3挡、3→4挡升挡时的冲击和打滑情况。如振动过大，则有可能是主油路油压过高、蓄压器损坏或单项球阀损坏。

（2）降挡检验：在D挡以2挡、3挡和4挡行驶，利用踩加速踏板"提前降挡"的方法检查2→1、3→2和4→3降挡时的车速是否与《维修手册》要求一致。同时，利用同样的方法检查降挡时有无异常的振动和打滑。

2）S挡或强制2挡

选挡手柄置于S挡或强制2挡加速踏板始终保持在节气门全开位置行驶、检查1→2升挡点时的车速是否符合《维修手册》的要求。然后松开加速踏板检查发动机制动情况。同时检查加、减速期间有无异常噪声和升、降挡时有无振动。

3）L挡或强制1挡

在L挡或强制1挡行驶时，自动变速器应升至2挡，松开加速踏板应有明显的发动机制动效果，加速和减速期间不应有异常噪声。

4）R挡试验

停车后换入R挡。在节气门全开时起步，检查有无打滑现象。

5）P挡试验

在大于9%的坡道上停车，将选挡手柄置于P挡，松开驻车制动，检查自动变速器停车锁爪能否将车辆停住。

四、自动变速器常见故障的分析与排除

自动变速器常见故障主要有汽车不能行驶、自动变速器打滑、换挡冲击、升挡过迟、不能升挡、不能强制降挡、频繁跳挡、无超速挡、无前进挡、无倒挡、无发动机制动、无锁止、油变质、异响等。因为不同车型结构不同，其故障原因也会有所差异，但故障产生的常见原因及诊断排除方法大致相同。这里以丰田 A341E 自动变速器常见故障为例进行阐述，如表 1 – 18 所示。

表 1 – 18　自动变速器常见故障现象及原因分析表

故障	现象	可能原因
故障 1：汽车不能行驶	选挡手柄在 D 位、2 位、L 位或 R 位时，汽车均不能行驶	①自动变速器无油或泄漏。②油泵严重磨损。③滤清器严重堵塞。④选挡手柄连接松脱而在 P 位或 N 位上。⑤超速、前排中断动力传递。⑥驻车锁杆卡死在驻车齿轮，输出轴不能转动。⑦油路漏油或堵塞
故障 2：自动变速器打滑	①汽车起步时，发动机转速升高但起步很困难。②汽车加速时，车速不能随发动机转动升高而提高。③汽车上坡时，汽车行驶无力	①自动变速器油面过低。②自动变速器油压过低(油泵磨损、滤清器堵塞、调压阀失效、泄漏等)。③换挡离合器或制动器摩擦片严重磨损。④换挡离合器或制动器活塞磨损、密封圈密封不严。⑤单向离合器严重打滑
故障 3：换挡冲击	①当选挡手柄从 P 位或 N 位换入 R 挡或 D 挡时，汽车震动较为严重。②汽车行驶中升挡时，有较明显的颤动	①发动机怠速过高。②节气门拉索调整过短。③节气门位置传感器调整不当。④主调压阀调整油压过高。⑤减震器不起减震作用。⑥畜压器不起作用。⑦单向离合器损坏或漏装。⑧换挡元件打滑。⑨升挡过迟。⑩车速传感器或电路接触不良。⑪电控单元故障
故障 4：升挡过迟	①汽车行驶中，升挡车速和发动机转速高于升挡正常值。②采用松开油门踏板方法才能迅速升入高挡	①节气门拉索调整过短。②节气门位置传感器调整不当。③调压阀调整不当。④车速传感器及其线路故障。⑤电控单元故障
故障 5：不能升挡	①选挡手柄在 2 位或 S 位时，汽车只能在 1 挡而不能升入 2 挡。②选挡手柄在 D 位时，汽车只能在低挡行驶而不能升入高一挡位	①节气门拉索调整不当。②节气门位置传感器调整不当。③调压阀调整油压过低。④油路泄漏。⑤换挡阀卡止。⑥电磁阀故障。⑦2 挡制动器或高挡离合器故障。⑧车速传感器及其线路故障。⑨电控单元故障
故障 6：不能强制降挡	汽车以 3 挡或 4 挡行驶时，突然将加速踏板踩到底，自动变速器不能立即降低一个挡，致使汽车加速无力	①节气门拉索调整不当。②节气门位置传感器调整不当。③强制降挡开关损坏或安装不当。④强制降挡电磁阀损坏或线路短路、断路。⑤强制降挡控制阀卡滞
故障 7：频繁跳挡	汽车行驶中，自动变速器出现突然降挡，降挡后发动机转速升高，并产生换挡冲击	①节气门位置传感器调整不当或线路故障。②车速传感器有故障。③换挡电磁阀或线路故障。④ECU 故障

故障	现象	可能原因
故障8：无超速挡	汽车不能升到4挡行驶	①节气门位置传感器及其线路有故障。②超速挡开关有故障。③3～4挡电磁阀有故障。④3～4挡换挡阀卡滞。⑤超速挡制动器有故障。⑥挡位开关有故障。⑦超速单向离合器卡死。⑧油温传感器及其线路有故障。⑨ECU故障
故障9：无前进挡	自动变速器在D位、2位或L位时，均不能行驶，但在R位时则正常	①前进挡离合器打滑。②前进挡离合器油路严重泄漏。③前进挡单向离合器打滑或装反。④选挡手柄位置不当
故障10：无倒挡	自动变速器在R位时不能行驶，而在D位、2位或L位时则正常	①倒挡离合器打滑。②倒挡制动器打滑。③倒挡油路严重泄漏。④选挡手柄位置不当
故障11：无发动机制动	汽车在L位或2位2挡行驶时，松开加速踏板后，车速没有明显减速；下坡时，无发动机制动作用	①挡位开关调整不当。②选挡手柄位置不正确。③低挡制动器打滑。④换挡离合器打滑。⑤阀体有故障。⑥ECU故障
故障12：无锁止	汽车行驶中其车速、挡位已经达到锁止离合器的工作条件，但不能起到锁止作用且油耗增大	①电磁阀及其线路故障。②锁止控制阀有故障。③变矩器中锁止离合器损坏。④节气门位置传感器有故障。⑤油温传感器及其线路故障
故障13：ATF易变质	换油后在短时间内油液变质	①自动变速器油散热器管路堵塞。②散热器限压阀卡滞。③换挡离合器或制动器间隙太小。④主油路油压过高
故障14：挂挡后容易熄火	①发动机怠速运转时将操纵手柄由P位或N位换入R位、D位、S位、L位（或2位、1位）时发动机熄火。②在前进挡或倒挡行驶中，踩下制动踏板停车时发动机熄火	①发动机怠速过低。②阀板中的锁止控制阀卡滞。③挡位开关有故障。④输入轴转速传感器有故障

【工作过程】

一、准备工作及相关技术要求

1. 准备工作

(1)装配液力自动变速器的卡罗拉轿车一辆，底盘装配齐全；

(2)磁力护裙、转向盘护套、变速杆手柄套、脚垫、座位套、干净抹布；

(3)带有 KT600 检测仪，二极管试灯，万用表；

(4)卡罗拉自动变速器维修手册一本。

2.技术要求及注意事项

(1)检查结果数据应与维修手册的标准值相同;

(2)车辆使用应在教师的协助下进行,不能无证操作,以免发生意外;

(3)故障码读取操作,应按照操作流程完成,避免造成仪器和汽车电脑的损坏。

二、电控液力自动变速器的基本检查

下面以丰田卡罗拉汽车为例,进行基本检查。

1.挡位指示灯工作情况检查

拉起手刹,踩下制动踏板,将换挡杆分别挂入不同挡位时,检查仪表板上的挡位指示灯是否工作,并且指示与相应挡位相符,如图1-87(a)和图1-87(b)所示。

(a)挂入不同挡位　　　　　　　(b)挡位指示灯

图1-87　挡位指示灯工作检查

2.超速挡取消指示灯和系统自检指示灯检查

超速指示灯和系统指示灯检查如图1-88(a)和图1-88(b)所示。

(a)系统指示灯　　　　　　　(b)超速挡取消指示灯

图1-88　超速指示灯和系统指示灯检查

(1)换挡杆置于P挡,打开点火开关,系统各指示灯应该亮大约2s之后熄灭。

(2)关闭超速挡开关时,超速挡取消指示灯应该会亮起,否则说明有故障。

3.发动机起动情况检查

(1)换挡杆挂入P或N位置时,应该能顺利起动发动机,否则说明自动变速器有故障。

（2）换挡杆分别挂入 R，D，2，1 位置时，发动机应不能启动，否则说明自动变速器有故障。

4. 发动机怠速工况检查

使换挡杆位于 P 挡，拉起手刹，起动发动机后让车辆怠速运转，观察发动机转速，正常工作范围在 850～900 r/min，如图 1-89 中虚线圈所示。否则说明有变速器或者发动机有故障。

图 1-89 发动机怠速检查

5. R 和 D 位置时换挡冲击检查

发动机起动之后，踩下制动踏板，检车员坐在车内，当换挡杆由 P 挡挂入 D 或者 R 位置时，如果能感觉到明显冲击，则说明存在内部故障，如图 1-90 所示。

6. 各挡位位置车辆移动情况检查

起动发动机后，进行下列操作。

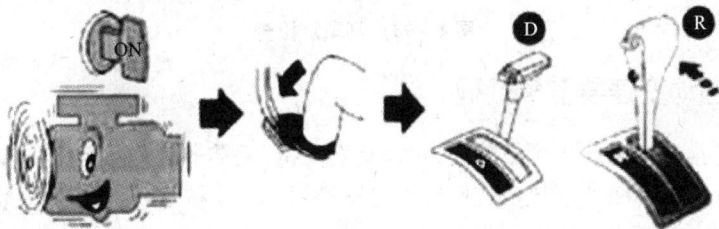

图 1-90 换挡冲击检查

（1）踩下制动踏板，换挡杆挂入 P 位置，松开制动踏板，松开手刹，车辆不可以移动，如图 1-91 所示。

（2）踩下制动踏板，换挡杆挂入 N 位置，松开制动踏板，松开手刹，车辆应该可以移动。

（3）踩下制动踏板，换挡杆挂入 D，2，1 位置，车辆应该可以缓缓往前移动。

（4）踩下制动踏板，换挡杆挂入 R 位置，车辆应该反向往后缓缓移动，如图 1-92 所示。

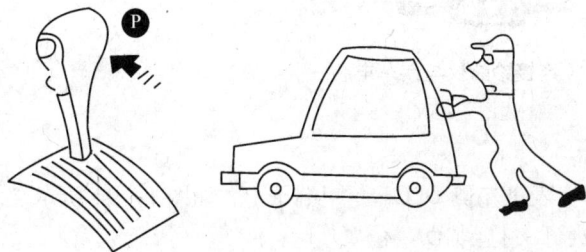

图 1-91 P 挡驻车情况检查

图 1-92 R 挡工作情况检查

7. 倒车灯检查

起动发动机后,踩下制动踏板,不要松开手刹,把换挡杆挂入 R,观察车辆尾部倒车灯,应该亮起,如图 1 - 93(a)和图 1 - 93(b)所示。

提示: 为了保证操作安全,检查过程必须要有专业人员负责完成,并且在前后车轮放置三角木,严禁猛踩油门和随意挂挡,防止意外事故。

(a)挂入R挡   (b)观察汽车尾灯

图 1 - 93   倒车灯检查

三、读取自动变速器故障代码

当自动变速器电控系统出现故障时,"检查发动机"警告指示灯点亮,应读取故障代码快速诊断排除故障。不同变速器故障代码读取方法则不同,应按照相关车型技术资料读取故障代码。使用 KT600 解码仪读取故障代码的方法:

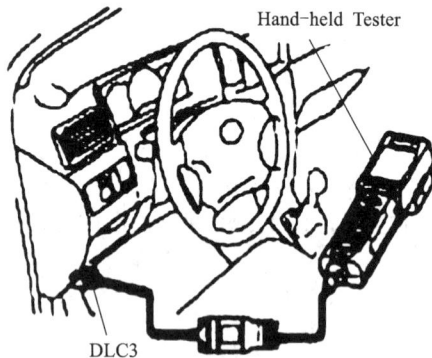

图 1 - 94   连接诊断仪与汽车电脑

(1)点火开关打到"OFF"位置。

(2)将解码仪 OBD Ⅱ 诊断插头接到仪表盘左侧 DLC3 专用端子上,如图 1 - 94 所示。

(3)打开解码器电源开关,同时点火开关打到"ON"位置。

(4)将汽车编号输入到解码仪上,再将汽车行驶里程输入解码仪上,按照下列提示菜单读取故障代码。

(5)查找故障点,排除故障,并复查故障点。

（6）关闭点火开关。

（7）整理工具。

①点击汽车诊断程序	②点击丰田车系
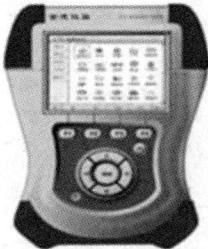	
③点击"选择系统"	④点击"发动机系统"
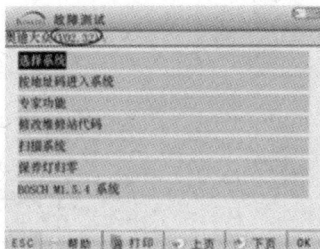	
⑤点击"清除故障码"	⑥点击"读取故障码"
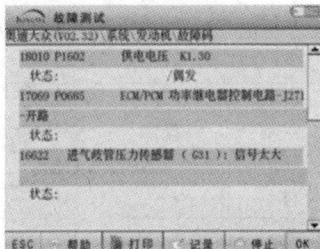	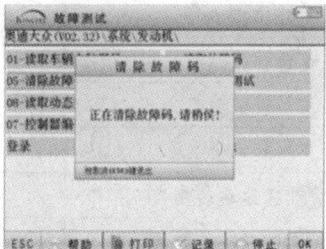
⑦点击"元件测试"	⑧点击"读取数据流"
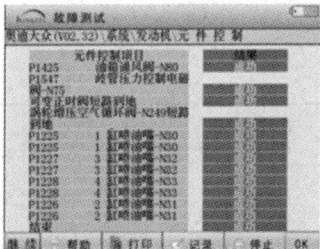	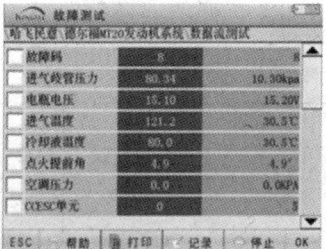

　　提示：拔插仪器前必须先退出并关闭仪器再关闭点火开关；拔插元件或连接器前必须先关闭点火开关；拔插 ECU 连接器前必须先断开蓄电池负极。

★ 任务工单

工作单

任务名称：	
日期：	
组长：	
成员：	

车辆描述：

车型＿＿＿＿＿＿＿　发动机型号＿＿＿＿＿＿＿　车辆识别码＿＿＿＿＿＿＿

1. 故障现象描述

＿＿＿＿＿＿＿＿＿＿＿＿＿＿＿＿＿＿＿＿＿＿＿＿＿＿＿＿＿＿＿＿＿

＿＿＿＿＿＿＿＿＿＿＿＿＿＿＿＿＿＿＿＿＿＿＿＿＿＿＿＿＿＿＿＿＿

2. 选用的工具与材料

＿＿＿＿＿＿＿＿＿＿＿＿＿＿＿＿＿＿＿＿＿＿＿＿＿＿＿＿＿＿＿＿＿

＿＿＿＿＿＿＿＿＿＿＿＿＿＿＿＿＿＿＿＿＿＿＿＿＿＿＿＿＿＿＿＿＿

3. 基本检查情况记录

项目	检查结果
各挡位指示灯	
超速挡指示灯	
发动机故障灯	
空挡起动开关	
发动机怠速运转情况	
各挡位换挡冲击情况	
P 挡倒车灯	
线路连接检查	

预测故障：＿＿＿＿＿＿＿＿＿＿＿＿＿＿＿＿＿＿＿＿＿＿＿＿＿＿＿＿

4. 故障码诊断

步骤	注意事项
连接诊断仪	
读取故障码	
读取数据流	
预测故障范围	
故障排除	
清除故障码	

6. 元件检测

(1)传感器检测

项目	检测结果

(2)执行器的检查

项目	检测结果

(3)ECU 与元件的连接检查

项目	检测结果

7. 根据检测结果分析出现该故障原因并提出解决方法

故障分析：_____

_____

修理建议：_____

_____

8. 思考提高

(1)如果自动变速器的非电子控制系统元件出现故障，故障灯会亮起吗？

_____

_____

(2)在没有故障诊断仪的情况下，该如何判断自动变速器的故障部位？

_____

_____

_____

任务1-4　本田飞度CVT自动变速器检修

★ 情境导入

根据车主们反映，本田飞度CVT行驶3万km以后常见的问题就是出现不同程度的起步车身发抖现象。更换CVT专用油后，故障减弱或消失。

多数变速器要求定期换油，换油周期各厂家有自己的要求，本田飞度轿车无级变速器要求每行驶60000 km或4年需要更换自动变速器油。维护时或维修后应检查油位，必要时加注ATF。要正确地完成维护检查任务，需要对CVT有基本了解以及学会初级的维护保养技能。

★ 学习目标

通过本任务的学习，你应该能够：

1. 了解CVT无级变速器电控系统的相关知识；
2. 能安全正确地检修CVT无级变速器电控系统的电子元件；
3. 能学会CVT无级变速器的换油维护工作；
4. 工作过程符合6S规范。

建议课时： 12课时

【相关知识】

CVT(continuousiy variable transmission)技术也叫无级变速技术。CVT是理想的传动装置，如图1-95，它采用传动带和可变工作直径的主、从动带轮相配合来进行动力传递，可以实现传动比的连续改变，从而得到传动系与发动机工况的最佳匹配，提高汽车的经济性、动力性，也改善了驾驶的舒适性，同时排放性比装有液力自动变速器和手动机械变速器的汽车更佳。因此，CVT自1987年首次装车以来，在短短的十几年间得到了广泛应用，预计在未来将获得更大的发展。目前世界上主要生产CVT无级变速器的公司有日产公司、日本三菱、日本富士重工、美国福特、德国ZF公司和德国大众等，主流车型CVT型号如表1-18所示。

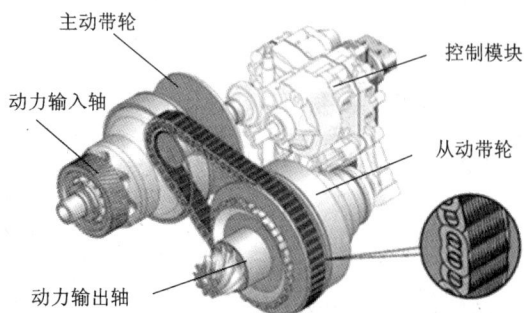

图1-95　V带轮钢带传动

表 1 – 19　常见使用 CVT 的车型与波箱型号

车型	波箱型号
奥迪 A4	01J
本田飞度	SERA
98 本田思域:	M4VA
日产轩逸 2.0	RE0F10A
日产天籁 3.5:	RE0F09A
奇瑞旗云	ZF – cvt
三菱 Lancer	INVECS Ⅲ
菲亚特派力奥	Subaru ECVT 16S

一、无级变速器的概述

1. 无级变速器的特点

无级变速器和普通自动变速器的最大区别，是它省去了复杂而又笨重的齿轮组合变速传动，变速机构的核心组件是两组带轮，通过改变驱动轮与从动轮的接触半径进行变速。无级变速器的传动效率高且稳定，变速范围可达 5 ~ 6，传动效率可高达 95%，而采用液力变矩器的自动变速器传动效率只有 87% 左右，因为无级变速只需要 1 组两个带轮及金属带便可改变传动比，而不像 4 挡或 5 挡的变速器需要有 4 ~ 5 组齿轮。因此无级变速器具有以下特点：

(1)通过在发动机燃烧效率的高领域行驶，来达到提高燃油经济性；

(2)变速时无冲击感，使驾驶变得很顺畅；

(3)因为减少了变速时的动力损失，在行驶中使发动机连续的不间断的驱动力输出。

2. CVT 工作的基本原理

CVT 系统主要包括主动轮组、从动轮组、传动带和液压泵等基本部件。主动轮组和从动轮组都由可动盘和固定盘组成，与油缸靠近的一侧带轮可以在轴上滑动，另一侧则固定。可动盘与固定盘都是楔形面结构，楔形面形成 V 形槽与 V 形传动带啮合。发动机输出的动力首先传递到主动轮，然后通过 V 形传动带传递到从动轮，最后经减速器、差速器传递给车轮驱动汽车。如图 1 – 96 所示，无级变速传动通过调整作用在主、从动轮的轴向夹紧力，改变传动带在主、从动轮上的作用半径，进而实现无级调速。

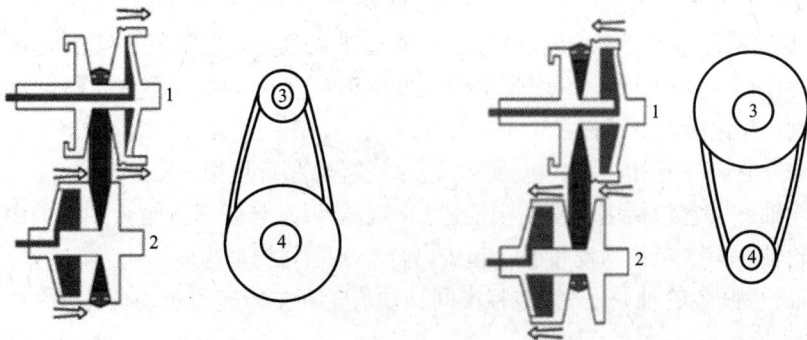

图 1 – 96　CVT 基本工作原理

1—输入轴；2—输出轴；3—主动轮组；4—从动轮组

3. 挡位介绍

如图 1 - 97 所示，飞度的换挡杆共有以下 6 种位置：P, R, N, D, S 和 L。各个挡位详细说明如表 1 - 20 所示。由于配备有空挡安全开关，所以只有在 P 和 N 挡位下才可起动。

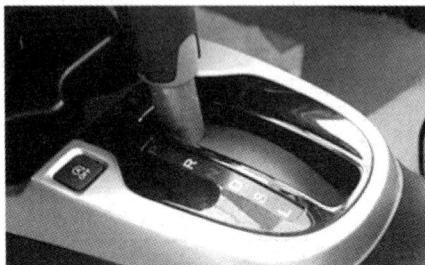

图 1 - 97　飞度 CVT 挡位

表 1 - 20　CVT 换挡杆各挡的说明

位置	名称	说明
P	PARK(驻车)	驻车止动爪与从动带轮轴上的驻车齿轮啮合，前轮锁定；起步离合器和前进挡离合器均为分离状态
R	REVERSE(倒挡)	倒挡；倒挡制动器工作
N	NEUTRAL(空挡)	空挡；起步离合器和前进离合器均为分离状态
D	DRIVE(行车挡)	一般行车挡；变速器选择进行调整，使发动机保持最佳转速，以便在所有条件下行驶
S	SECOND(第 2 挡)	快速加速；变速器选择较宽范围的传动比，以取得更佳的加速效果
L	LOW(低速挡)	发动机制动和爬坡动力性能；变速器变至最低传动比范围

二、本田飞度 CVT 的构造组成

广州本田飞度的 CVT 无级变速器是专门为小型车设计的，属于新一代钢带无级自动变速器，可允许两个带轮之间进行高扭矩传递，运转平稳、传动效率高，是小型车里较好的。飞度的 CVT 变速器还带有 S 挡(运动模式)，既追求流畅感、低油耗，又不乏驾驶乐趣。如图 1 - 98(a) 和图 1 - 99(b) 所示，广州本田飞度轿车 CVT 自动变速器的机械部件主要有 4 根平行布置的轴，并包括如下部件：

输入轴——它与飞轮相连接，包括太阳轮、行星轮和行星架。

主动带轮轴——它包括主动带轮和前进挡离合器以及与驻车齿轮为一体的中间从动齿轮

从动带轮轴——它包括从动带轮、起步离合器和中间主动齿轮。

主传动轴(中间齿轮轴)——它包括中间从动齿轮和主减速器主动齿轮。

1. 机械传动部分

1)前进离合器/倒挡制动器

无级变速器通过液压离合器和制动器来接合和分离变速器齿轮，其结构如图 1 - 99 所

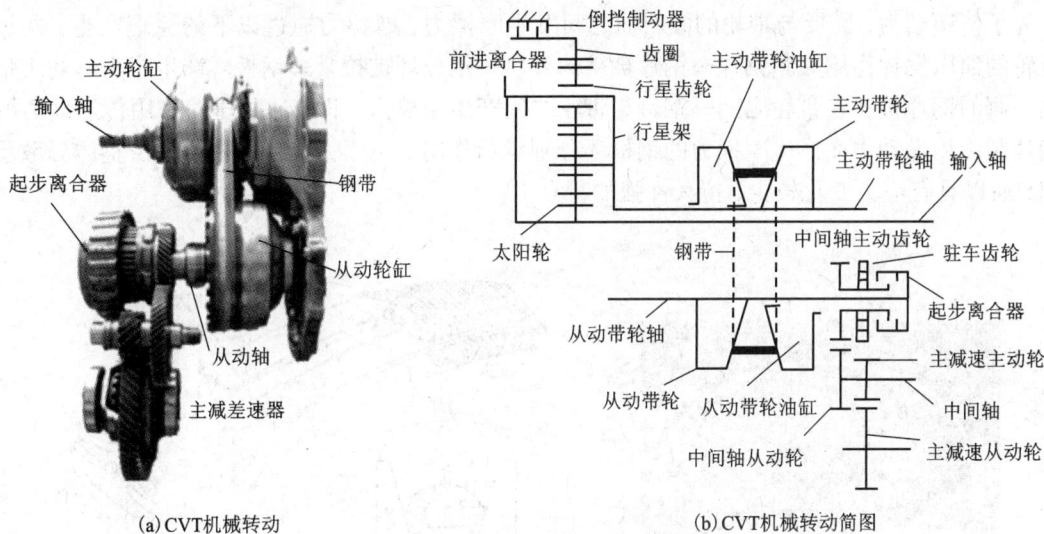

图 1 - 98 本田飞度 CVT 机械传动结构

（a）CVT机械转动　（b）CVT机械转动简图

示。当离合器鼓和倒挡制动器的活塞腔受到液压作用时，离合器活塞和倒挡制动器活塞移动，将摩擦片和钢盘压紧在一起并锁定，使其不致打滑，由此，动力通过已接合的离合器组件传递到离合器上轮毂定位的齿轮，然后通过啮合的齿圈传递到行星齿轮。

相反，当离合器组件和倒挡制动器活塞腔解除液压作用时，活塞将松开摩擦片与钢盘，使其自由相对滑动，齿轮将在轴上独立旋转，不传递任何动力。前进挡离合器与太阳

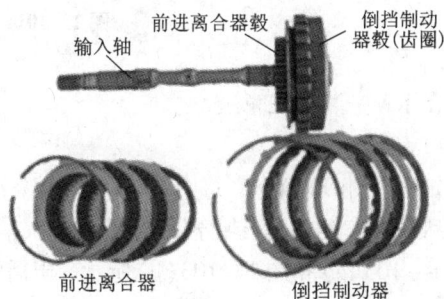

图 1 - 99 前进离合器/倒挡制动器

轮啮合/分离，它位于主动带轮轴的端部。前进离合器所需液压通过其位于主动带轮轴内的自动变速器油管提供。手动阀挂到 D、S、L 位时直接供油。而倒挡制动器的液压则是通过一个与内部液压回路相连的回路提供。

2）起步离合器

位于从动带轮轴的后端部与中间轴主动齿轮啮合/分离，其构造如图 1 - 100 所示。由于无液力变矩器，所以无自动离合的作用。起步加速和带挡停车就由起步离合器控制发动机动力传递到主差速器。起步离合器所需液压通过其位于主动带轮轴内的自动变速器油管提供。该离合器鼓上加工有大流量润滑冷却孔道。

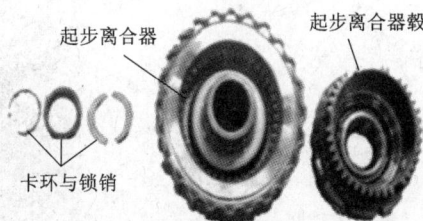

图 1 - 100 起步离合器

3）钢带

如图 1 - 101（a）和图 1 - 101（b）所示，钢带由大约数百个钢片与两根多层重叠的钢环构

成。此钢带与橡胶带通过张力作用传递动力不同，而是通过钢片的压缩作用来传递动力。钢片为了传递动力，需要与带轮的倾斜面之间发生摩擦力，摩擦力通过以下的原理产生：次级带轮的油压发挥作用夹紧钢片⇒钢片被挤向外侧⇒钢板环被拉紧⇒钢板环产生张力⇒初级带轮一侧的钢片被夹在带轮之间⇒钢带与带轮之间产生摩擦力。即：通过压缩作用传递动力的钢片与为传递动力而产生摩擦力的钢板环分别承担作用。由于钢板环的张力是由整体分散承担，所以具有应力变化较少，持久性强的特点。

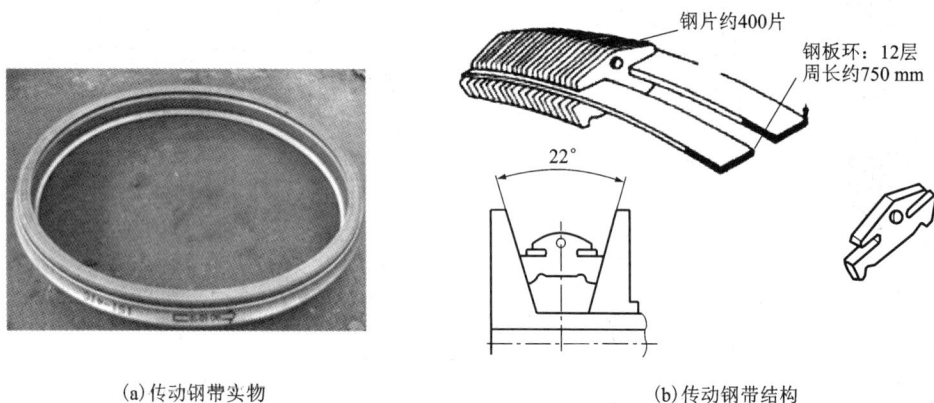

钢片约400片
钢板环：12层
周长约750 mm
22°

(a)传动钢带实物　　　　　　　　　(b)传动钢带结构

图 1 - 101　CVT 的传动钢带

提示：安装要注意旋向。

4）带轮

如图 1 - 102 所示，每个带轮均有一个活动面和一个固定面。带轮的有效传动比将随着接收到来自车辆各种传感器和开关的输入信号而变化。主动带轮和从动带轮通过钢带联接。如图 1 - 103（a）和图 1 - 103（b）所示，当需得到低带轮传动比时，从动带轮活动面上将被施加高液压并减小主动带轮的有效直径，主动带轮的活动面上将受到较低的液压压力，以避免钢带打滑；要得到高带轮传动比时，主动带轮的活动面上被施加以高压并减小从动带轮的有效直径，同时从动带轮活动面上施用较低压力，以避免钢带打滑。

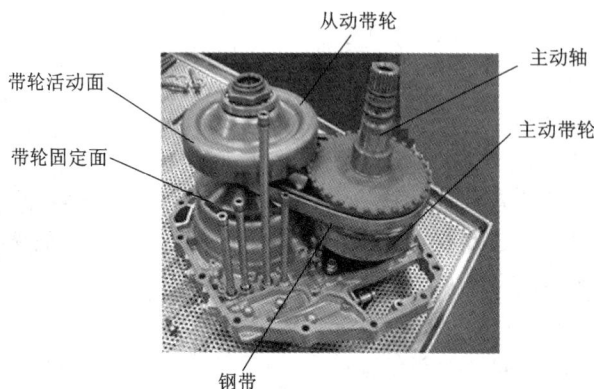

从动带轮
主动轴
带轮活动面
主动带轮
带轮固定面
钢带

图 1 - 102　飞度 CVT 上的带轮

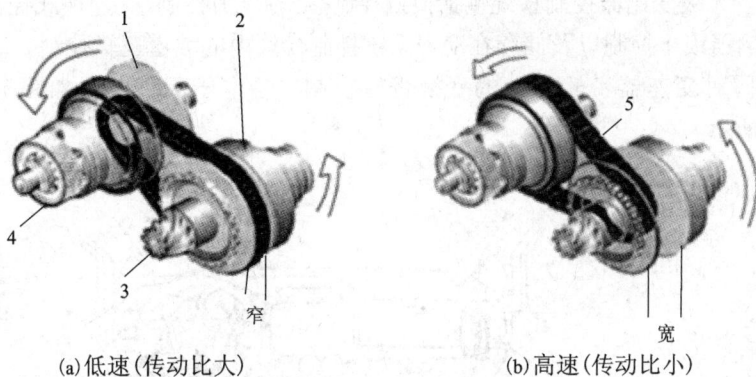

(a)低速(传动比大)　　　　　　　　　　(b)高速(传动比小)

图 1-103　速比变换器的基本组成和原理

1—主动带轮装置;2—从动带轮装置;3—动力输出;4—动力输入;5—传动钢带

5)行星齿轮

行星齿轮由太阳轮、行星齿轮和齿圈组成。太阳轮通过花键与输入轴联接,行星齿轮安装在行星架上;行星架位于输入轴端部的恒星齿轮上。齿圈位于行星架内,它与前进离合器鼓相联。太阳轮通过输入轴将发动机动力输入至行星齿轮,行星架输出发动机动力。行星齿轮机构仅用于改变带轮轴的旋向。在 D,S 和 L 挡位(前进挡范围)下,行星齿轮不自转,也不绕太阳轮回转,因而行星架将会转动;在 R 挡(倒挡范围)时,倒挡制动器将行星架锁定,太阳轮驱动行星齿轮转动,行星齿轮自转但不绕太阳轮公转,行星齿轮驱动圈沿太阳轮相反的旋向旋转。图 1-104 中,齿轮组由一个太阳轮(作为输入元件)、具有两组行星齿轮的行星架(作为输出元件)和一个齿圈组成。

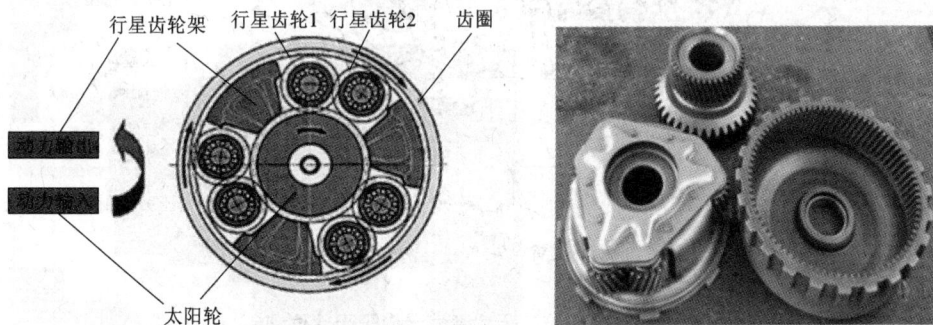

图 1-104　CVT 的行星齿轮机构

2. 无级变速传动的控制系统

1)控制系统

无级变速器的控制系统由电子控制系统和液压控制系统组成。

(1)电子控制系统。电子控制系统由动力系统控制模块(PCM)、传感器以及电磁阀组成。换挡采用电子方式控制,确保所有条件下的驾驶舒适性。PCM 接收传感器、开关以及其他控制装置发送来的输入信号,经过数据处理后,输出用于发动机控制系统和无级变速器控制系统的信号。无级变速器控制系统包括换挡控制/带轮压力控制、7速模式控制、起步离合器压力控制、倒挡锁止控制以及储存在动力系统控制模块内的坡道逻辑控制。动力系统控制模块操纵电磁阀对变速器带轮传动的变换进行控制。各电子元件位置如图1-105(a)及图1-105(b)所示。

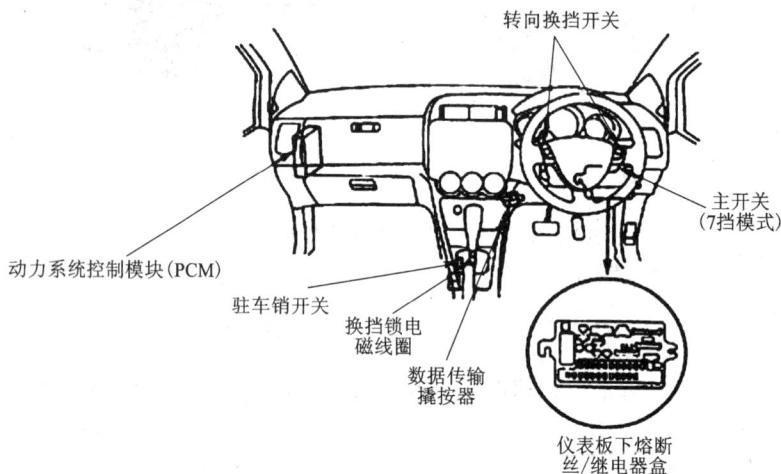

图1-105(a)　无级变速器电子元件位置

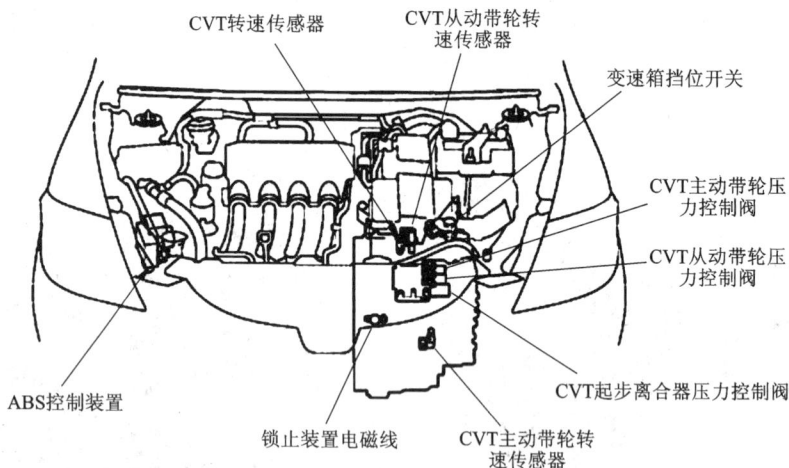

图1-105(b)　无级变速器电子元件位置

(2)液压控制系统。液压控制系统通过变速器油泵、阀体和电磁阀进行控制。变速器油泵由输入轴驱动。油液从变速器油泵流经PH调节阀,以便对主动带轮、从动带轮和手动阀保持规定的压力。阀体类型包括主阀体、变速器油泵体、控制阀体以及手动阀体。主阀体用螺栓固定在飞轮壳上,变速器油泵体用螺栓固定在主阀体上;控制阀体位于变速器箱体外部;手动阀体用螺栓固定在中间壳体上。

①控制阀体。控制阀体位于变速器箱体外部,它包括了主动带轮压力控制阀、从动带轮压力控制阀、起步离合器压力控制阀、主动带轮控制阀以及从动带轮控制阀。控制阀体的构

造及各控制阀的作用如图 1 – 106 和表 1 – 21 所示。

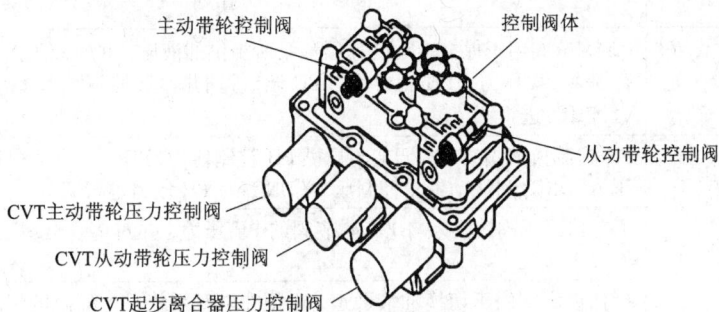

图 1 – 106 CVT 控制阀体

表 1 – 21 各控制阀的作用

控制阀名称	作用
主动带轮压力控制阀	主动带轮压力控制阀由线性电磁阀和滑阀组成，并由动力系统控制模块（PCM）控制。主动带轮压力控制阀向主动带轮控制阀提供主动带轮控制压力（DRC）
从动带轮压力控制阀	从动带轮压力控制阀由线性电磁阀和滑阀组成，并由动力系统控制模块（PCM）控制。从动带轮压力控制阀向从动带轮控制阀提供从动带轮控制压力（DRC）
起步离合器压力控制阀	起步离合器压力控制阀由线性电磁阀和滑阀组成，并由动力系统控制模块（PCM）控制。起步离合器压力控制阀根据节气门开度调节起步离合器的压力大小（SC），并向起步离合提供起步离合器压力（SC）
主动带轮控制阀	主动带轮控制阀对主动带轮压力（DR）进行调节，并向主动带轮提供压力
从动带轮控制阀	从动带轮控制阀对从动带轮压力（DN）进行调节，并向从动带轮提供压力

②主阀体。主阀体包括 PH 控制调节阀、离合器减压阀、换挡锁定阀、起步离合器蓄压阀、起步离合器换挡阀、起步离合器后备阀以及润滑阀。主阀体的构造及各阀体的作用如图 1 – 107 和表 1 – 22 所示。

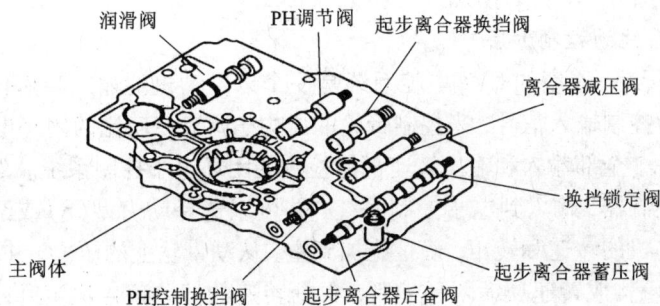

图 1 – 107 主阀体

表 1 - 22　主阀体介绍

阀体名称	作用
(1) PH 调节阀	PH 调节阀用于保持自动变速器油泵所提供的液压,并向液压控制回路及润滑回路提供 PH 压力。PH 压力是由 PH 调节阀根据 PH 控制换挡阀提供的 PH 控制压力 (PHC) 进行调节的
(2) PH 控制换挡阀	PH 控制换挡阀向 PH 调节阀提供 PH 控制压力 (PHC),以便根据主动带轮控制压力 (DRC) 和从动带轮控制压力 (DNC) 对 PH 压力进行调节
(3) 离合器减压阀	离合器减压阀接收来自 PH 调节阀的 PH 压力,并对离合器减压压力 (CR) 进行调节
(4) 换挡锁定阀	换挡锁定阀用于切换油液通道,以便在电气系统发生故障的情况下将起步离合器控制从电子控制切换到液压控制
(5) 起步离合器蓄压阀	起步离合器蓄压阀对提供给起步离合器的液压具有稳定作用
(6) 起步离合器换挡阀	在电子控制系统发生故障的情况下,起步离合器换挡阀接受换挡锁定压力 (SI),并将润滑压力 (LUB) 旁路转换至起步离合器后备阀
(7) 起步离合器后备阀	起步离合器后备阀提供离合器控制 B 压力 (CCB),以便在电子控制系统故障情况下,对起步离合器进行控制
(8) 润滑阀	润滑阀用于稳定内部液压回路的润滑压力

③手动阀体。手动阀体通过螺栓固定在中间壳体上,它包括主动阀和倒挡限止阀,如图 1 - 108 所示。

a. 手动阀。手动阀根据换挡杆位置,以机械方式开启或封闭油液通道。

b. 倒挡限止阀。倒挡限止阀由倒挡限止装置电磁阀提供的倒挡锁定压力 (RI) 进行控制。当车辆以大约 6 mph(10 km/h) 以上的车速向前行驶时,倒挡限止阀将截止通向倒挡制动器的液压回路。

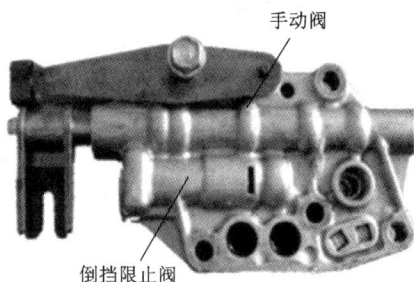

图 1 - 108　手动阀

④油泵。自动变速器油泵体用螺栓固定在主阀体上。CVT 自动变速器油泵为摆线式,其内转子通过花键与输入轴联接,并由输入轴驱动。自动变速器油泵向 PH 调节阀提供液压,如图 1 - 109(a) 和图 1 - 109(b) 所示。

3. CVT 电控系统的控制方法

如图 1 - 110 所示,飞度的 CVT 电控系统是一个以发动机的输入转速作为反馈信号,以节气门开度等作为控制输入信号,来控制带轮的压力、调节传动比的闭环电控无级变速传动控制系统。这是一个全部输入和输出转速都能检测的闭环电子控制系统。驾驶员的意图通过节气门开度及换控制器,输入到电子控制系统,并可以选择动力型(S)或经济型(E)的最佳换规律。根据发动机的转速和转矩,确定施加到主、从动带轮上的压力,并由发动机转速(对应于主动带轮转速)构成转速反馈闭环控制,根据转速的偏差信号决定升或降变速,并输出控制信号到电液比例控制阀,控制作用在两个运转带轮上的液压伺服缸的压力。

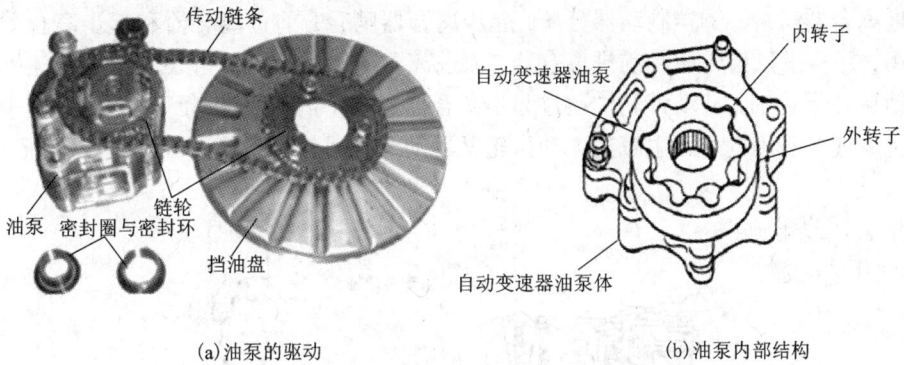

(a)油泵的驱动　　　　　　　　　　　　　　(b)油泵内部结构

图1-109　油泵

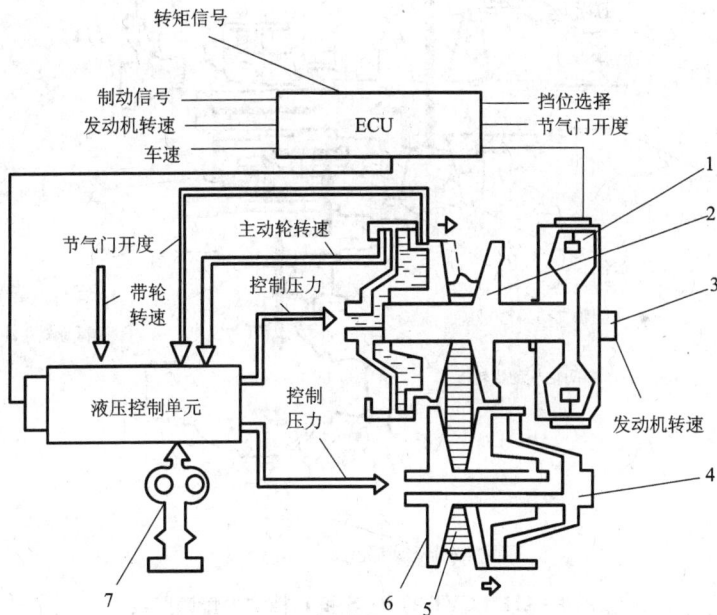

图1-110　飞度CVT电控系统原理

1—电磁离合器；2—主动带轮；3—输入轴；4—输出轴；5—钢带；6—从动带轮；7—液压泵

三、本田飞度CVT动力传递路线

1. P挡位

没有液压作用于起步离合器、前进离合器以及倒挡制动器上。无动力传递至中间主动齿轮；中间主动齿轮被与驻车齿轮联锁的驻车棘爪锁定。

2. N挡位

从飞轮传来的发动机动力驱动输入轴，但无液压作用于前进离合器和倒挡制动器。动力没有传递给主动带轮轴，并且也没有液压作用于起步离合器上。

3. D,S和L挡(前进挡范围)

前进离合器啮合；倒挡制动器分离；起步离合器啮合；前进离合器和起步离合器上均有液压作用，并且恒星齿轮驱动前进离合器；前进离合器驱动主动带轮轴，主动带轮轴又通过钢带驱动从动带轮轴；从动带轮轴通过起步离合器驱动中间主动齿轮；动力传递至中间从动齿轮和主减速主动齿轮，而主减速主动齿轮又驱动主减速从动齿轮，如图1–111所示。

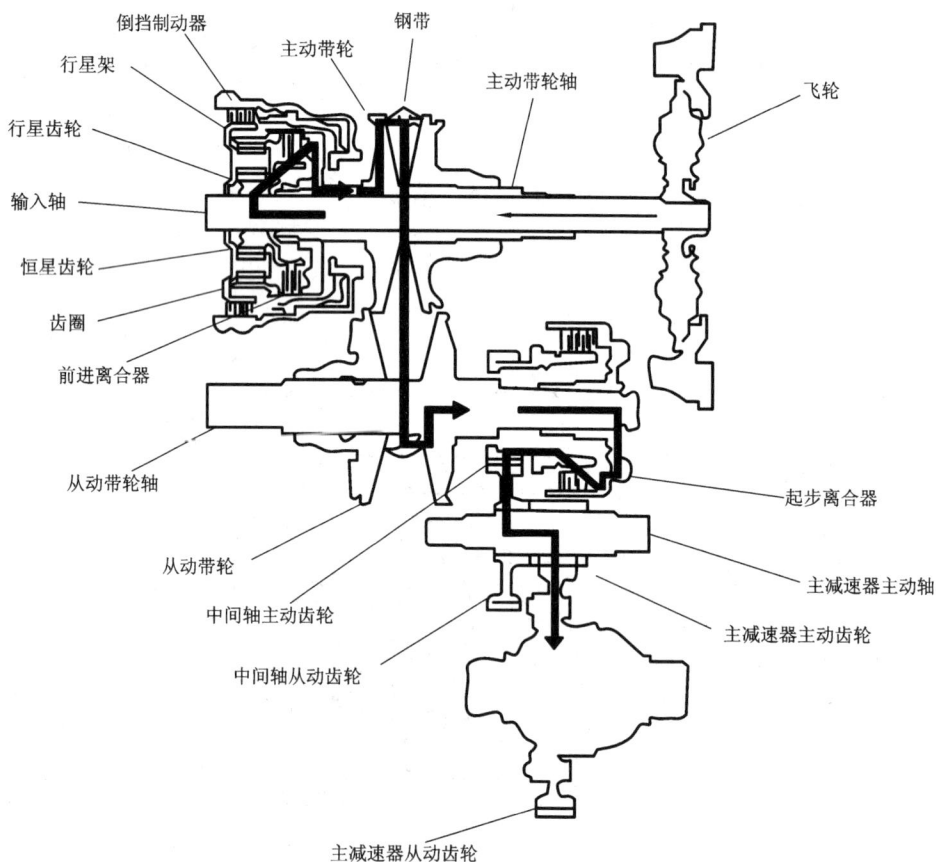

图1–111　CVT的D、S和L挡动力传递路线

4. R挡(倒挡范围)

前进离合器分离；倒挡制动啮合；起步离合器啮合，行星架由倒挡制动器锁定；太阳轮驱动行星齿轮自转，行星齿轮驱动齿圈沿与太阳轮相反的旋向旋转；齿圈通过前进离合器鼓驱动主动带轮轴，主动带轮轴通过联接钢带驱动从动带轮轴；从动带轮轴通过起步离合器驱动中间轴主动齿轮；动力传输至中间轴从动齿轮和主减速主动齿轮，然后再驱动主减速从动齿轮，如图1–112所示。

提示：变速箱有倒挡限止装置控制，当车辆以10 km/h以上的速度向前行驶时，如果选择了R挡位，动力系统控制模块(PCM)将输出信号，以接通(ON)限止装置电磁阀，倒挡制动器压力被释放，即使挂入R挡，也没有动力输出，以保护变速箱。

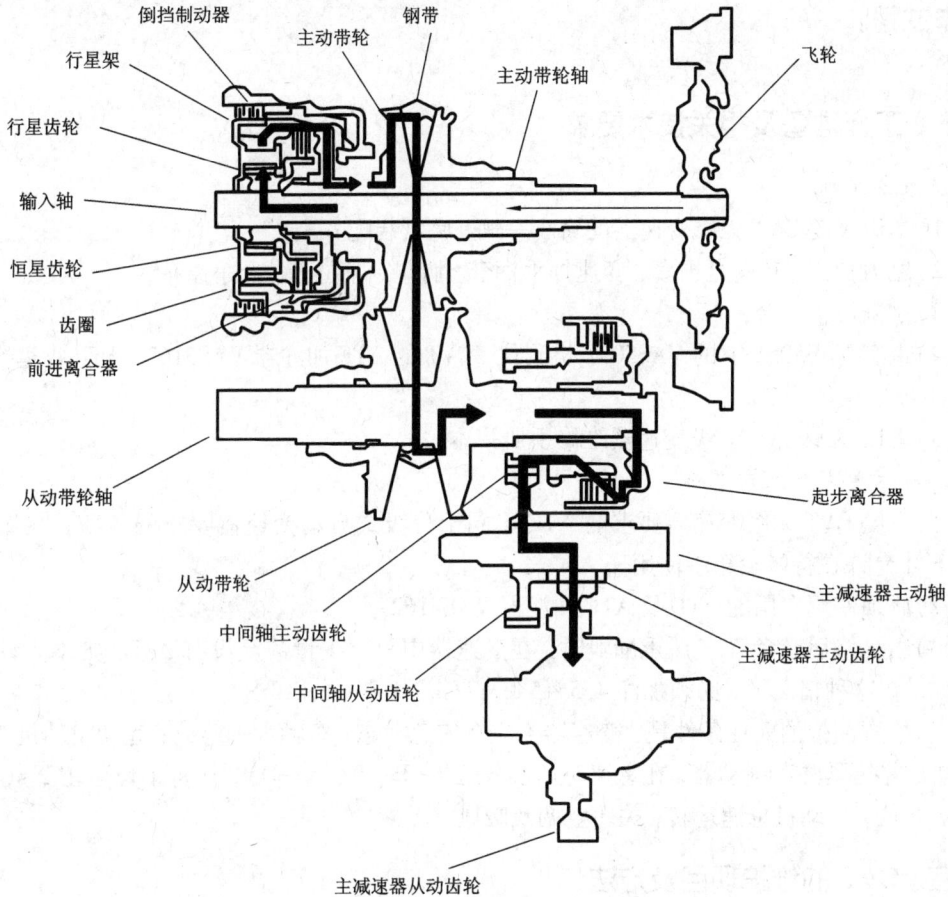

图 1 –112　CVT 的 R 挡动力传递路线

四、CVT 使用注意事项

（1）高速行驶时，不要将变速杆拉到 N 挡、P 挡或 R 挡。

（2）下坡时，应使用 S 或手动模式的低挡，利用发动机制动作用，避免长时间制动时使制动蹄片产生热衰退性，使制动性能变差。

（3）应按照生产厂家指定的期限检查 CVT 的油质、油量。

（4）为了最大限度的提高其燃油经济性，行驶中最好使用 CVT 变速箱的自动模式。

（5）CVT 变速箱的维修应去专业的修理单位进行维修。

（6）CVT 变速箱的自动模式加速，可以全程保持在发动机扭力输出最高的转速，不会有动力波动和换挡"真空期"，加速最快。

（7）当心斜坡溜车，在斜坡起步时要以手刹辅助。

（8）牵引车辆时，变速杆必须处在 N 位，牵引车速不能超过 50 km/h，牵引里程不大于 50 km，否则可能损坏变速器。

【工作过程】

一、工作准备及相关技术要求

1. 准备工作

(1)本田飞度 CVT 无级变速器的轿车一辆,底盘装配齐全;

(2)磁力护裙、转向盘护套、变速杆手柄套、脚垫、座位套、干净抹布;

(3)举升设备一台;

(4)带有 VAS5051/1 的 VAS5051 检测仪,CVT 的 ATF 加注器 VAS5162,ATF 收集槽,防护眼镜;

(5)本田飞度 CVT 无级变速器维修手册一本。

2. 技术要求及注意事项

(1)飞度 CVT 无级变速器要求的 ATF 不同于分级式自动变速器要求的 ATF。只有专用的 ATF 才允许在行星轮箱中使用。

(2)必须使用专用的 ATF 及 ATF 加注器 VAS5162。

(3)当维修后或者 ATF 严重漏泄时,在变速器中只有少量甚至没有 ATF,则不允许起动发动机。在这种情况下,必须加注 4.5 ~ 5 L ATF。

(4)检测油位的前提条件是:变速器不应在应急状态;车辆水平停放;起动发动机,踏下制动踏板并拉紧驻车制动器,在怠速时切换各位置(P—R—N—D),在每个位停留 2 s;变速杆置于 P 位,发动机怠速运转;关闭空调及暖风。

二、CVT 的维护项目及方法

CVT 电控自动变速器的维护项目包括 CVT 有无渗漏、检查 ATF 油位、添加和更换等。

1. 检查 ATF 油位

检查 ATF 油位时一定要戴防护眼镜,将 ATF 收集槽放到变速器下面。如果 ATF 的温度达到 35℃,拧出 ATF 检查螺栓。打开检查螺栓时,总是先有约 5L 的 ATF 从内油管中流出。当 ATF 温度处在 35 ~ 45℃ 之间时,仍有少量液体从 ATF 检查螺栓中溢出(由于温度上升而导致液面升高),则说明 ATF 油位正确。更换 ATF 检查螺栓,拧紧力矩为 20 N·m。最迟当温度达到 45℃ 时,必须重新拧上 ATF 检查螺栓。

提示:由于 ATF 油位随着 ATF 温度的变化而变化,当 ATF 温度太低时,测定的 ATF 油位会导致加注过多;ATF 温度太高时,测定的 ATF 油位会导致加注不够。

2. 加注 ATF

将 ATF 加注器 VAS5162 加满油的储油箱尽可能高过并固定到车辆上,如图 1 - 113 所示。

(1)步骤 1 加注器 VAS5162 上的旋塞必须关闭。将加注器 VAS5162 旋塞上的支撑拧入 ATF 检查螺栓 B 的开口。

(2)步骤 2 沿着加注器软管的方向转动旋塞,ATF 就会流入变速器,在加注器出油口下面放上合适的容器。

（3）步骤 3 通过沿出油口的方向转动旋塞，检查 ATF 油位。

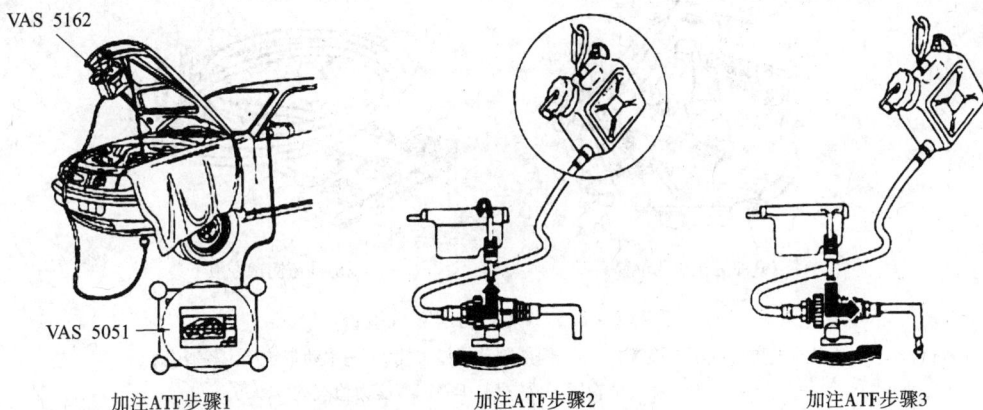

加注ATF步骤1　　　　加注ATF步骤2　　　　加注ATF步骤3

图 1-113　ATF 的加注

如果在达到 45℃前，只有少量的 ATF 从出油口中流出，则说明 ATF 油位正确。总是先有约 5 L 的 ATF 从内油管中流出。如果没有 ATF 流出，重新沿加注器软接头方向转回旋塞，然后让更多的 ATF 流入，重新检查 ATF 油位，在达到正确的 ATF 油位后，再拧下螺塞。在拧下加注器 VAS5162 的旋塞后，以点滴方式加注 ATF，然后更换 ATF 检查螺栓，最迟在 ATF 温度达到 45℃时，拧紧检查螺栓，拧紧力矩为 20 N·m。

三、CVT 的维修项目及方法

CVT 自动变速器的维修主要指液压系统与电子控制系统的检查维修。其基本检查项目及方法与行星齿轮式电控自动变速器基本一样，都可通过基本检查、油压检测、故障指示灯及专用检测仪器读取故障码和数据流的方法进行故障诊断，通过对线路及元件的检测最终确定故障部位，并排除故障。

1. 油压检查

（1）检查波箱油位加注是否合适；

（2）拉紧驻车制动器，用三角木塞住后轮；

（3）拆除挡泥板，并让前轮能自由转动；

（4）发动机热车后；

（5）将专用油表 1-114(b) 油压表接入图 1-114(a) 中 A 油压测试孔(F)，启动发动机，挡位换到 D 位，加速到 1700 rpm，测量前进离合器油压；

（6）将油压表接入 B 油压测试孔，启动发动机，挡位换到 R 位，加速到 1700 rpm，测量倒挡制动器油压；

（7）将油压表分别接入 C 测试孔(DR)和 D 孔(DN)，启动发动机，挡位换到 N 位，加速 1700 rpm，测量主动、从动带轮油压；

（8）将油压表接入 E 油压测试孔(LUB)，启动发动机，加速到 2500 rpm，测量润滑油压；

（9）测量结果应符合表 1-23 范围，如表 1-23 所示；

（10）如果测量结果出现异常，应按表1-24的常见油压异常故障分析表去排除。

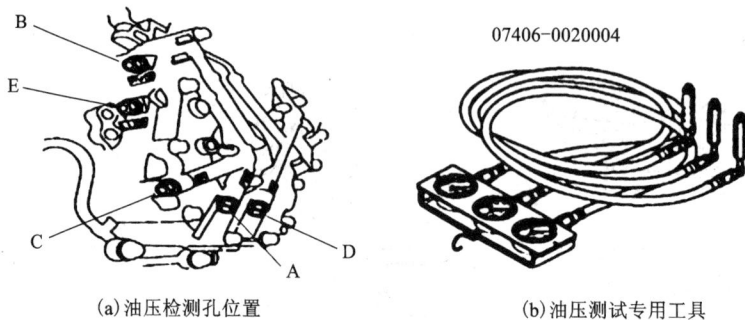

(a) 油压检测孔位置　　　　　　　　(b) 油压测试专用工具

图1-114　CVT油压测试检查

A—前进离合器压力检查孔；B—倒挡制动器检查孔；C—主动带轮压力检查孔；

D—从动带轮压力检查孔；E—润滑压力检查孔

表1-23　油压测试数据

部件	维修极限/MPa	部件	维修极限/MPa
前进离合器	1.44~1.71	从动带轮	0.43~0.91
倒挡制动器	1.44~1.71	润滑	0.27~0.40
主动带轮	0.31~0.58		

提示：变速器失效模式时带轮压力可高达约3.5 MPa。

表1-24　常见油压异常故障分析

故障	故障原因
无前进离合器压力或压力太低	前进离合器
无倒挡制动器压力或太低	倒挡制动器
无主动带轮压力或太低	①ATF泵；②PH调节阀；③主动带轮控制阀；④从动带轮控制阀
主动带轮压力太高	①PH调节阀；②主动带轮控制阀；③从动带轮控制阀；④CVT主动带轮压力控制阀
无从动带轮压力或太低	①ATF泵；②PH调节阀；③主动带轮控制阀；④从动带轮控制阀；⑤CVT主动带轮压力控制阀
从动带轮压力太高	①PH调节阀；②主动带轮控制阀；③从动带轮控制阀；④CVT主动带轮压力控制阀
无润滑压力或压力太低	①ATF泵；②润滑阀

2. 故障码诊断

当动力系统控制模块（PCM）检测到输入信号或输出控制部件有故障时，会记忆相应的故障码，同时控制仪表上的挡位指示灯"D"会闪烁。如果仪表板上的挡位指示灯"D"或故障指示灯（MIL）点亮，可以用本田专用故障诊断工其 PCM 对电控系统进行诊断。广州本田飞度轿车的故障诊断插座位于方向盘的下方，如图 1－115 所示。CVT 自动变速器的故障码表如表 1－25 所示。

图 1－115 故障诊断仪 PGM 的连接
A—本田专用诊断工具 PGM；B—16 针故障诊断插座

表 1－25 CVT 自动变速器故障码表

故障码	变速器故障指示灯"D"	故障指示灯（MIL）	故障说明
P1705	闪烁	亮	变速器空挡起动开关（对地短路）
P1706	灭	亮	变速器空挡起动开关（断路）
P1879	闪烁	亮	起步离合器压力控制阀
P1882	闪烁	灭	锁止电磁阀
P1885	闪烁	灭	主动带轮轮速传感器
P1886	闪烁	灭	从动带轮轮速传感器
P1887	闪烁	亮	VABS 电路（带 ABS 的车辆）
P1888	闪烁	亮	CVT 转速传感器
P1890	闪烁	亮	换挡控制系统
P1891	闪烁	亮	起步离合器控制系统
P1894	闪烁	灭	主动带轮控制电磁阀电路
P1895	闪烁	灭	从动带轮控制电磁阀电路

★ 任务工单

工作单

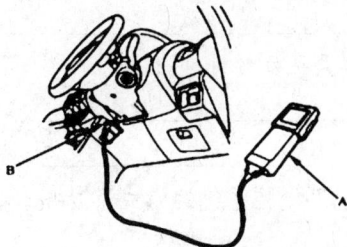

任务名称：	
日期：	
组长：	
成员：	

车辆描述：

车型＿＿＿＿＿＿ 发动机型号＿＿＿＿＿＿ 车辆识别码＿＿＿＿＿＿

1. 故障现象描述

2．选用的工具与材料

3．描述 CVT 电控系统的组成及功用

4．基本检查情况记录

项目	检查结果
故障灯	
蓄电池、油液	
线路连接	

预测故障：

5．故障码诊断

步骤	注意事项
连接诊断仪	
读取故障码	
读取数据流	
预测故障范围	
故障排除	
清除故障码	

6．元件检测

（1）传感器检测

项目	检测结果

（2）执行器的检查

项目	检测结果

（3）ECU 与元件连接的检查

项目	检测结果

7. 根据检测结果分析出现该故障原因并提出解决方法

故障分析：_____

_____

修理建议：_____

_____

8. 思考提高

（1）你认为 CVT 变速器在维护保养方面与液力自动变速器存在着哪些不同？

_____

_____

_____

（2）请你查询统计一下本田飞度 CVT 常见故障问题有哪些？均是什么原因导致的？

_____

_____

_____

任务 1-5　双离合器（DCT 或 DSG）自动变速器检修

★ 情境导入

有一辆大众迈腾轿车的车主反映该车转速无法上升，低速换挡时有顿挫感或者异响。在刚刚起步时能感觉到变速器 1 挡与 2 挡接合时有明显的不流畅感，平路起步以及坡路起步时现象相同。故将该车辆送入厂里检查维修，更换油液后正常。

变速器在使用过程中，需要定期维护保养和更换油液。大众双离合自动变速器是基于手动变速器发展而来的，学会该款变速箱的构造，明白其工作原理之后，才懂得如何着手进行维修保养。本次任务主要是学习双离合变速器的基础知识，学会双离合器自动变速器的维护检查的操作技能。

★ 学习目标

1. 电控双离合变速器的特点；
2. 电控双离合变速器的基本组成和原理；
3. 学会电控双离合变速器的油液更换操作；
4. 工作工程符合 6S 规范。

建议课时：12 课时

【相关知识】

双离合器自动变速器(dual cutch transmission，DCT)也叫直接换挡变速器(direct shift gearbox，DSG)。双离合器自动变速器是基于手动变速器发展而来的，并且综合了手动变速器与自动变速器的优点。

20世纪80年代DSG的出现并装配在赛车上，消除了换挡离合时的动力传递停滞现象，提升赛车换挡性能。时至今日DSG这项技术经过20余年的改进，在技术方面已经非常成熟了，才得以在普通汽车上大量使用，但是不同厂家对这种变速器有着不同的名号，在德系车里如奥迪的S-Trinic、宝马的M-DCT、大众迈腾的DSG、日本车里的三菱的SST(Sport Shift Transmission)，欧美车系的福特和沃尔沃的Power Shift等都指配了双离合自动变速器。

一、DSG双离合器的概述

DSG分为有干式和湿式两种。干式离合器内是空气，湿式离合器内是液压油。干式的代表有大众速腾1.4TSI的7速DSG双离合器，湿式的代表有大众迈腾1.8TSI的6速DSG双离合器。这两者的工作原理都一样，主要区别是离合器工作腔是否存在液压油。干式结构简单，效率高，湿式能够适应更加恶劣的环境，所以一般湿式双离合器的输出扭矩更大。但随着技术的进步，目前干式离合器适应的扭矩也已经相当大了。本任务以迈腾02E双湿式离合变速器为例子进行学习。

1. DSG的特点

(1)DSG没有变矩器，也没有离合器踏板。

(2)DSG在传动过程中的能耗损失较少，大大提高了车辆的燃油经济性。

(3)DSG的反应非常灵敏，具有很好的驾驶乐趣。

(4)车辆在加速过程中不会有动力中断的感觉，使车辆的加速更加强劲。

(5)DSG的动力传递是一台三轴式六前进挡的传统齿轮变速器。

(6)DSG的多片湿式双离合器是由电子液压控制系统来操控的。

(7)DSG也有手动和自动两种控制模式，除了变速杆可以控制外，转向盘上还配备有手动控制的换挡按钮。

(8)选用手动模式时，如果不做升挡操作，即使将加速踏板踩到底，DSG也不会升挡。

(9)换挡逻辑控制可以根据驾驶人的意愿进行换挡控制。

(10)在手动控制模式下，可以跳跃降挡。

2. DSG工作的基本原理

DSG的基本原理是它将变速器的奇数和偶数挡位分别与两个多片式离合器连接(K1和K2)，并通过切换两个离合器的工作状态完成换挡动作，如图1-116所示。其中一个离合器K1负责挂1，3，5和倒挡；另一个离合器K2负责挂2，4，6挡。当挂上1挡起步时，换挡拨叉同时挂上1挡和2挡，但离合器1结合，离合器2分离，动力通过1挡的齿轮输出动力，2挡齿轮空转。当换到2挡时，换挡拨叉同时挂上2挡和3挡，离合器1分离的同时离合器2结合，动力通过2挡齿轮输出，3挡齿轮空转。其余各挡位的切换方式均与此类似。这样就解决了换挡过程中动力传输中断的问题，从而缩短换挡延迟和动力损失。

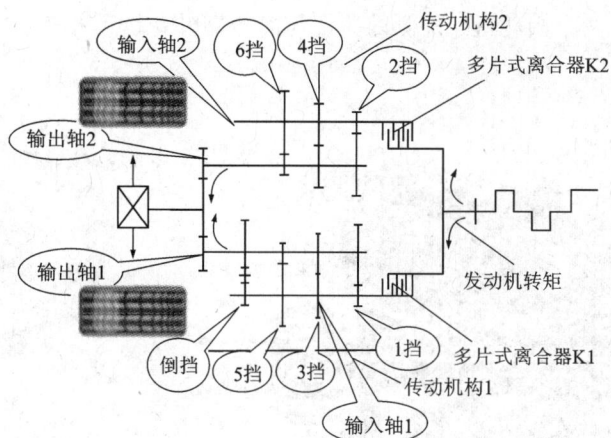

图 1 - 116   DSG 工作的基本原理

二、DSG 的构造组成

下面是大众迈腾的六速 02E 湿式双离合器自动变速器的构造，该变速器的外形与内部结构如图 1 - 117 和图 1 - 118 所示。其构造主要包括机械传动机构、电控系统、液压控制机构等三部分组成。

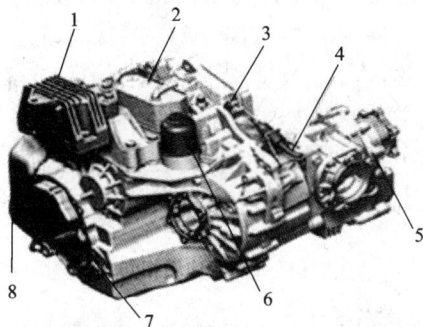

图 1 - 117   大众迈腾的 02E 双离合器变速器外形

1—传动齿轮箱；2—油冷却器；3—停车制动杆；

4—换挡拉线；5—齿轮机构(四驱)；

6—ATF 过滤器；7—油泵；8—机械电子单元

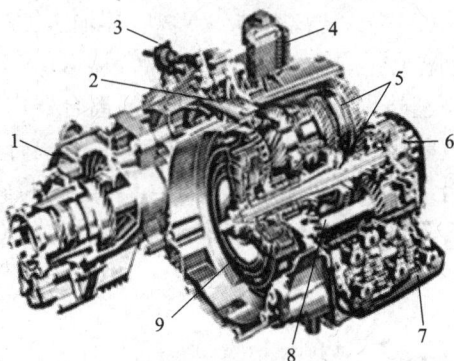

图 1 - 118   02E 双离合变速箱内部结构

1—齿轮机构(四驱)；2—停车制动；3—换挡拉线；

4—油冷却器；5—齿轮传动机构；6—油泵；

7—机械电子单元；8—倒挡轴；9—双离合器

1. 机械传动机构

大众迈腾变速器的机械传动机构的组成如图 1 - 119 所示，主要有双质量飞轮，两个多片离合器，输入轴齿轮、输出轴及齿轮等组成。双离合器式自动变速器，用两个多片离合器取代了液力变矩器。后面的齿轮变速机构与手动变速器或平行自动变速器相似，都是斜齿轮式。

(1)双质量飞轮。由于在 DSG 中没有使用液力变矩器等可以吸收系统振动的元件，所以需要采用扭转减震器来吸收系统的扭转振动，如图 1 - 120 所示。采用这种带有双质量飞轮式的扭转减震器，可以非常有效地控制汽车动力传动系的扭转振动及噪声，提高整车的舒适性。双质量飞轮内有两个内花键，外侧内花键与离合器外花键毂相连，内侧花键与油泵驱动轴相连。

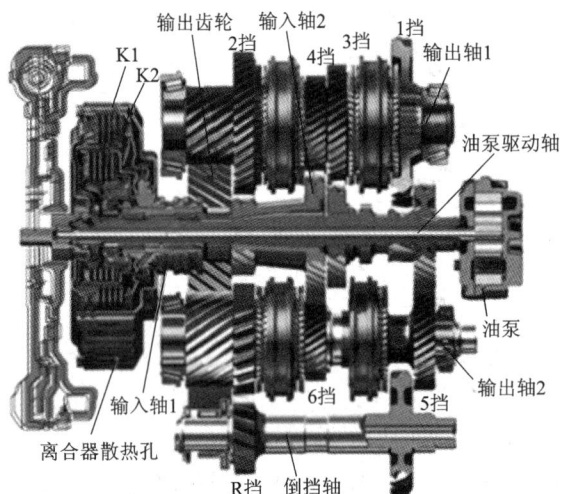

图 1-119　人众迈腾 02E 变速器机械传动机构的组成

图 1-120　双质量飞轮

（2）多片式离合器。双离合器输入轴毂上的双质量飞轮花键将转矩传到多片式离合器的主动盘片上。主动盘片通过离合器 K1 和离合器 K2 的外片支架与离合器的主毂联在一起。转矩经外片支架被引入到相应的离合器内。当离合器结合时，转矩就被传递到内片支架上，也就是传递到相应的输入轴上。一个离合器分离，另一个离合器就结合，总是有一个多片式离合器是结合传递动力。离合器 K1 可将转矩传递到 1 挡、3 挡、5 挡和倒挡的输入轴 1 上；离合器 K2 可将转矩传递到 2 挡、4 挡、6 挡的输入轴 2 上。两个多片式离合器的结构如图 1-121 及图 1-122 所示。

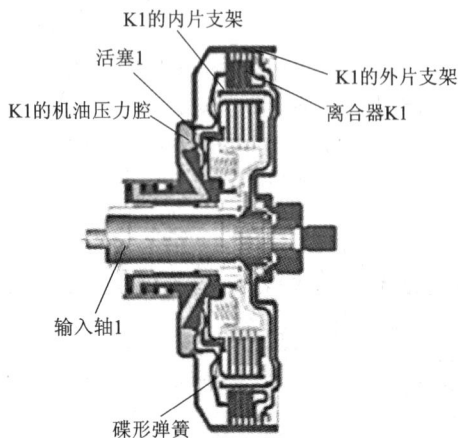

图 1-121　离合器 K1

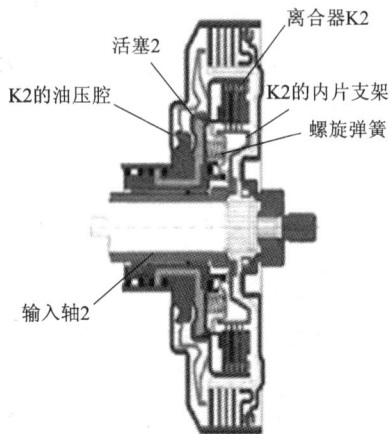

图 1-122　离合器 K2

（3）输入轴及齿轮。发动机转矩经多片离合器 K1 或 K2 内片支架继续传递到两个输入轴。如图 1－123 所示，输入轴 2 是做成空心轴形状，输入轴 1 则套在中空的输入轴 2 内，通过花键与离合器 K1 相连。如图 1－124 所示，在输入轴 1 上有 1 挡和倒车挡公用斜齿轮、3 挡斜齿轮、5 挡斜齿轮、输入轴 1 转速传感器信号转子 G501（也叫靶轮）。如图 1－125，输入轴 2 通过花键与离合器 K2 相连。在输入轴 2 上有 2 挡斜齿轮，4，6 挡共用斜齿轮，输入轴 2 转速传感器信号转子 G502。

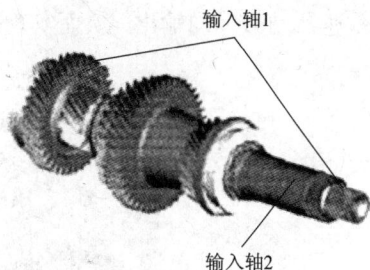

图 1－123　输入轴的结构

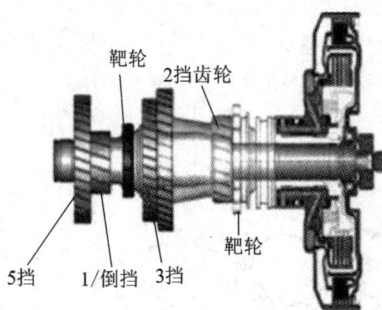

图 1－124　输入轴 1

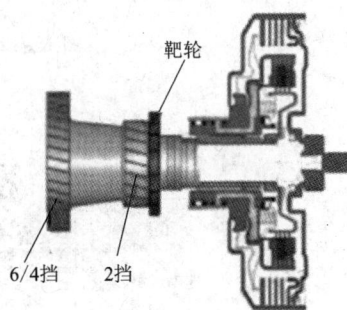

图 1－125　输入轴 2

（4）输出轴及齿轮。与两个输入轴对应的是两个不同布置的输出轴。从其结构可知 1 挡和倒挡共用一个齿轮，4 挡和 6 挡共用一个齿轮，因此大大缩短变速器整体的长度。这两个输出轴均有相应输出齿轮将转矩传递到差速器上。如图 1－126 所示，输出轴 1 上有 1 挡、2 挡、3 挡、4 挡从动齿轮和输出齿轮，两套同步器（滑套）。

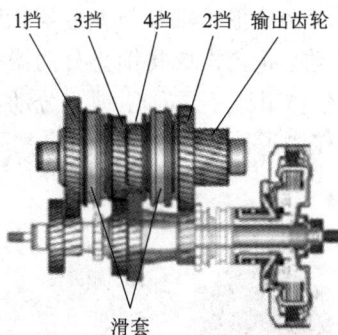

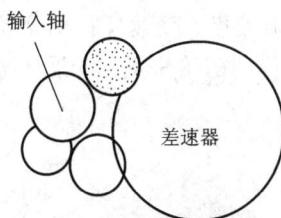

图 1－126　输出轴 1 及其空间位置

输出轴 2 的结构如图 1－127 所示，轴上有 6 挡、倒挡从动齿轮和输出齿轮、与差速器相结合的输出齿轮，还有用来测量该轴输出转速的两个靶轮 G195 和 G196。

（5）倒挡齿轮轴。倒挡齿轮轴的结构如图 1－128 所示，它同时与输入轴 1 上 1 挡/倒挡公用齿轮、输出轴 2 上的倒挡齿轮相结合。变速器通过它可以改变输出轴 2 的旋转方向，使得差速器动力反向输出，从而实现倒车。

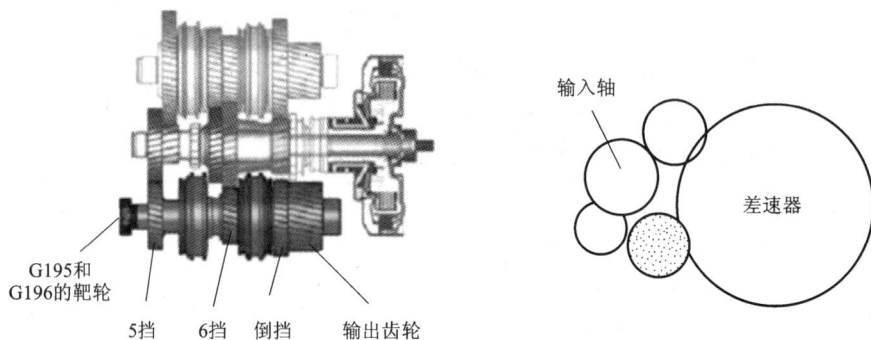

图 1 - 127　输出轴 2 及其空间位置

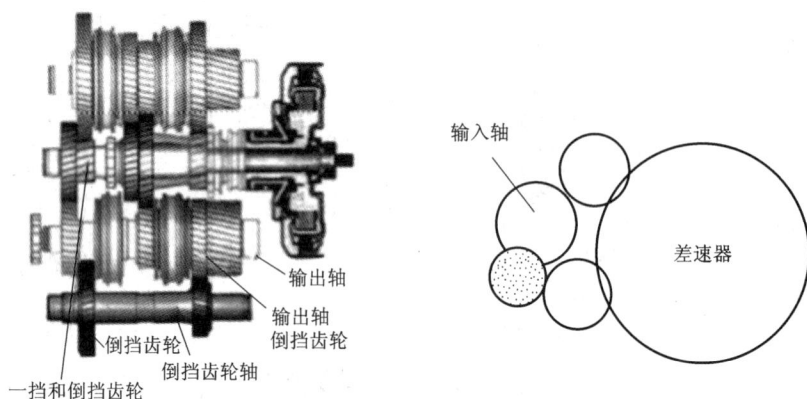

图 1 - 128　倒挡齿轮轴及其空间位置

（6）驻车锁。驻车锁的结构如图 1 - 129 所示，两个输出轴都与差速器相啮合，差速器上面还集成了 P 挡齿轮锁。变速器杆移动到 P 位置时，椎体滑阀将锁止分动器的爪子卡入驻车锁齿轮中，车轮被锁止。变速杆移出 P 位置时，椎体滑阀不再顶压锁止分动器，锁止分动器在弹簧作用下复位到初始位置，爪子从驻车锁齿轮中退出，车轮可以传动。

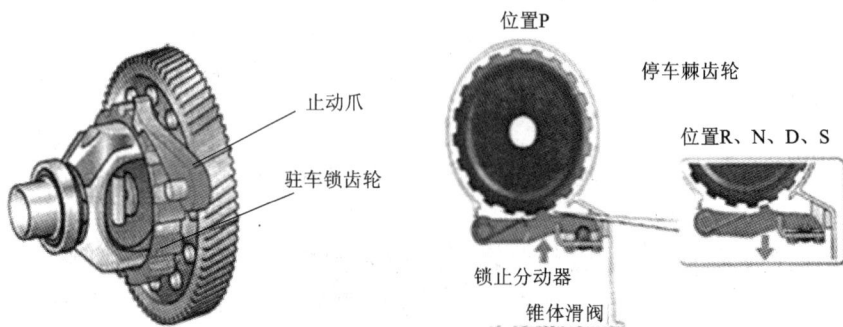

图 1 - 129　驻车锁

2．换挡机构

（1）换挡杆的操作与控制。换挡杆的操作方式和自动变速器换挡杆一样，DSG 变速器也提供 Tiptronic 挡位模式，在换挡手柄上有明显的 DSG 标识。其外形与内部结构如图 1－130及图 1－131 所示。

图 1－130　换挡杆及挡位

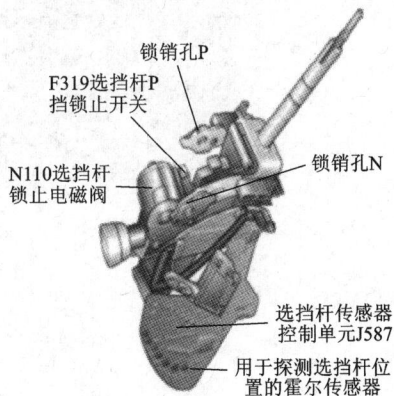

图 1－131　换挡杆内部结构

P 挡锁工作原理如图 1－132 所示，通电时锁止电磁阀 N110 解锁，断电时候锁止，如果选挡杆位于 N 位置的时间超过 2s，控制单元将向电磁阀 N110 供电，这样即可将锁销推入锁孔内。选挡杆无法在无意间移动到其他位置，踩下制动踏板时锁销自动松开。变速杆点火钥匙具有防拔出功能，如图 1－133 所示，在汽车处于非行驶状态时，将变速杆置于 P 挡，锁止开关 F319 触点断开，锁头上的 N376 电磁铁锁销退出，点火钥匙才能被拔出。

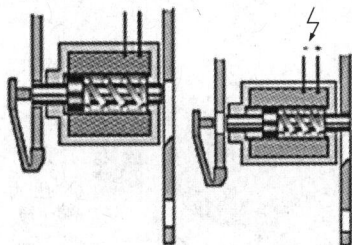

图 1－132　P 挡锁工作原理

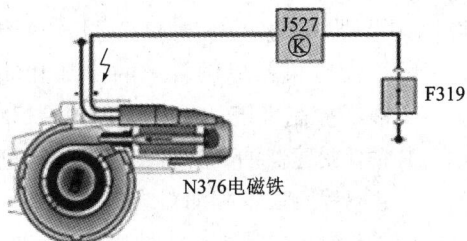

图 1－133　点火钥匙防拔出锁

（2）换挡执行机构。变速器的 4 个换挡轴由液压控制单元控制，由控制单元内的 4 个电磁阀完成（下文详述），通过为换挡轴施加压力来控制拨叉动作。每个拨叉轴的两端通过 1 个有轴承的钢制圆筒支撑，圆筒的末端被压入活塞腔，如图 1－134（a）和图 1－134（b）所示。换挡油压通过油道传输到活塞腔内作用在圆筒后端，形成推力，完成换挡。换挡轴压力通过保持换挡轴持续的时间进行调节。当一个挡位工作时，其相应推力一直存在。同时在每个拨叉上面都有一个独立的拨叉行程传感器，用以监测、反馈拨叉的行程以及所处的状态。为了保证挡位的固定，在每组拨叉的主臂上还有一个挡位锁止机构，用来锁止所在挡位。

3．液压控制装置

液压控制系统以 ATF 为介质，主要的功用是根据需求调整液压系统压力，并对双离合器

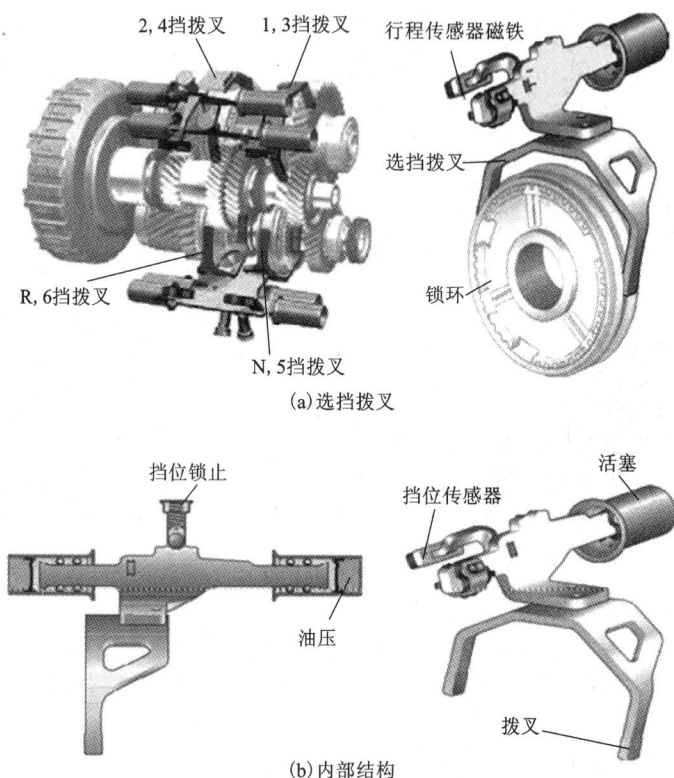

(a)选挡拨叉

(b)内部结构

图 1 – 134　换挡执行机构

和换挡调节器进行控制，对离合器冷却控制，为整个齿轮机构提供可靠的冷却和润滑。整个液压控制系统的组成如图 1 – 135所示，主要有变速器油，供油装置，冷却过滤装置，电液控制装置和油路组成。

（1）变速器油。变速器油是变速器中的传力介质，用于驱动离合器和换挡执行元件工作，并承担着润滑和冷却整个系统的重要作用。作为变速箱油，必须满足下面要求：①确保离合器的调节和液压控制。②整个温度范围内新度稳定。③可以抵抗高的机械压力，能承受高机械负荷。④不起泡沫。

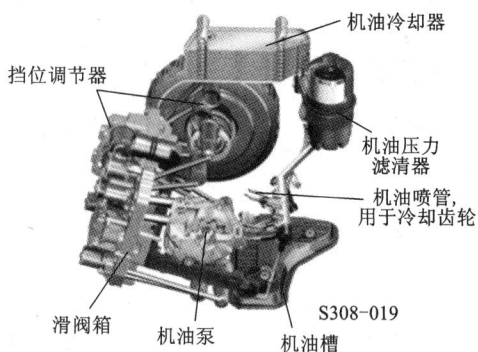

图 1 – 135　DSG 的液压控制系统

（2）机油泵。油泵直接通过驱动轴连接，只要发动机运转就供油，它空套在输入轴 1 里面，与油泵刚性连接，如图 1 – 136（a）和图 1 – 136（b）所示，最多可以提供 100 L/min 的输出量。装备此款变速器的车辆，在拖车过程中，油泵没有被驱动，如需拖车，车速不能超过 50 km/h，距离不能超过 100 km，否则会损毁变速器。

（3）液压阀体。各种液压阀及电磁阀均统一集成在液压阀体中。如图 1 – 137 所示。其

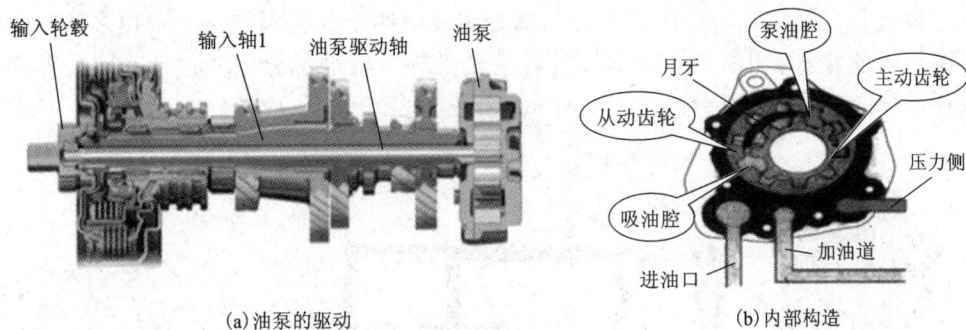

(a)油泵的驱动　　　　　　　　　　　(b)内部构造

图 1 – 136　机油泵

中 N88 为 1 挡和 3 挡换挡拨叉控制开关电磁阀，N89 为 5 挡换挡拨叉控制开关电磁阀，N90 为 6 挡和倒挡换挡拨叉控制开关电磁阀，N91 为 2 挡和 4 挡换挡拨叉控制开关电磁阀，N92 为多路阀控制开关电磁阀，N215 为离合器 C1 的控制比例电磁阀，N216 为离合器 C2 的控制比例电磁阀，N217 为主油路压力滑阀的控制电磁阀，N218 为冷却油流量控制电磁阀，N233 为离合器 C1 控制油路安全阀，N371 为离合器 C2 控制油路安全阀，A 为主油路减压阀，B 为液压阀体电磁阀供电连接器。同时该液压阀体中还集成了两个离合器的压力传感器。

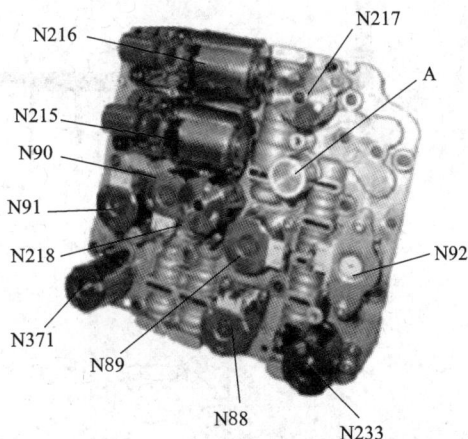

图 1 – 137　控制单元各控制电磁阀对照

　　(4)液压油路。如图 1 – 138 所示是德国大众公司已经批量生产的双离合器自动变速器 DQ250 的液压系统图。该系统中主要包括供油部分、双离合器控制部分、换挡拨叉控制部分及辅助部分。供油部分由油泵、减压阀、主调压滑阀及调压电磁阀组成，通过调压电磁阀控制主调压滑阀从而实现对液压系统主油路压力的调节；当系统出现故障，压力上升到一定高度时，将推开减压阀释放压力保护液压系统。双离合器控制部分主要由两路相对独立的油路组成，分别控制离合器 K1 和离合器 K2，两部分的控制油路完全相同。包括安全阀、蓄能器、压力传感器及离合器控制比例阀。通过安全阀可以调节两个离合器控制油路的供油压力，并保证其中一个离合器出现故障时，另一离合器能够安全的独立工作。离合器 1 阀与离合器 2

阀为比例电磁阀，可以实现对离合器控制压力的精确控制，两个压力传感器则为离合器压力的精确控制提供反馈信号。换挡拨叉控制部分主要由四个开关阀与一个两位多路阀组合而成，多路阀通过另一个开关阀控制其工作位置的变换。辅助部分主要包括双离合器润滑部分、液压系统散热及过滤部分。

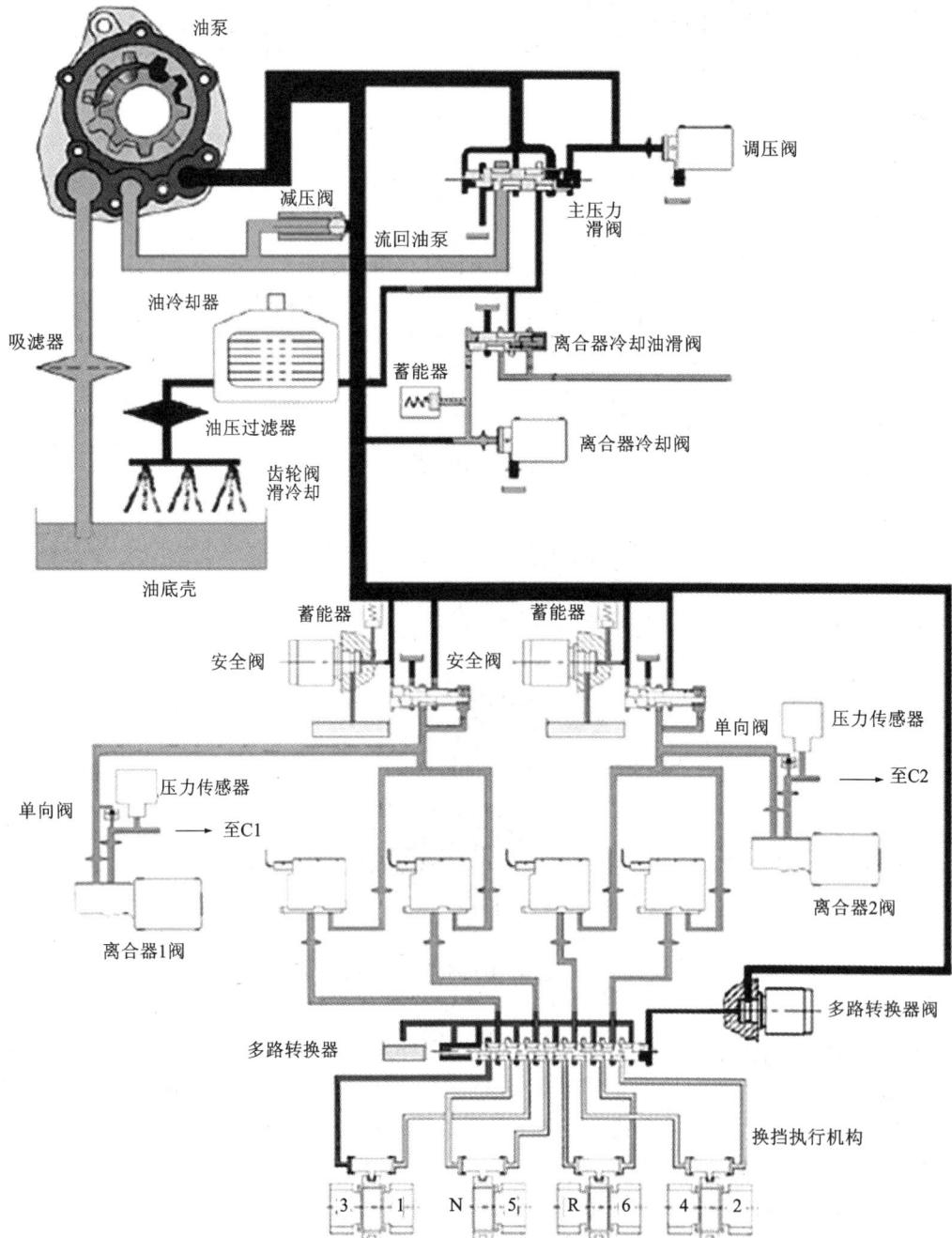

图1-138　双离合器自动变速器DQ250的液压系统

三、大众 DSG 电子控制系统

电子控制系统的组成如图 1 - 139 所示，主要由传感器、电子控制装置和执行器组成。

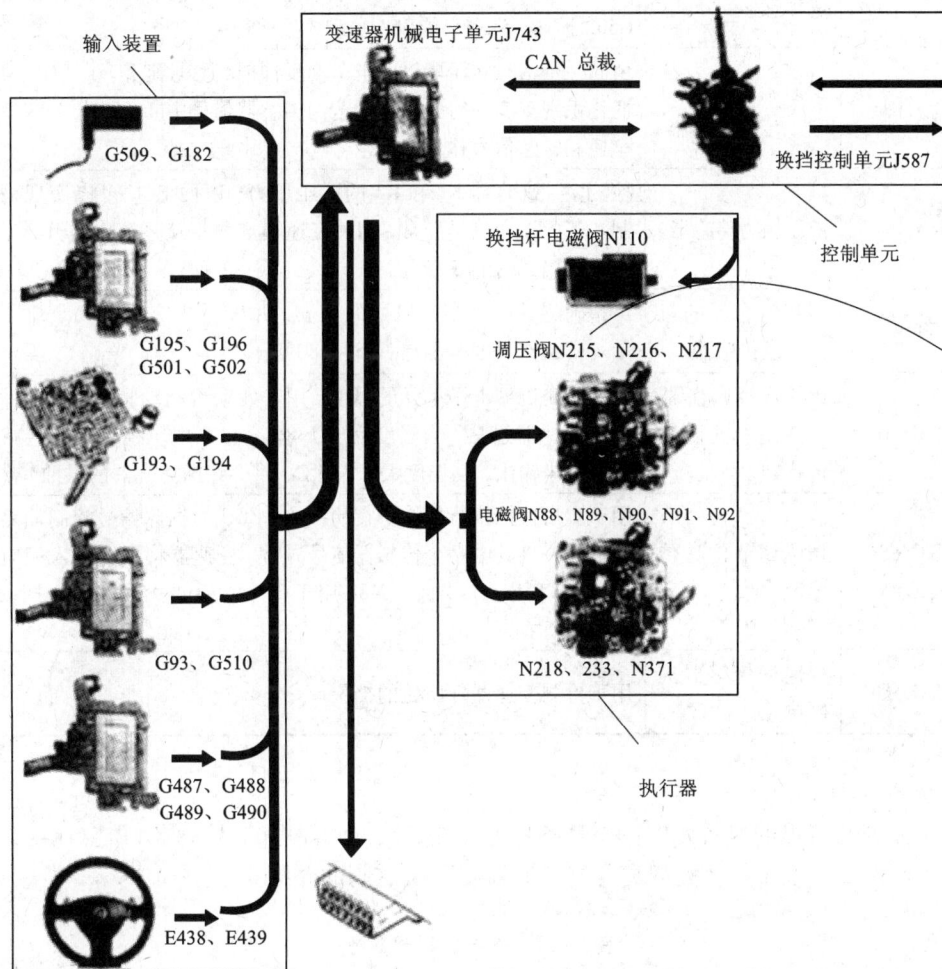

图 1 - 139　电子控制系统的组成

1. 传感器

传感器主要将发动机工作状态转化为各种信号的，为双离合变速器的控制提供依据。各个传感器的介绍，如表 1 - 26 所示。

表 1 - 26　各传感器介绍

执行元件代号	名称	作用
G182	变速器输入转速传感器	通过将该信号与 G501 和 G502 信号进行对比，计算出多片离合器 K1 和 K2 的滑转率，以便 ECU 进行精确控制离合器的结合分离

续表 1-23

执行元件代号	名称	作用
G501，G502	输入轴 1 和 2 转速传感器	作用同上。另外 ECU 可以根据两信号和变速器输出转速信号来判定挡位挂入是否正确。若 G501 损坏，汽车只能以 2 挡前行，若 G502 损坏，汽车只能以 1 挡和 3 挡前行
G195，G196	变速器输出轴 1 和 2 转速传感器	由同一个信号转子驱动，当车辆反向时，信号则相反，ECU 根据此变化识别车速和行驶方向。若两传感器信号中断，则由 ABS 系统的车速和转速信号作为代替信号
G193，G194	液压压力传感器	检测多片离合器 K1 和 K2 的液压压力，以便 ECU 可以实现精确控制。若此压力信号异常，相关变速箱部分将从系统中脱开，车辆只能以 1 挡、2 挡、3 挡前行
G509	多片离合器的机油温度传感器	可精确测量离合器出口处的油温，并根据此信号调节冷却油的流量。其工作温度范围是 -55～180℃
G93，G510	齿轮温度传感器和控制单元温度传感器	用于检测机械电子单元的温度，用于发动机起动暖机等，另外防止自动变速器过热，当温度大于 138℃，机械电子控制单元将减小发动机扭矩输出，挡温度大于 145℃，将会切断离合器的供油
G487，G488，G489，G490	挡位调节位移传感器	用于测量换挡执行机构所在的挡位，ECU 根据此信号控制油路进行换挡。一旦其中一个传感器信号异常，变速器将无法挂入相应的挡位。G487 用于 1/3 挡，G488 用于 2/4 挡，G489 用于 6/R 挡，G490 用于 5/N 挡
J587	变速杆传感器控制单元	用于检测变速器杆所处的挡位

2. 执行元件

电子控制装置里的执行元件主要是各种电磁阀，执行元件里的电磁阀有占空比电磁阀和开关电磁阀两类。表 1-27 是双离合器变速器各种电磁阀的介绍。

表 1-27　各个电磁阀介绍

执行元件代号	名称	作用
N217	主压力调节阀	属于占空比电磁阀。位于电液控制单元内，根据发动机扭矩，来调节机械电子液系统内的压力
N215，N216	离合器压力调节阀	属于占空比电磁阀。根据多片离合器摩擦力的变化，控制多片离合器的压力，N215 控制多片离合器 K1，N216 控制多片离合器 K2
N218	冷却机油压力调节阀	属于占空比电磁阀。根据油温传感器 G509 的信号来控制冷却油流量
N88，N89，N90，N91	挡位电磁阀	属于开关型电磁阀。处于常闭状态。N88 控制 1 挡和 5 挡油压，N89 控制 3 挡和空挡油压，N90 控制 2 挡和 6 挡油压，N91 控制 4 挡和 R 挡的油压
N233，N371	调压阀	属于占空比电磁阀。当变速器出现影响安全的故障时，该阀控制机械电子单元阀内的安全滑阀动作使故障部分内液压压力与系统隔开

3．电子控制单元

电子控制单元与电动液压控制单元集成在一起，装在变速器内部，并浸在变速器油中，是变速器控制的核心，所有的传感器信号和来自其他控制单元的信号都由电子控制单元接收并进行监控。电子控制单元具有以下功能：

（1）能够根据需求情况调整液压系统压力。

（2）精确控制双离合器的压力和流量。

（3）对离合器进行冷却控制。

（4）根据传感器信号进行换挡点选择。

（5）和其他控制单元进行信息交换。

（6）激活应急模式。

（7）进行故障自诊断。

（8）同时可根据发动机扭矩、离合器控制压力、离合器温度等信号对离合器进行过载保护和安全切断。

（9）电子控制单元会不断检测离合器控制和离合器输出扭矩之间出现的轻微打滑，对离合器进行匹配控制。

四、各挡位的传动路线

1．1 挡动力传输路线

如图 1 - 140 所示，1 挡传输路线为：发动机→K1 离合器→输入轴 1→输入轴 1 上的 1 挡主动齿轮→输出轴上的 1 挡从动齿轮—1/3 挡接合套→输出轴 1→输出齿轮→差速器→驱动车轮。

2．2 挡动力传输路线

如图 1 - 141 所示，2 挡传输路线为：发动机→K2 离合器→输入轴 2 上的 2 挡主动齿轮→输出轴 1 上 2 挡从动齿轮→2/4 挡结合套—输出轴 1→输出轴 1 上的输出齿轮→差速器→驱动车轮。

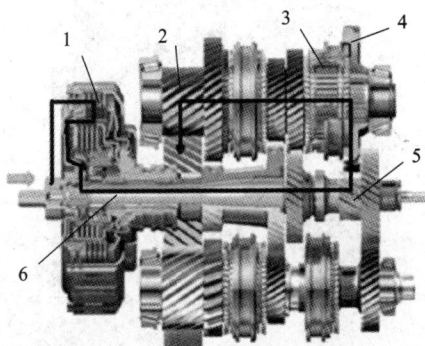

图 1 - 140 1 挡传递路线

1—离合器 K1；2—输出轴 1 的主动齿轮；
3—1 挡、3 挡接合套；4—输出轴的 1 挡从动齿轮；
5—输出轴的 1 挡、倒挡齿轮；6—输入轴 1

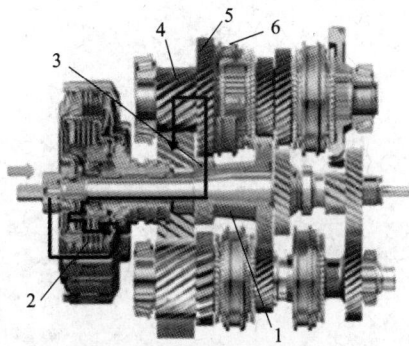

图 1 - 141 2 挡传递路线

1—输入轴 2；2—离合器 K2；
3—输入轴 2 的 2 挡主动齿轮；4—输出轴 2 的输出从动齿轮；
5—输出轴 2 的 2 挡齿轮；6—2 挡、4 挡接合套

3. 3 挡动力传输路线

如图 1 - 142 所示，3 挡传输路线：发动机→K1 离合器→输入轴 1 上的 3 挡主动齿轮→输出轴 1 上的 3 挡从动齿轮→1/3 挡接合套→输出轴 1→输出齿轮→差速器→驱动车轮。

4. 4 挡动力传输路线

如图 1 - 143 所示，4 挡传输路线：发动机→K2 离合器→输入轴 2 上的 4 挡主动齿轮→输出轴 1 上的 4 挡从动齿轮→2/4 挡接合套→输出轴 1→输出齿轮→差速器→驱动车轮。

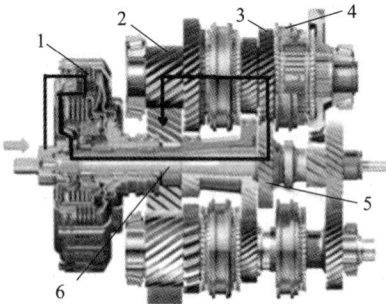

图 1 - 142   3 挡传递路线

1—离合器 K1；2—输出轴 1 的输出齿轮；
3—输出轴 1 的 3 挡从动齿轮；4—1 挡、3 挡接合套；
5—输入轴 1 的 3 挡主动齿轮；6—输入轴 1

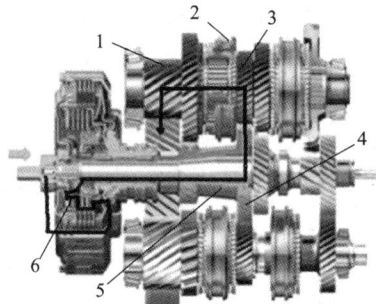

图 1 - 143   4 挡传递路线

1—输出轴 1 的输出齿轮；2—2 挡、4 挡接合套；
3—输出轴 2 的 4 挡从动齿轮；4—输入轴的 4 挡、6 挡主动齿轮；
5—输入轴 2；6 - 离合器 K2

5. 5 挡动力传输路线

如图 1 - 144 所示，5 挡传输路线：发动机→K1 离合器→输入轴 1 上的 5 挡主动齿轮→输出轴 2 上的 5 挡从动齿轮—5 挡接合套→输出轴 2→输出齿轮→差速器→驱动车轮。

6. 6 挡动力传输路线

如图 1 - 145 所示，6 挡传输路线：发动机→K2 离合器→输入轴 2 上的 6 挡主动齿轮→输出轴 2 上的 6 挡从动齿轮→6/R 挡接合套→输出轴 2→输出齿轮→差速器→驱动车轮。

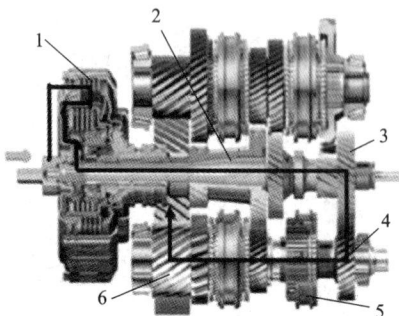

图 1 - 144   5 挡传递路线

1—离合器 K1；2—输入轴 1；
3—输入轴 1 的 5 挡主动齿轮；
4—输出轴 2 的 5 挡从动齿轮；
5—5 挡接合套；6—输出轴的输出齿轮

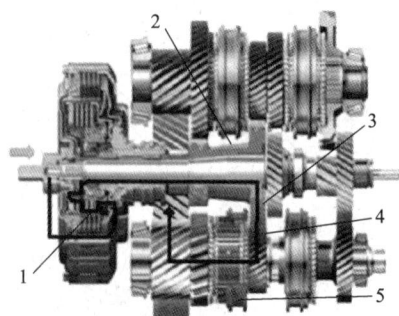

图 1 - 145   6 挡传递路线

1—离合器 K2；2—输入轴 2；
3—输入轴 2 的 4 挡、6 挡主动齿轮；
4—输出轴 2 的 6 挡从动齿轮；
5—4 挡、6 挡接合套；6—输出轴 2 的输出齿轮

7. R 挡动力传输路线

如图 1 - 146 所示，R 倒挡传输路线：发动机→K1 离合器→输入轴 1 上的 1/R 挡主动齿轮→倒挡轴上的倒挡从动齿轮 1→倒挡轴上的倒挡从动齿轮 2→输出轴 2 上的输出齿轮→差速器→驱动车轮。

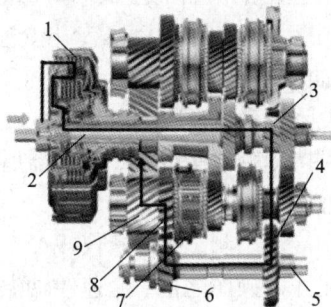

图 1 - 146   倒挡传递路线

1—离合器 K1；2—输入轴 1；

3—输入轴 1 的 1 挡、倒挡主动齿轮；

4—倒挡轴的倒挡从动齿轮 1；

5—倒挡轴；6—倒挡轴的倒挡从动齿轮 2；

7—倒挡、6 挡接合套；8—输出轴的倒挡齿轮；

9—输出轴 2 的输出齿轮

【工作过程】

一、准备工作及相关技术要求

1. 准备工作

（1）装配大众 DSG - 02E 变速器的轿车一辆，底盘装配齐全；

（2）磁力护裙、转向盘护套、变速杆手柄套、脚垫、座位套、干净抹布；

（3）举升设备一台；

（4）带有 VAS505X 检测仪，DSG 的 ATF 加注器 AS 6262，ATF 收集槽，防护眼镜；

（5）大众 DSG - 02E 变速器维修手册一本。

2. 技术要求及注意事项

（1）发动机运转时，应确保换挡杆位于 P 挡，并拉紧手刹，保证安全后才可以对车辆进行维修。

（2）不允许用超声波清洗装置来清洁液压控制单元和电子控制单元。

（3）举升车辆时，应确保车辆支撑可靠，同时严格按照要求操作。

（4）需要对自动变速器进行解体修复时，一定要注意零件的装配标记，并注意保护零件及管路的清洁，否则会影响自动变速器的性能。

二、电控双离合自动变速器的维护

电控双离合器自动变速器的维护项目包括有无渗漏、检查 ATF 油位、添加和更换等。

1. 检查各区域的渗漏情况

（1）壳的接触面处；

（2）轴和拉索伸出的区域；

（3）油封处；

（4）排放塞处。

2. 检查油冷却软管及相关管件的连接和损坏情况

检查油冷却软管是否有裂纹、隆起或者其他形式的损坏，其连接部分是否无松动等。

3. 双离合变速器的 ATF 更换

大众 DSG 双离合器变速器中的油的作用包括两方面：一是润滑、冷却双离合器，润滑齿轮轴、轴承和同步器；二是操控双离合器和挡位调整活塞。必须要定时更换。操作时注意以下要求：变速箱油初始加注量 7.2 L，更换量 5.2 L。更换周期为首次 4 年或 5.5 万 km，之后每 4 年或 6 万 km。使用 DSG 专用变速箱油，型号 G 052 182。

1）换油准备工作

（1）关闭发动机。

（2）保持车辆水平放置，升降器所有支点处于同一水平高度。

（3）将变速箱挂入挡位"P"。

（4）连接汽车测试、诊断仪 VAS505X。

（5）在开始操作之前，变速箱油温不得高于 35℃。

（6）若变速箱油温超过 50℃，必须先冷却变速箱。

2）操作步骤

（1）松开滤清器壳体，旋转大约 7 圈。滤清器位置如图 1–147 所示。

（2）等待大约 10 s，使滤清器壳体内的变速箱油回流变速箱。取下滤清器壳体，取出旧的滤清器。

（3）向下插入带突肩的新滤清器，用 20 N·m 的力矩拧紧滤清器壳体，清洁周围溢出的变速箱油 更换变速箱油的同时，必须更换滤清器。

提醒：如图 1–148 早期变速箱上有单独的排油塞（红叉处），现在变速箱将其取消，与检查孔集成。拧下螺栓，取出溢流管，开始放油。

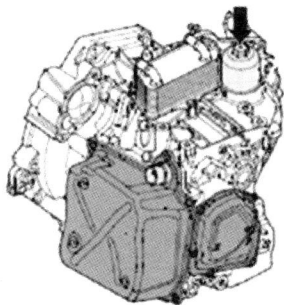

图 1–147 滤清器位置

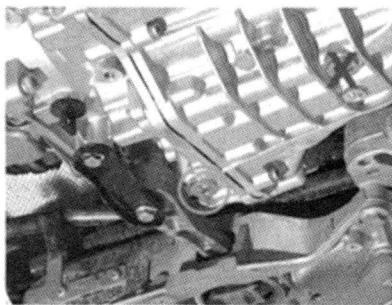

图 1–148 以前排油塞

（4）如图 1–149 所示，拧下箭头处的放油螺栓及放油孔内的溢流管。

（5）约 5 L 的变速箱油可以被放，出将废油接收和吸取装置以及收集盘放置在变速箱下面。

（6）以 3 N·m 力矩将溢流管拧回放油孔。

（7）将专用工具 VAS6262（图 1–150）的螺纹接头 A 用手拧紧到放油孔内，打开变速箱油前晃动几下，添加 5.2 L 左右的 DSG 油。

提示：专用工具必须高于变速箱。

（8）接上 VAS505X，读取变速箱油温数据流，起动发动机，踩下制动踏板，试挂所有挡位，每个挡位停留 3 s，将换挡杆置入 P 挡。当变速箱油温达到 35～45℃时，拆下 VAS6262 的快速接头，让多余的变速箱油流出。当变速箱油开始滴出时，拧下 VAS6262 接头 A，拧上放油螺栓，注意更换新的密封垫。

（9）拧紧放油螺栓，拧紧力矩 45 N·m。

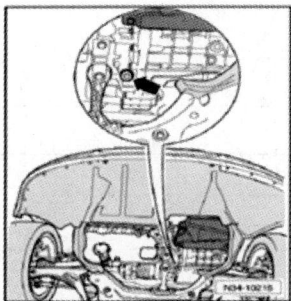

图 1-149 放油螺栓位置

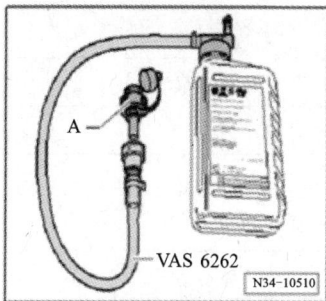

图 1-150 专用工具

三、电控双离合自动变速器的检修

电控双离合自动变速器的检查主要包括液压控制系统和电子控制系统的检查。其检查的方法与行星齿轮式电控自动变速器基本一样，都要通过基本检查、油压检测、故障指示灯及专用检测仪器读取故障码和数据信息的方法进行故障诊断，通过对线路及元件的检测最终确定故障部位，进行排除。

对于齿轮机构的检查，必须要对变速器进行解体，其检查方法与手动变速器的检查方法相同，在此不再细述。

★ 任务工单

工作单

	任务名称：
	日期：
	组长：
	成员：

车辆描述：

车型＿＿＿＿＿＿ 发动机型号＿＿＿＿＿＿ 车辆识别码＿＿＿＿＿＿

1. 故障现象描述

＿＿＿＿＿＿＿＿＿＿＿＿＿＿＿＿＿＿＿＿＿＿＿＿＿＿＿＿＿＿＿＿＿＿

＿＿＿＿＿＿＿＿＿＿＿＿＿＿＿＿＿＿＿＿＿＿＿＿＿＿＿＿＿＿＿＿＿＿

2. 选用的工具与材料

＿＿＿＿＿＿＿＿＿＿＿＿＿＿＿＿＿＿＿＿＿＿＿＿＿＿＿＿＿＿＿＿＿＿

＿＿＿＿＿＿＿＿＿＿＿＿＿＿＿＿＿＿＿＿＿＿＿＿＿＿＿＿＿＿＿＿＿＿

3. 描述 XX 系统的组成及功用

＿＿＿＿＿＿＿＿＿＿＿＿＿＿＿＿＿＿＿＿＿＿＿＿＿＿＿＿＿＿＿＿＿＿

＿＿＿＿＿＿＿＿＿＿＿＿＿＿＿＿＿＿＿＿＿＿＿＿＿＿＿＿＿＿＿＿＿＿

4. 基本检查情况记录

项目	检查结果
故障灯	
蓄电池、油液	
线路连接	

预测故障: _____

5. 故障码诊断

步骤	注意事项
连接诊断仪	
读取故障码	
读取数据流	
预测故障范围	
故障排除	
清除故障码	

6. 元件检测

(1)传感器检测

项目	检测结果

(2)执行器的检查

项目	检测结果

(3)ECU 与元件连接的检查

项目	检测结果

7. 根据检测结果分析出现该故障原因并提出解决方法

故障分析: _____

修理建议：_____

_____

8. 思考提高

（1）上网查询一下大众系列 DSG 变速器常见故障问题以及分析一下原因。

_____

_____

_____

（2）DSG 变速器与液力自动变速器相比，有哪些优缺点，请你列举一下。

_____

_____

_____

★ 拓展知识

本田雅阁 MAXA 型自动变速器

本田雅阁轿车采用的是电控三平行轴普通齿轮变速器，具有 4 个前进挡、1 个倒挡。该车为前轮驱动，齿轮变速器与驱动桥合一体，如图 1-151 所示。

图 1-151　本田雅阁平衡轴式自动变速器

一、平衡轴自动变速器的基本结构

本田雅阁轿车普通齿轮变速器如图 1-152 所示。它主要由主轴（输入轴）21、惰轴（输出轴）17、副轴 15、3 挡主动齿轮 28、3 挡从动常啮合齿轮 29、4 挡主动齿轮 25、4 挡从动齿轮 10、倒挡主动齿轮 24、倒挡从动齿轮 12、倒挡中间传动齿轮 23、主轴惰轮 22、惰轴惰轮 19、副轴惰轮 14、1 挡主动齿轮 6、2 挡从动齿轮 30、驱动齿轮 3、3 挡换挡离合器 27、4 挡换挡离合器 26、1 挡换挡离合器 7、2 挡换挡离合器 8、锁定离合器 4、单向离合器 5、驻车齿轮 18、锁销 16 和倒挡齿套 11 等组成。

换挡离合器为片式离合器，由电磁阀控制各换挡离合器油路的通断，油路接通时，换挡离合器结合，油路切断时，换挡离合器分离。倒挡滑套 11 由换挡杆直接操纵。

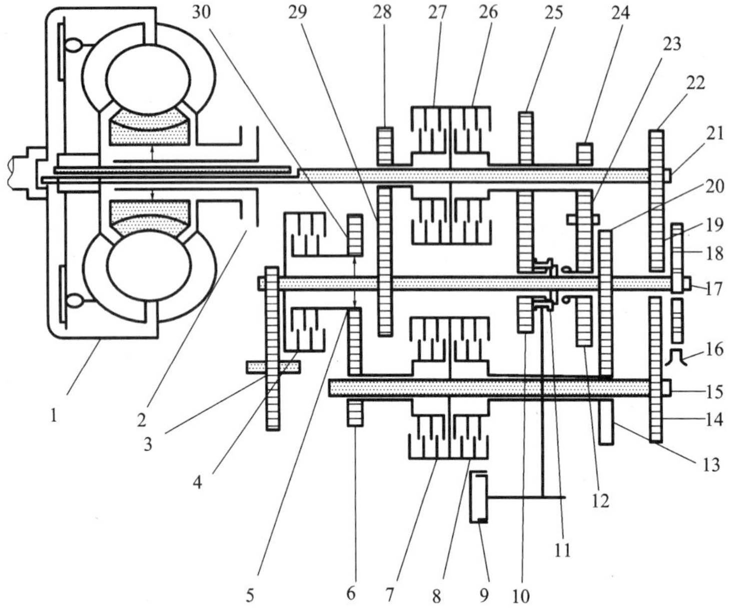

图 1 – 152　本田雅阁普通齿轮式变速器

二、平衡轴自动变速器的基本原理

各挡位工作情况如表 1 – 28 所示。

表 1 – 28　本田雅阁普通齿轮式变速器各换挡元件的工作情况

变速杆位置		变矩器	锁止离合器	单向离合器	1 挡离合器	2 挡离合器	3 挡离合器	4 挡		倒挡齿轮	驻车齿轮
								齿轮	离合器		
D4	1	工作		锁止	结合						
	2	工作				结合					
	3	工作					结合				
	4	工作						工作	结合		
D3	1	工作		锁止	结合						
	2	工作				结合					
	3	工作					结合				
2	1	工作	结合	锁止	结合						
	2	工作	结合	锁止		结合					
L	1	工作									
P		工作									工作
R		工作							结合	工作	
N		工作									

1挡：

换挡手柄在1挡时，1挡离合器结合，1挡单向离合器处于锁止状态，其动力传递路线如图1-153所示。

变矩器→输入轴→输入轴惰轮→输出轴惰轮→副轴惰轮→副轴→1挡离合器→1挡主动齿轮→1挡从动齿轮→(变速杆若在2位-1挡时，→锁定锁定离合器→输出轴)单向离合器→输出轴→最终驱动齿轮。

2挡：

换挡手柄在2挡时，2挡离合器结合，锁止离合器结合(在D位2挡不结合)，1挡单向离合器处于锁止状态(即逆时针不能转动)，其动力传递路线如图1-154所示。

变矩器→输入轴→输入轴惰轮→输出轴惰轮→副轴惰轮→2挡离合器→2挡主动齿轮→2挡从动齿轮→输出轴→最终驱动齿轮。

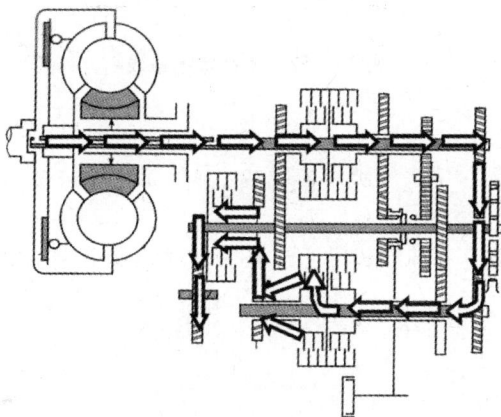

图1-153　1挡传递路线

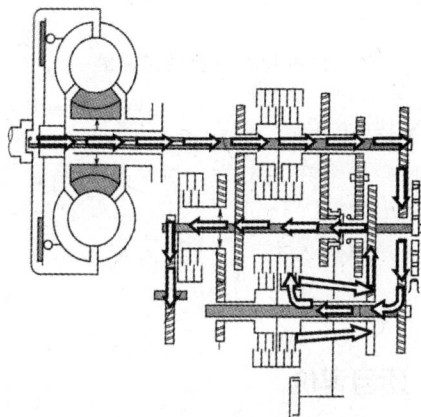

图1-154　2挡传递路线

3挡：

换挡手柄在3挡时，3挡离合器结合，其动力传递路线如图1-155所示。

变矩器→输入轴→3挡离合器→3挡主动齿轮→3挡从动齿轮→输出轴→最终驱动齿轮。

4挡：

换挡手柄在4挡时，4挡离合器结合，其动力传递路线如图1-156所示。

变矩器→输入轴→4挡离合器→4挡主动齿轮→4挡从动齿轮→倒挡滑套→输出轴→最终驱动齿轮。

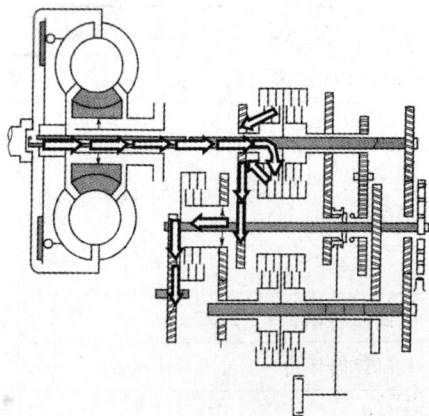

图1-155　3挡传递路线

R挡(倒挡)：

换挡手柄在R挡时，4挡离合器结合，倒挡滑套右移，其传递路线如图1-157所示。

变矩器→输入轴→4 挡离合器→倒挡主动齿轮→倒挡中间齿轮→倒挡从动齿轮→倒挡滑套→输出轴→最终驱动齿轮。

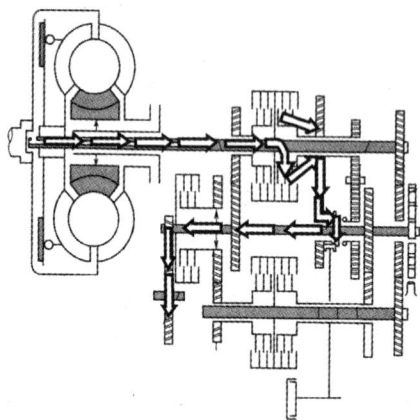

图 1 - 156   4 挡传递路线   图 1 - 157   R 挡传递路线

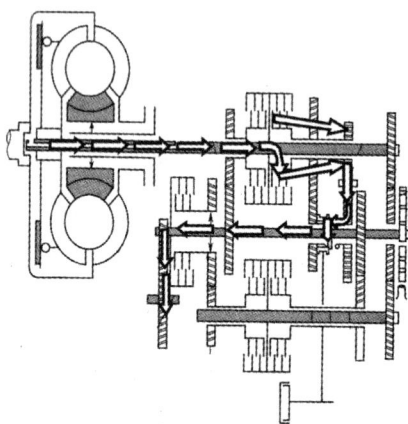

N 挡(空挡):

换挡手柄在 N 挡时,所有换挡离合器分离,输入轴和副轴自由转动,而输出轴不转动。

P 挡(驻车挡):

换挡手柄在 P 挡时,所有换挡离合器分离,动力不输出,而变速杆带动驻车锁销将输出轴固定在驻车齿轮,输出轴及车轮不能转动。

项目评价

课程名称		学习项目		
学生姓名		学习小组		
评价内容＼评价等级	优	良	中	差
相关知识的掌握				
任务实施				
工作单的完成				
6S 管理				
纪律				
团队合作				
教师综合评价				

教师评语:

年   月   日

项目二 防抱死制动系统(ABS)的检修

ABS(Anti－lock Braking System)防抱死制动系统,通过安装在车轮上的传感器发出车轮将被抱死的信号,控制器指令调节器降低该车轮制动缸的油压,减小制动力矩,经一定时间后,再恢复原有的油压,不断地这样循环(每秒可达5~10次),始终使车轮处于转动状态而又有最大的制动力矩。没有安装ABS的汽车,在行驶中如果用力踩下制动踏板,车轮转速会急速降低,当制动力超过车轮与地面的摩擦力时,车轮就会被抱死,完全抱死的车轮会使轮胎与地面的摩擦力下降,如果前轮被抱死,驾驶员就无法控制车辆的行驶方向,如果后轮被抱死,就极容易出现侧滑现象。本项目介绍电控防抱死制动系统(ABS)的知识,设计了电控防抱死制动系统(ABS)认知以及故障检修学习任务。

任务2－1 防抱死制动系统(ABS)的检修

★ 情境导入

某汽修厂李师傅接到一辆2010款丰田卡罗拉GL轿车,客户进厂描述故障为仪表板ABS指示灯常亮,于是叫徒弟进行检查车辆排除故障。但是徒弟表示对ABS系统不了解,不知如何下手,随后李师傅对照车给他讲了许多。你想知道师傅给徒弟讲些什么吗? 不妨看看下面就知道了。

汽车电控防抱死制动系统,它是一种具有防滑、防抱死等优点的汽车安全控制系统。现代汽车上大量安装防抱死制动系统,ABS既有普通制动系统的制动功能,又能防止车轮抱死,使汽车在制动状态下仍能转向,保证汽车的制动方向稳定性,防止产生侧滑和跑偏,以获得最好的制动效果,是汽车安全控制的一项重要内容。本任务将向读者介绍ABS的一些基本知识。

★ 学习目标

完成本学习任务后,你应该能:
1. 能够描述ABS系统的作用、类型、结构、控制原理、工作特性。
2. 能正确读识ABS系统的电路图。
3. 能够参阅汽车维修手册,分析及制定ABS系统检修工作计划。
4. 能够使用解码器对ABS系统故障车辆进行故障诊断与排除。
5. 能够进行团队合作,工作过程符合6S管理要求。

6. 能够检查、评价、记录工作结果。

建议课时： 10 课时

【相关知识】

一、ABS 系统的功能

制动性能是汽车主要性能之一，它关系到行车安全性。评价一辆汽车的制动性能最基本的指标是制动加速度、制动距离、制动时间及制动时方向的稳定性。

制动时方向的稳定性，是指汽车制动时仍能按指定的方向轨迹行驶。如果因为汽车的紧急制动(尤其是高速行驶时)而使车轮完全抱死，那是非常危险的。若前轮抱死，将使汽车失去转向能力；若后轮抱死，将会出现甩尾或调头(跑偏、侧滑)。尤其在路面湿滑的情况下，对行车安全造成极大的危害。

汽车的制动力取决于制动器的摩擦力，但能使汽车制动减速的制动力，还受地面附着系数的制约。当制动器产生的制动力增大到一定值时，汽车轮胎将在地面上出现滑移。

其滑移率：$\delta = \dfrac{(v_t - v_a)}{v_t} \times 100\%$

式中：δ 为滑移率；v_t 为汽车的理论速度；v_a 为汽车的实际速度。

据试验证实，当车轮滑移率 $\delta = 15\% \sim 20\%$ 时附着系数达到最大值，因此，为了取得最佳的制动效果，一定要控制其滑移率在 $15\% \sim 20\%$ 范围内。

所以为了充分发挥轮胎与路面间的这种潜在的附着能力，目前在大多数车辆上都装备了防抱死制动系统，简称 ABS。

ABS 防抱死制动装置就是为了防止上述缺陷的发生而研制的装置，它有以下几点好处：增加制动稳定性，防止方向失控、侧滑和甩尾(图 2 - 1)；提高制动效率，缩短制动距离(松软的砂石路面除外)；减少轮胎磨损，防止爆胎。使驾驶员对车辆有一个更好的控制，可以将注意力完全集中在汽车的操纵上。

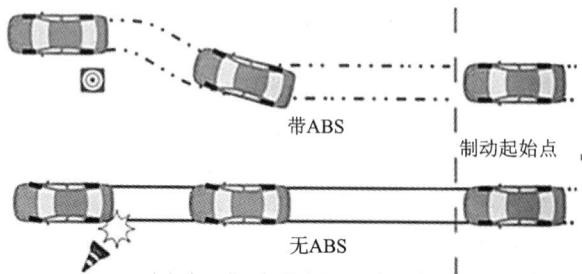

图 2 - 1　制动过程车辆状态图

以此，ABS 为驾驶员提供以下功能：

(1)在车轮打滑状态下，能增强方向稳定性控制；

(2)在紧急制动时，使汽车沿驾驶员操纵的方向行驶，增强方向控制；

(3)在紧急制动时,在尽可能短的距离内使汽车减速,增强制动效能。

二、防抱死制动系统(ABS)的基本结构与工作原理

1. 组成

通常,ABS是由在普通制动系统的基础上加装的车轮速度传感器、ABS电控单元、制动压力调节装置及制动控制电路等组成的,如图2-2所示。

2. 工作原理

汽车在制动过程中,车轮转速传感器不断把各个车轮的转速信号及时输送给ABS电子控制单元(ECU),ECU根据设定的控制逻辑对4个转速传感器输入的信号进行处理,计算汽车的参考车速、各车轮速度和减减速度,确定各车轮的滑移率。如果某个车轮的滑移率超过设定值,ECU就发出指令控制液压控制单元,使该车轮制动轮缸中的制动压力减小;如果某个车轮的滑移率还没达到设定值,ECU就控制液压单元,使该车轮制动压力增大;如果某个车轮的滑移率接近设定值时,ECU就控制液压单元,使该车轮制动压力保持一定,从而使各个车轮的滑移率保持在理想的范围之内,防止4个车轮完全抱死。让制动状态始终处于最佳点(滑移率δ为20%),制动效果达到最好,行车最安全。

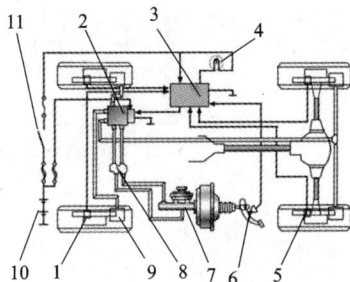

图2-2 ABS系统的组成

1—前轮速度传感器;2—制动压力调节装置;
3—ABS电控单元;4—ABS警告灯;
5—后轮速度传感器;6—停车灯开关;
7—制动主缸;8—比例分配阀;
9—制动轮缸;10—蓄电池;11—点火开关

三、ABS系统控制方式

汽车防抱死制动系统根据控制通道可分为四通道、三通道、二通道和一通道;根据传感器数量可分为四传感器和三传感器等。

控制通道是指能够独立进行制动压力调节的制动管路。如果一个车轮的制动压力占用一个控制通道,可以进行单独调节,称这种控制方式为独立控制;如果两个(或两个以上)车轮的制动压力一同进行调节,则称这种控制方式为一同控制。两个车轮一同控制时有两种方式:

如果以保证附着力较大的车轮不发生制动抱死为原则进行制动压力调节,称这两个车轮按高选原则一同控制;如果以保证附着力较小的车轮不发生制动抱死为原则进行制动压力调节,则称这种控制方式为按低选原则一同控制。按低选原则一同控制较常见。

目前,汽车上应用较多的为四传感器四通道式、四传感器三通道式、三传感器三通道式等控制方式。

1. 四传感器四通道式/四轮独立控制

如图2-3(a)所示,通过各轮速传感器的信号分别对各车轮制动压力进行单独控制。该控制方式的制动距离和操纵性最好,但在附着系数不对称路面上制动时的方向稳定性较差,其原因是由于此时同一轴上左右车轮的制动力不同,使汽车产生较大偏转力矩而产生制动跑偏。

2. 四传感器四通道式/前轮独立—后轮选择控制方式

如图2-3(b)所示,该控制方式为前轮独立控制,而后轮选择方式控制,一般采用低选

择控制，即以易抱死车轮为标准，给两后轮施加相等的制动压力控制车轮转动。此种控制方式用于 X 形制动管路汽车的 ABS，因为左右后轮不是同一制动管路，因此需要采用四个通道。此种形式的操纵性、稳定性较好，制动效能稍差。

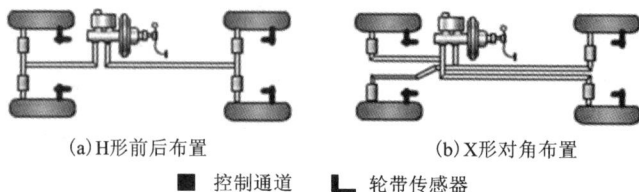

(a)H形前后布置　　　　　　(b)X形对角布置

■ 控制通道　　∟ 轮带传感器

图 2 - 3　四传感器四通道控制方式

3. 四传感器三通道式/前轮独立—后轮选择控制方式

如图 2 - 4 所示，用于制动管路前后布置形式的后轮驱动汽车。由于采用 4 个车速传感器，检测左右后驱动轮的轮速，实现低选择控制方式，其性能与四传感器四通道式/前轮独立—后轮选择控制方式相同，操纵性、稳定性较好，制动效能稍差。

4. 三传感器三通道式/前轮独立— 后轮选择控制方式

如图 2 - 5 所示，用于制动管路前后布置后轮驱动的汽车，前轮各有一个转速传感器，独立控制。而后轮轮速则由装于差速器上的一个测速传感器检测，按低选择控制方式用一条制动管路对后轮进行制动控制，其性能与四传感器三通道式/前轮独立—后轮选择控制方式相近。

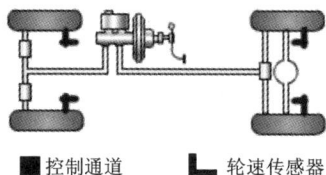

■控制通道　　∟轮速传感器

图 2 - 4　四传感器三通道式/前轮
独立—后轮选择控制方式

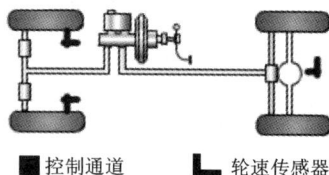

■控制通道　　∟轮速传感器

图 2 - 5　三传感器三通道式/前轮
独立—后轮选择控制方式

四、ABS 主要部件的结构与原理

1. 轮速传感器

轮速传感器的功用是检测车轮的速度，并将速度信号输入 ABS 的电控单元。目前，用于 ABS 系统的速度传感器主要有电磁式和霍尔式两种。

1)电磁式轮速传感器

电磁式轮速主要由传感器头和齿圈两部分组成，如图 2 - 6 所示。

齿圈随车轮或传动轴一起转动，通常用磁阻很小的铁磁材料制成。传感器头是静止部件，对应安装在靠近齿圈而又不随齿圈转动的车轮的托架上，通常它由永磁体、极轴和感应线圈等组成，极轴头部结构有凿式和柱式两种，如图 2 - 7 所示。传感器与齿圈的端面有一空气间隙,此间隙一般为1mm,通常可移动传感器头的位置来调整间隙。另外,传感器要求安装要牢固,只有这样才能确保汽车在制动过程中的振动不会干扰或影响传感器信号正确无误地输出。为了避免灰尘与飞溅的水、泥土等对传感器工作的影响,在安装前需给传感器加注润滑油。图2-8所示为轮速传感器的安装位置。

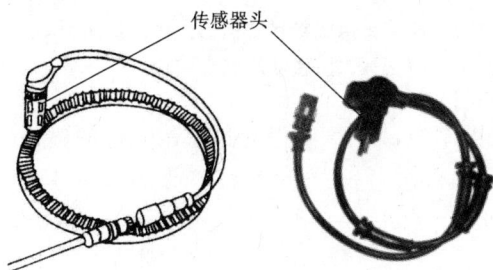

图2-6 轮速传感器外形

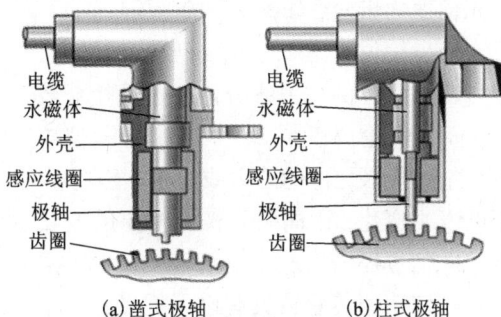

(a)凿式极轴　　　　(b)柱式极轴

图2-7 电磁式轮速传感器

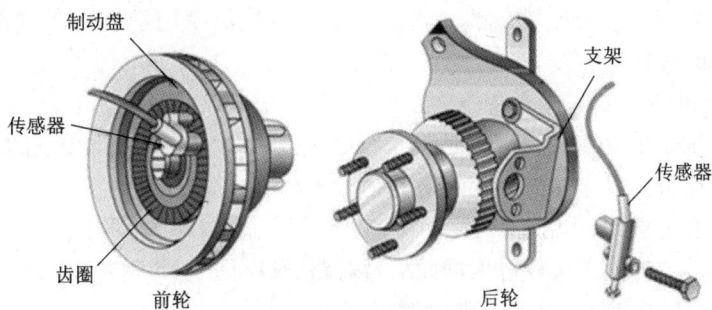

图2-8 轮速传感器在车轮上的安装位置

电磁式轮速传感器工作时,传感器齿圈随车轮旋转,传感器头的极轴与齿圈之间的空气间隙就会发生周期性变化,使传感器中的磁路的磁通发生周期性变化,从而在传感器线圈就会感应出交变电压信号,其中产生的交变电压信号波形峰值会随汽车车速增加而增大,频率会随汽车车速增加而加快(图2-9),根据传感器感应

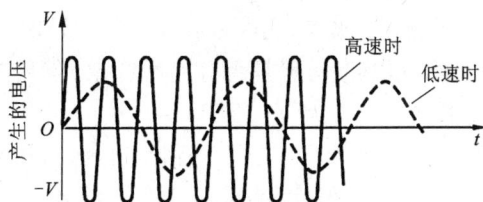

图2-9 电磁式轮速传感器输出电压信号

出的交流电的频率,ABS ECU就能计算车轮的转速。

电磁式轮速传感器结构简单、成本低,但存在下述缺点:

(1)输出信号的幅值随转速的变化而变化。若车速过慢,其输出信号低于1 V,电控单元就无法检测。

(2)响应频率不高。当转速过高时,传感器的频率响应跟不上。

(3)抗电磁波干扰能力差。目前,国内外ABS系统的控制速度范围一般为15~160 km/h,今后要求控制速度范围扩大到8~260 km/h以至更大,显然电磁感应式轮速传感器很难适应。

2）霍尔式轮速传感器

霍尔式轮速传感器也是由传感头和齿圈组成。传感头由永磁体、霍尔元件和电子电路等组成，永磁体的磁力线穿过霍尔元件通向齿轮，如图2-10所示。

当齿轮位于图2-10(a)所示位置时，穿过霍尔元件的磁力线分散，磁场相对较弱；而当齿轮位于图2-10(b)所示位置

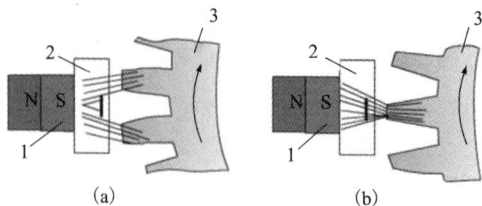

图2-10　霍尔式轮速传感器工作示意图
1—磁体；2—霍尔元件；3—齿圈

时，穿过霍尔元件的磁力线集中，磁场相对较强。齿轮转动时，使得穿过霍尔元件的磁力线密度发生变化，因而引起霍尔电压的变化，霍尔元件将输出一个毫伏(mV)级的准正弦波电压。此信号还需由电子电路转换成标准的脉冲电压。

霍尔轮速传感器具有以下优点：

(1)输出信号电压幅值不受转速的影响。

(2)频率响应高。其响应频率高达20 kHz，相当于车速为1000 km/h时所检测的信号频率；

(3)抗电磁波干扰能力强。因此，霍尔传感器不仅广泛应用于ABS轮速检测，也广泛应用于其控制系统的转速检测。

2. 减速度传感器

ABS控制系统最重要的控制参数是汽车行驶速度(车速)，以往设计的ABS都是根据汽车车轮的最大转速来估算车速的。随着对制动时的车速计算尽可能精确的要求，目前在一些汽车上采用减速度传感器，以获得汽车的减速度信号，通过次传感器信号可以对由车轮转速计算出来的车速进行补偿，ECU可根据此信号对路面进行区别并判断路面附着系数的高低情况，以采取相应的控制措施，使汽车制动时滑移率的计算更加精确，可进一步提高制动性能。

减速度传感器有水银式、光电式、应变式和差动变压式。

3. 电子控制单元(ECU)

电子控制单元(ECU)是ABS的控制中枢，其主要作用是接收传感器信号，并对这些输入信号进行测量、比较、分析、放大和判别处理，通过精确计算，得出制动时车轮的滑移率车轮的减速度，以判断车轮是否有抱死趋势，然后向制动压力调节器发出控制指令，去执行压力调节的任务。

ECU还具有报警、记忆、存储、自诊断和保护功能。ECU控制原理图如图2-11所示。

4. 制动压力调节器

制动压力调节器的作用是接收ABS电子控制单元(ECU)的控制指令，通过电磁阀的动作自动调节车轮制动轮缸的制动压力，防止车轮抱死，并使制动过程处于理想滑移率的状态。

制动压力调节器可分为液压式、气压式和空气液压式等，现代轿车主要采用液压式。液压式制动压力调节器串接在制动主缸与轮缸之间，通过电磁阀直接或间接地控制轮缸的制动压力。液压制动压力调节器主要由电动液压泵、电磁阀和蓄能器(电磁阀和蓄能器组装在一起又称为液压控制单元)等组成，如图2-12所示。

1）电动液压泵

ABS系统所有的电动液压泵多为柱塞式液压泵，它由直流电动机、柱塞式油泵、进出油阀组成，如图2-13所示。在ABS运行时，电动液压泵根据ECU的信号确定是否工作，当

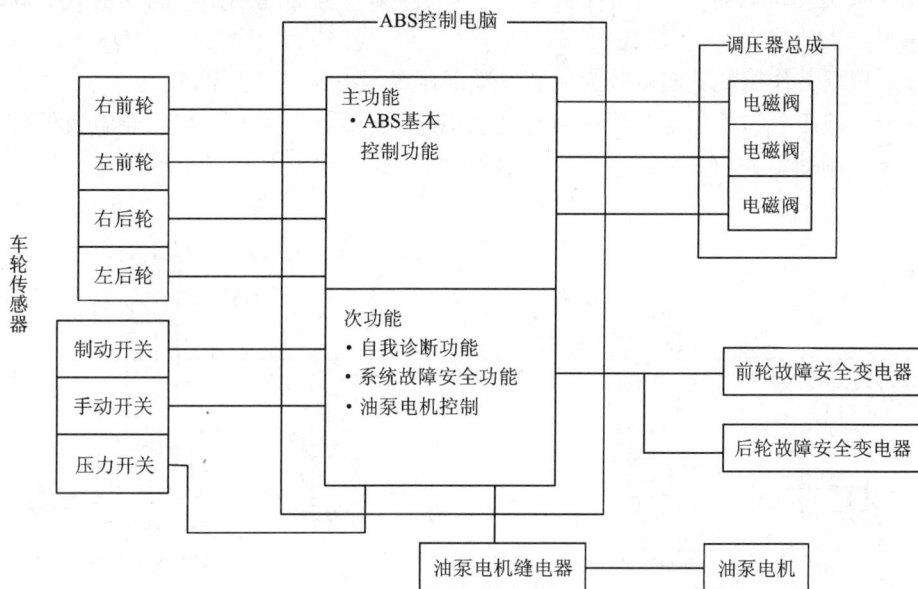

图 2－11 ABS 控制电脑原理图

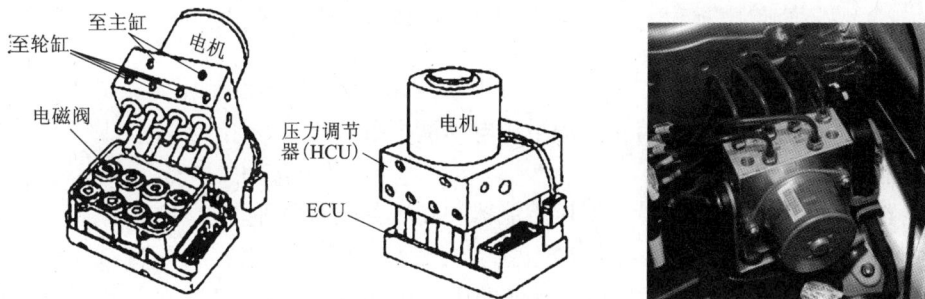

图 2－12 制动压力调节器

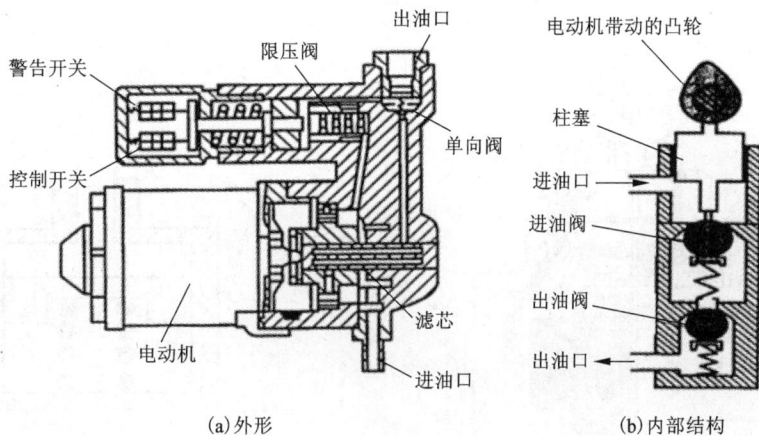

(a)外形　　　　　　(b)内部结构

图 2－13 柱塞式电动液压泵

ECU 控制接通电动机电路，电动机便会驱动柱塞泵工作，从而起到循环制动液或提高制动液油压的作用。

液压泵根据其作用的不同可分为回油电动液压泵与增压电动液压泵。

回油电动液压泵与低压蓄能器和制动主缸相连，在 ABS 工作时，可将轮缸及低压蓄能器制动液压泵回制动主缸，如图 2 - 14 所示，用于循环式制动压力调节器系统。

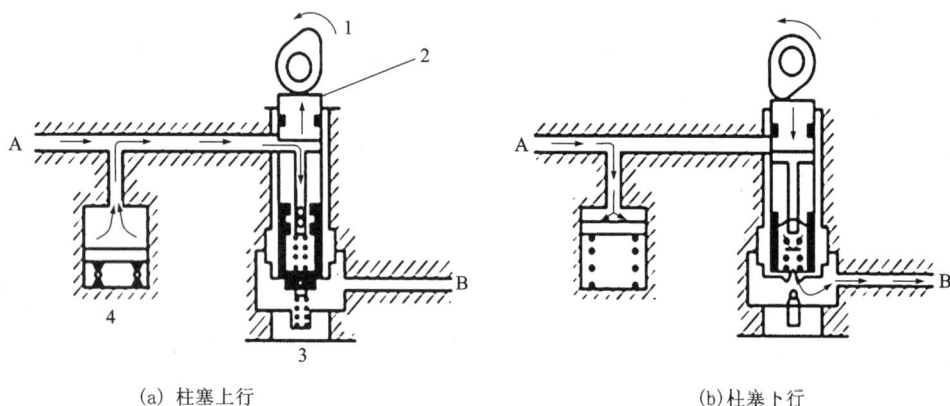

(a) 柱塞上行   (b) 杜塞卜行

图 2 - 14　回油泵的工作原理

A—来自轮缸的制动液；B—泵往主缸的制动液；1—凸轮；2—油泵柱塞；3—油泵；4—储能器

增压电动液压泵与储液室和高压蓄能器相连，用于产生增压控制压力。图 2 - 15 所示为用于可变容积式制动压力调节器系统的增压电动液压泵系统。

2）蓄能器

蓄能器根据作用不同可以分为低压蓄能器和高压蓄能器两种。

（1）低压蓄能器。低压蓄能器位于电磁阀与回油泵之间，用来容纳 ABS 减压过程中从制动分泵回流的制动液，同时还对回流制动液的压力波动具有一定的衰减的作用。其结构为一个内装活塞和弹簧的油缸，如图 2 - 16 所示。ABS 在减压时，由轮缸来的液压油进入蓄能器，进而压缩弹簧使蓄能器液压腔容积变大，以暂时储存制动液。

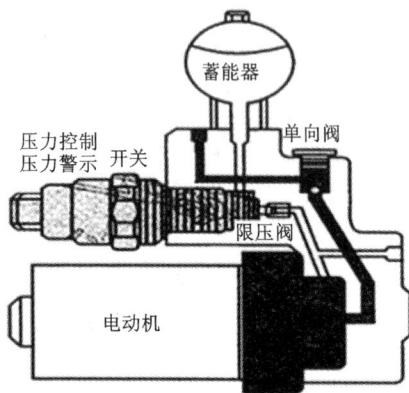

图 2 - 15　增压电动液压泵系统

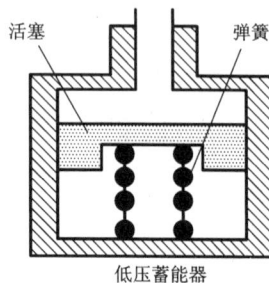

图 2 - 16　低压蓄能器

(2)高压蓄能器。高压蓄能器用于储存制动中或 ABS 工作时所需的高压制动液,多采用气囊式蓄能器,其结构如图2-17所示。高压蓄能器的气囊体被一个膜片分隔成两个互不相通的腔室。上腔为气室,室内充满了高压氮气,可使制动液的压力保持在14~18 MPa 较高的压力;下腔为液室,与电动增压泵出液口相通,盛装由电动增压泵泵入的制动液。

高压蓄能器上装有压力控制开关,用于检查高压蓄能器下腔制动液的压力。压力低于15 MPa 时,开关闭合,增压泵工作;压力达到18 MPa 时,开关打开,增压泵停止工作。

(3)电磁阀。电磁阀是制动压力调节器的重要部位,主要有两大类型:二位二通电磁阀和为三位三通电磁阀。ABS 系统中的通常有4~8个电磁阀(图2-18),分别对应控制前后轮的制动。

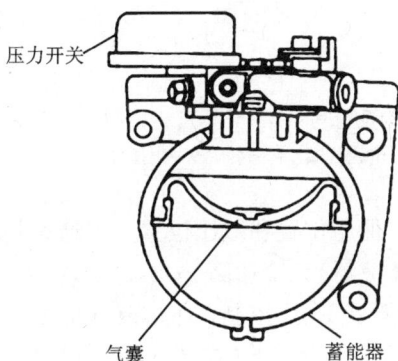

图 2-17 气囊式蓄能器

图 2-18 电磁阀组件

①二位二通电磁阀。二位是指增压位置和减压位置。二通是指进液口(通制动总泵)和出液口(通制动分泵)的两个通道。

二位二通电磁阀有两种类型,即常开电磁阀和常闭电磁阀。在电磁阀的电磁线圈未通电时,球阀处于开启状态,即为二位二通常开电磁阀;在电磁阀的电磁线圈未通电时,球阀处于关闭状态,即为二位二通常闭电磁阀。

二位二通电磁阀主要由电磁铁机构、球阀、复位弹簧、顶杆、限压阀和阀体组成,如图2-19所示。

在常开电磁阀中设有一根顶杆,顶杆和限位杆与活动铁芯固定在一起,复位弹簧一端压在活动铁芯上,另一端压在与阀体相连的弹簧座上。限压阀的功用是限制电磁阀的最高压力。当制动液压力过高时,限压阀打开泄压,以免压力过高损坏电磁阀。在二位二通电磁阀常闭电磁阀中,一般不设置限压阀。

下面以常开电磁阀为例介绍其工作过程。

当电磁阀线圈未通电,在复位弹簧弹力作用下,活动铁芯带动顶杆和限位杆下移复位,直到限位杆与缓冲垫圈相抵为止。顶杆下移时,球阀随之下移,使电磁阀阀门处于开启状态,制动液从进液口经球阀阀门和出液口流出。

电磁阀通电时,电流流过电磁线圈,活动铁芯产生电磁吸力,压缩复位弹簧并带动顶杆一起上移,顶杆将球阀压在阀座上,电磁阀阀门处于关闭状态,进液口与出液口之间的制动液通道关闭。

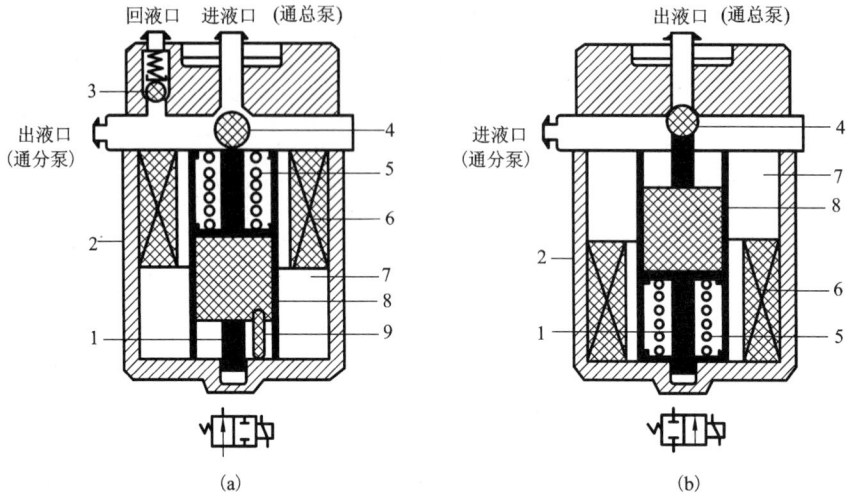

图 2-19　二位二通电磁阀的结构及符号

1—顶杆；2—壳体；3—限压阀；4—球阀；5—复位弹簧；6—电磁线圈；7—阀体；9—限压杆

②三位三通电磁阀。三位是指常规制动或增压位置、保压位置和减压位置。三通是指进液口（通制动总泵）、出液口（通制动分泵）和回液口（通储液器）三个通路。

常用的三位三通电磁阀如图 2-20 所示。电磁阀线圈受 ECU 控制，通过改变电磁线圈通电电流的大小来改变磁场力，从而控制（改变）固定铁芯与可动铁芯（柱塞）之间的吸引力。

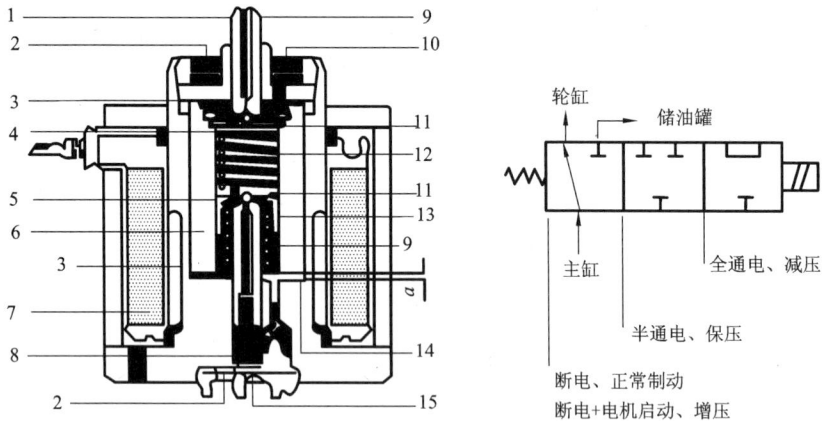

图 2-20　三位三通电磁阀的结构及符号

1—回液管（通储液器）；2—滤芯；3—衔铁支撑圈；4—回液球阀；5—进液球阀；6—衔铁；7—电磁线圈；8—限压阀；
9—阀座；10—出液口（通轮缸）；11—压板；12—副弹簧；13—主弹簧；14—凹槽；15—进液口（通主缸）；a—气隙

三位三通电磁阀的工作原理如图 2-21 所示，当电磁线圈中无电流通过时，柱塞在弹簧里的作用下处于最低位置，制动主缸与轮缸油路相通，电磁阀使制动压力调节器处于常规制动（增压）状态。当向电磁线圈通入较小的电流时（保持电流），电磁力使柱塞向上移动一定距离。此时，电磁力不足以克服弹簧的弹力，柱塞便保持在中间位置，所有通道均被截断，轮缸压力保持一定值，电磁阀使制动压力调节器处于保压状态。当电子控制单元向电磁线圈通入较大工作电流时,电磁力足以克服弹簧的弹力使柱塞继续上移到最高位置,此时制动主缸和轮缸的通道被截断,而轮缸与储液器之间的通道接通,轮缸内的制动液流回储液器,制动压力降低,电磁阀使制动压力降低,电磁阀使制动压力调节器处于减压状态。

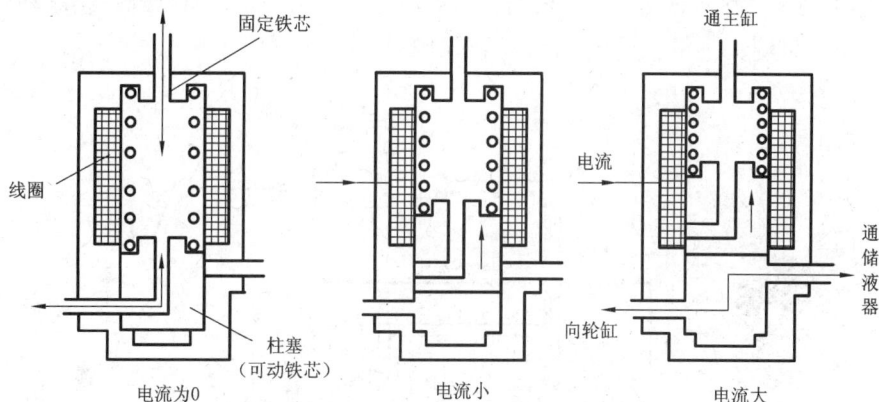

图 2-21　三位三通阀工作原理

5. 制动踏板开关

制动踏板开关是 ABS 电控单元的输入信号之一,用来启动对车轮速度的监控;使自动变速器中的液力变矩器锁止离合器脱开,或解除自动巡航控制;同时也使制动灯点亮。除了这个制动踏板开关之外,有些车还使用了一个制动踏板位置传感器。

6. 制动液面传感器

制动液液面高度传感器也被称为浮子传感器。主要用来检测储油箱中制动液的液面是否下降到规定数值以下。液面下降到一定高度,防抱死系统就不再工作,红色制动警告灯就会点亮。在某些车辆上,当防抱死制动系统不再工作时,黄色防抱死制动系统灯也会同时被点亮。

7. ABS 警示装置

(1)作用:报警灯可显示系统工作状态及自诊断报警。

(2)黄色的 ABS 灯(图 2-22)可显示 ABS 控制系统的故障(如 4 个轮速传感器、4 个电磁阀、ABS 主继电器、油泵继电器报警灯继电器等),它报警后汽车仍然能维持常规制动,但 ABS 系统已断电保护,停止工作。

(3)红色的 BRAKE 灯(图 2-23)亮,显示驻车制动开关、行车制动开关信号、液压高低信号、液位高低信号等有故障,危险性大,应停车检修。

图 2-22　黄色的 ABS 灯

图 2-23　红色的 BRAKE 灯

五、ABS 系统制动调节过程

1. 常规制动(ABS 不工作)时

电磁阀不通电,制动总缸与分缸之间自由连通。踩下制动踏板时分缸持续制动,离开制动踏板时油液返回主缸,制动结束,工作过程如图 2 - 24 所示。

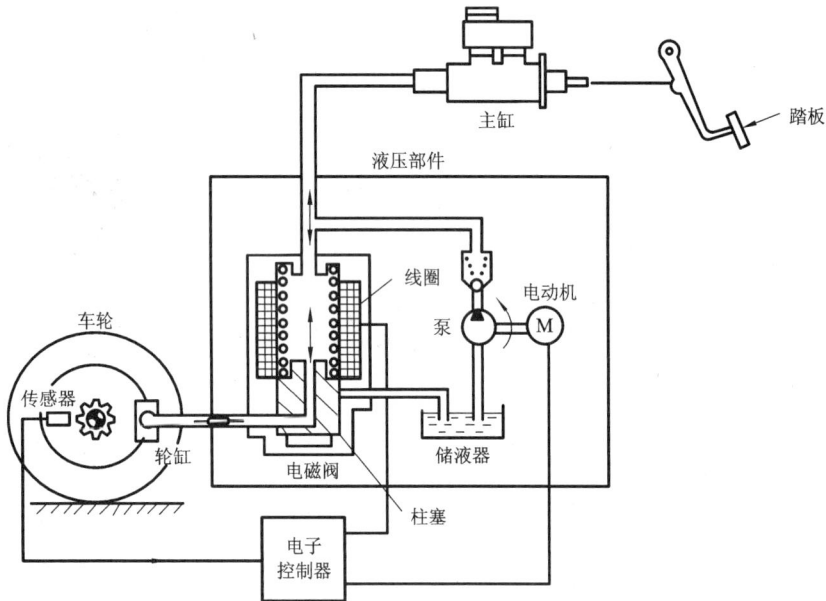

图 2 - 24 常规制动

2. 保压制动模式

当制动压力升高到车轮出现抱死趋势时,ABS ECU 发出指令使电磁线圈通入较小的电流,电磁阀中的柱塞移至中间位置,所有通道都被关闭,此时制动轮缸内的制动压力保持原有状态,工作过程如图 2 - 25 所示。

3. 减压制动模式

若制动压力保持不变,车轮有抱死倾向时,ABS ECU 发出指令,使电磁线圈通入较大的电流,电磁阀中的柱塞在电磁力的作用下,移至上端。此时制动主缸和制动轮缸的管路被切断,并将制动轮缸的管路与通向储液器的管路接通,制动轮缸的制动液就流入储液器,从而使有抱死倾向的车轮被释放,车轮转速开始上升。同时启动液压泵,将流回储液器的制动液加压后输送到制动主缸,为下一个制动周期做好准备工作,工作过程如图 2 - 26 所示。

4. 增压制动模式

当被释放的车轮转速增大到一定值后,ABS ECU 发出指令,使电磁线圈断电,电磁阀中的柱塞又回到普通制动模式时的初始位置。此时制动主缸和制动轮缸的管路再次相通,制动主缸和液压泵输出的制动液再次进入制动轮缸,增加了制动压力,车轮转速又降低,工作过程如图 2 - 27 所示。

ABS 进行"保压—减压—增压"循环控制,将车轮的滑移率始终控制在 20% 左右。当液

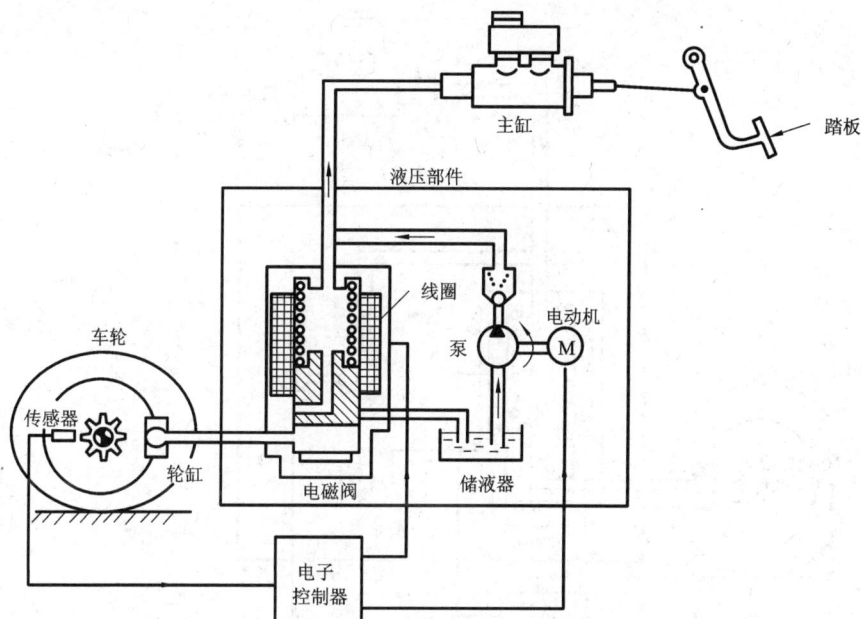

图 2 - 25 保压制动模式

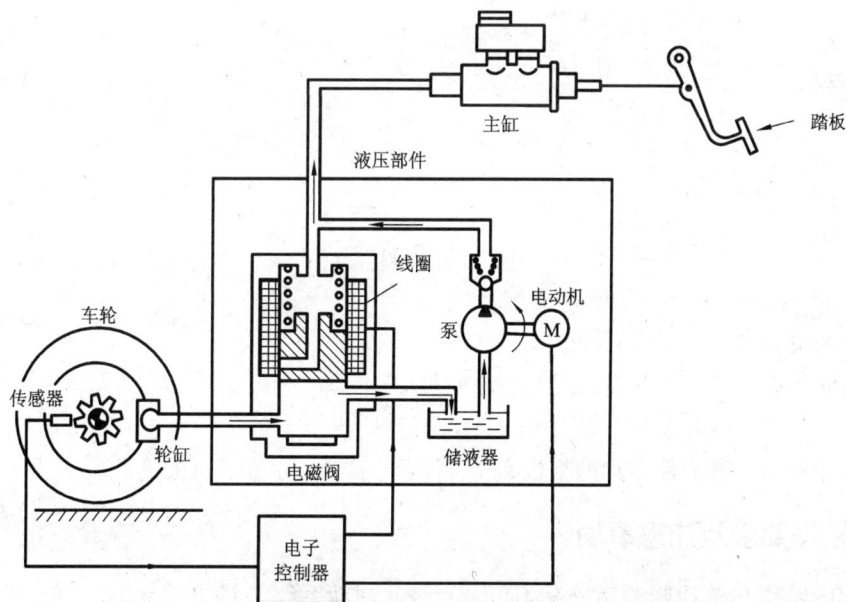

图 2 - 26 减压制动模式

压泵工作时,高压制动液返回制动主缸或增压过程中制动液从制动主缸流回制动轮缸的瞬间,制动踏板行程均会发生变化(称为踏板反应)。这种反应能让驾驶人知道 ABS 已经开始工作。

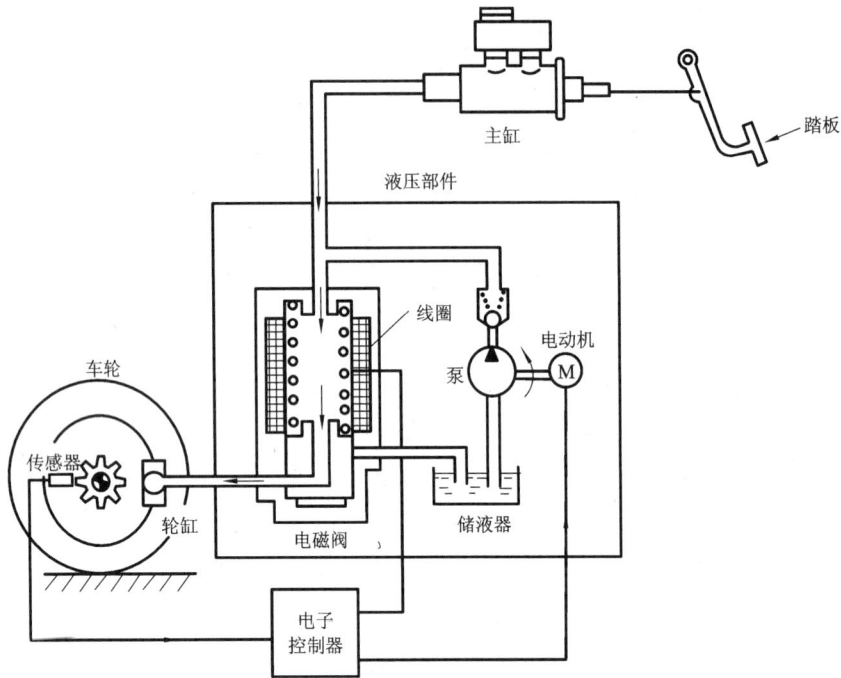

图 2 - 27 增压制动模式

【工作过程】

一、准备工作

(1)防护装备：工作服、工作帽、手套、劳保鞋。

(2)车辆、台架、总成：卡罗拉整车。

(3)车间设备：举升机、工具车。

(4)检测设备：KT600 诊断仪或原厂诊断仪。

(5)手工工具：拆装工具一套。

(6)辅助材料：翼子板布和前格栅布、三件套、抹布、手套、白板笔等。

二、检修要求及注意事项

(1)ABS 系统与普通制动系统密不可分，普通制动系统一旦出现故障，ABS 系统也就不能工作，故当车辆制动系统出现问题时，应首先判明是 ABS 系统故障还是普通制动系统故障，而不能把注意力全部集中在传感器、电控单元和制动压力调节器上。

(2)ABS 电控单元对电压、静电非常敏感，维修时稍有不慎就可能会损坏电控单元中芯片，造成整个 ABS 系统的损坏。因此，点火开关接通时，不要插拔 ABS 系统的连接器；插拔 ECU 上的连接器应做好防静电措施；一定要先断开 ECU 连接器，然后再在车上进行焊接操作。

(3)维修 ABS 液压控制装置时(例如,制动压力调节器的各部件、制动分泵、蓄能器、电动液压泵、制动液管路等),一定要按规定程序卸去 ABS 的压力(蓄能器可能存储了高达18MPa 的压力),然后再按规定进行修理,以免高压制动液喷出伤人。

卸压的方法是先关掉点火开关,然后反复踩制动踏板 20 次以上,直到感觉踩制动踏板力明显增加(无液压助力)时为止。

(4)维修车轮转速传感器时应特别小心,不要碰伤传感器头,不要敲击轮速传感器的齿圈,不要用传感器齿圈做撬面,否则会损坏齿圈或影响轮速信号的精度;安装时应先涂覆防锈油,并且只能压装,不可用力敲击或用蛮力,以免损坏传感器;磁隙可以调整的,要用非磁性工具调整。

(5)更换元件时,应使用原厂配件,安装时再从包内取出配件;更换电脑或制动压力调节器后,应使用故障诊断仪对电脑进行编码,否则 ABS 警告灯将点亮,系统不能正常工作。

(6)在进行 ABS 诊断、检查时,只要能正确使用检测仪等专业工具,按照维修手册中给出的故障诊断图表准确地找出故障点即可,可不拘于检查的形式和步骤。

(7)液压制动系统维修作业完成后,应使用专用制动液加注机和故障诊断仪配合,对系统进行加液和排气。

三、ABS 系统的检修方法及步骤

1. 检修基本方法

ABS 的故障大致可分为以下几种情况:

(1)紧急制动时,车轮被抱死;

(2)制动效果不良;

(3)报警灯亮起;

(4)ABS 出现不正常现象。

对于不同车型,其诊断与检查的方法和程序都会有所不同,但是 ABS 的基本诊断与检查的内容是不变的,它们一般包括听取用户反馈、初步检查、目测检查、自诊断检查、线路检查、元件检查和路试检查等几项内容,其检查流程如图 2 - 28 所示。

2. 听取用户反馈

通过了解用户的反馈意见可知:防抱死制动系统是否真的存在故障,在什么情况下发生故障,故障发生的现象等一些与故障相关的具体的重要信息,以帮助了解、分析和判断故障的部位,确定诊断应该从哪里开始。防抱死制动系统是较新汽车电控技术,有些用户的反馈可能属于正常的工作情况,比如,紧急制动时踏板颤动,在制动或者起动 ABS 自检时系统发出声音等。

3. 初步检查

(1)首先,打开点火开关。现在汽车仪表板上有两个制动报警灯(图 2 - 29),其中一个是黄色故障警告灯,称 ABS 灯(标示 ABS 或者 ANTI - LOCK);另一个为红色制动警告灯(标示 BREAK)。红色制动警告灯由制动液压力开关和液面开关及驻车制动灯开关控制。当红色制动报警灯亮起时,可能是制动液不足、蓄能器的制动液面过低或是驻车制动器开关有问题等。这是 ABS 防抱死控制和普通制动系统均不能正常工作,应停车检查故障原因,及时排除

```
                    ┌──────────────┐
                    │   汽车进厂    │
                    └──────┬───────┘
                           │
    ┌──────────────────────┴──────────────────────┐
    │ 询问客户：故障现象发生的条件、时机；是否检修过；已检修的部位 │
    └──────────────────────┬──────────────────────┘
                           │
  ┌────────────────────────┴────────────────────────┐
  │ 直观检查：驻车制动器能否完全释放；制动液位是否正常；各管路接头是否有 │
  │ 渗漏；导线、查线器连接是否可靠；熔丝是否可靠；蓄电池压是否正常 │
  └────────────────────────┬────────────────────────┘
                           │
                    ┌──────┴───────┐
                    │   读取故障码   │
                    └──────┬───────┘
            ┌──────────────┴──────────────┐
       ┌────┴─────┐                  ┌─────┴────┐
       │  有故障码  │                  │  无故障码  │
       └────┬─────┘                  └─────┬────┘
     ┌──────┴──────┐              ┌─────────┴────────┐
     │ 使ABS工作后，先请码 │              │ 根据ABS的基本原理， │
     │ 再读码，其目的是排除 │              │ 结合电路图，利用万用 │
     │ 历史故障码，若故障码 │              │ 表、示波器等逐一对各 │
     │ 仍然存在，则根据故障 │              │ 元件性能进行检查   │
     │ 码的提示进行检修   │              └──────────────────┘
     └─────────────┘
```

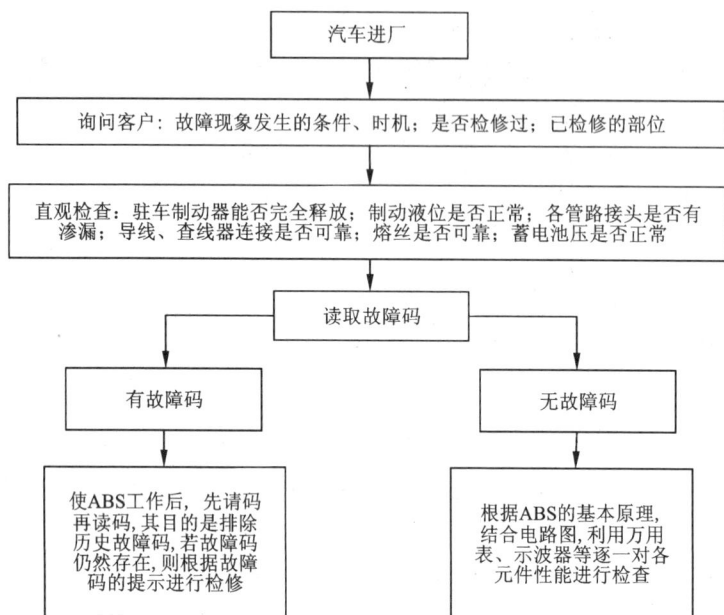

图 2 - 28　检查流程图

故障。如果只是黄色 ABS 灯常亮，则说明 ABS 控制单元发现 ABS 控制系统有故障，这时汽车制动时将无防抱死功能，因此，也要及时检修。正常情况下，点火开关打开，ABS 故障警告灯和制动警告灯应闪亮约 2 s，一旦发动机运转起来，驻车制动杆在释放位置，两个警告灯应熄灭，否则说明 ABS 有故障。可利用亮灯的闪亮规律，粗略地判断出系统发生的故障的部位。

图 2 - 29　制动警告灯

（2）车辆静止时，踩下制动踏板，注意制动踏板的感觉。然后，使车辆加速到约 32 km/h 再进行制动使车辆直至停下。注意踏板的感觉和车辆的操纵性是否异常。这些检查是了解制动系统的工作状况和在进行车辆路试时是否安全。

（3）车辆加速到大约 40 km/h，迅速用力踩下制动器，激活 ABS 系统。你应该感觉到踏板的振动，并同时注意两个警告灯应该保持熄灭状态。若其中一个警告灯点亮，则应查找相应的故障原因。

（4）最后，使车辆停下来，把车处于"空挡"或者"驻车挡"，两个警告灯应该都不亮。如果黄色警告灯持续在闪，则 ABS 电控单元已经检测到一个故障，但 ABS 系统依然在工作。如果黄色警告灯持续点亮，则 ABS 电控单元检测到故障，并且 ABS 不再工作，需要进行维修，基本制动系统还继续工作。如果红色制动警告灯亮，则制动液液面可能太低或者驻车制动器可能处于结合状态。此时，防抱死制动系统也不会工作。警告灯诊断如表 2 - 1 所示。

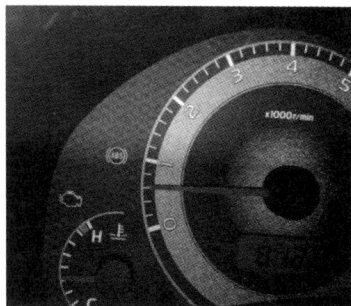

表 2 – 1　警告灯诊断表

警告灯	故障现象	可能原因
ABS 故障警告灯亮	ABS 不起作用	①轮速传感器不起作用 ②液控单元不良 ③ABS 电子控制单元不良
ABS 故障警告灯不亮	踩制动踏板时，踏板振动强烈	①制动开关失效或调整不当 ②制动开关线路或插接件脱落 ③制动鼓(盘)变形 ④车轮轮速传感器信号不良 ⑤液控单元不良
ABS 警告偶尔或间歇点亮	ABS 作用正常，只要点火开关关闭后再打开，ABS 故障警告即会熄灭	①ABS 电子控制单元插姐件器松动 ②轮速传感器导线受干扰 ③轮速传感器内部工作不良 ④车轮轮毂轴承松旷 ⑤制动管路中有空气 ⑥制动轮缸工作不良 ⑦制动蹄衬片不良
制动警告灯亮	制动液缺乏或驻车拖滞	①驻车制动器调整不当 ②制动油管或制动轮缸漏油 ③制动警告灯搭铁
ABS 故障警告灯和制动警告灯亮	ABS 不起作用	①两个以上轮速传感器故障 ②ABS 电子控制单元故障 ③液压控制单元工作不良

4. 目测检查

目测检查主要包括液面高度、渗漏、部件及线路外观等。

(1)制动液液面高度和渗漏情况检查。制动总泵储油箱中的制动液液面应该有合适的高度。如果液面太低，就应该检查基本制动系统是否存在渗漏现象。同时也应该检查制动踏板行程情况，或检查液压控制单元是否存在渗漏或者损坏。

(2)制动器零部件检查。检查车轮上所有的制动部件，确保制动时工作正常。检查是否有制动器阻滞状况，车轮轴承的磨损和损坏情况。

(3)线路和熔断器的检查。检查所有线路有无损坏、磨损和腐蚀情况，确保所有线路保持正确的连接，所有熔断器应该是完好的，如图 2 – 30 所示。

(4)轮速传感器和齿圈检查。检查轮速传感器、齿圈和线路的损坏情况。确保齿圈与传感器之间的空气间隙符合制造商规定的标准，如图 2 – 31 所示。应该参看车辆的维修手册来进行恰当地调节。

注意：并不是所有的空气间隙都是可调节的。

(5)车轮和轮胎检查。轮胎的尺寸应该正确，胎面深度应符合标准，如图 2 – 32 所示。轮胎的充气状态应该正常。用卷尺、线绳或胶带测量轮胎的周长。

(6)驻车制动器检查。检查驻车制动器的状态，确保它完全松开并调节好。如果驻车制

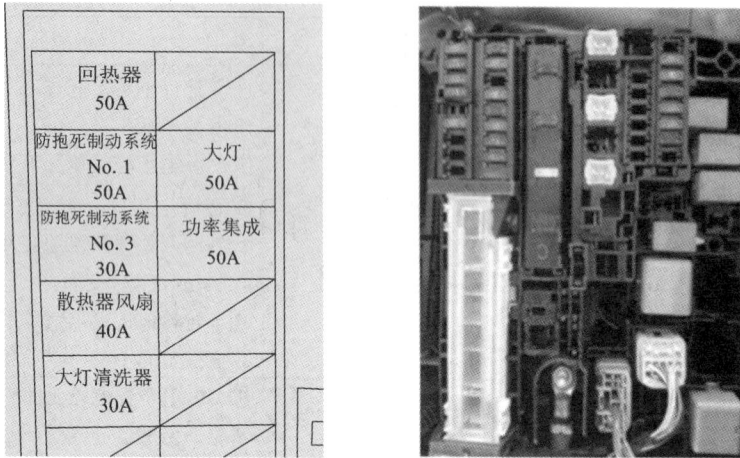

回热器 50A	
防抱死制动系统 No.1 50A	大灯 50A
防抱死制动系统 No.3 30A	功率集成 50A
散热器风扇 40A	
大灯清洗器 30A	

图2-30　线路和熔断器的检查

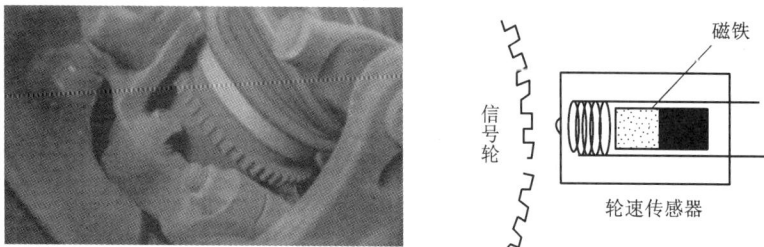

图2-31　齿圈、传感器检查

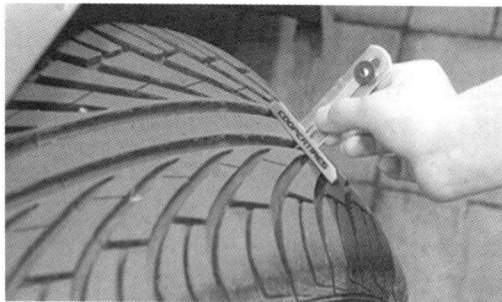

图2-32　轮胎检查

动器不能完全松开，就会向 ABS 电控单元发出一个信号，指出基本制动系统中可能存在一个故障，导致 ABS 系统不工作。

5. 故障码诊断

ABS 系统具有诊断功能，当 ABS 控制单元发现系统有故障时，会将故障以故障码的行驶储存在控制单元的存储器里，以便得到故障部位的准确提示，迅速排除故障。同时点亮 ABS 报警灯，提示驾驶员 ABS 系统故障。车型不同，故障码的显示方式也不同，即可通过 ABS 报警灯或 ABS 控制单元上的发光二极管(LED)闪烁显示故障码，也可采用专用的故障检测仪器读取故障码,目前多采用后一种方法。

丰田车系 ABS 系统故障码的调取与清除(KT600 诊断仪):

(1)将智能检测仪连接到 DLC3,如图 2-33 所示。

图 2-33　连接诊断仪

图 2-34　开启诊断仪

(2)将点火开关置于 ON 位置并开启诊断仪,如图 2-34 所示。

(3)选择车型,并进入 ABS 系统。请根据仪器使用说明书和屏幕提示操作,如图 2-35 所示。

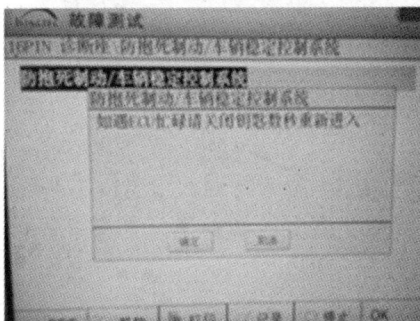

图 2-35　进入 ABS 系统

(4)读取故障码,如图 2-36 所示。

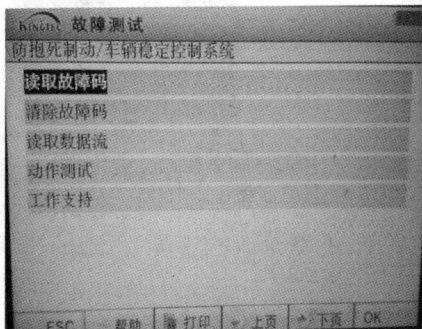

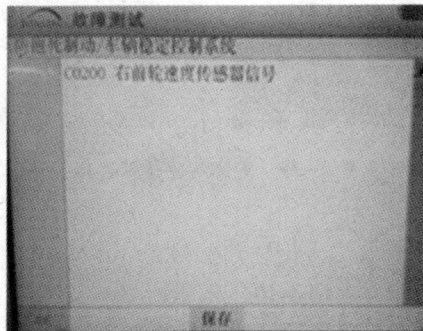

图 2-36　读取故障码

（5）读取 ABS 系统的数据流，针对故障范围进行检测与排除，如图 2－37 所示。

（6）确保故障已排除，清除故障码。

6．元件检测

根据线路检查所发现的具体的故障，再进行相应的线路和元件检测，基本会找到故障部位，最后通过更换元件或维修将故障排除。

（1）轮速传感器检测。以卡罗拉采用的磁阻式（MRE）轮速传感器为例，介绍检测方法。

提示：新款的丰田汽车，包括卡罗拉，采用新型的主动式轮速传感器，如图 2－38 所示，没有传统用于磁电感应的齿圈，取而代之的是带磁性环的轴承。轴承如果损坏，更换时厂家要求和轮毂一起整体更换，实际维修中可以更换，但切勿暴力敲击（应采用压床）。因轴承只有单面有磁性环，不能装反装错。

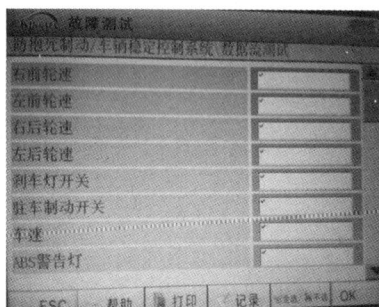

图 2－37　读取数据流

图 2－38　卡罗拉轮速传感器

（2）找到位于悬架附近的轮速传感器连接器，并断开连接器，如图 2－39 所示。

（3）传感器供电电源检测。如图 2－40 所示，检测轮速传感器 2 号端子供电电源，应 8～12 V（根据车型）。

图 2－39　轮速传感器和连接器

图 2－40　检测轮速传感器供电电源

（4）测量轮速传感器信号电压。如图 2－41 所示，检测轮速传感器 1 号端子信号电压，在车轮运转时，应有电压信号产生。

（5）测量轮速传感器信号波形。如图 2－42 所示，检测轮速传感器 1 号端子信号波形，在车轮运转时，应有脉冲信号产生。

图 2-41 检测轮速传感器信号电源

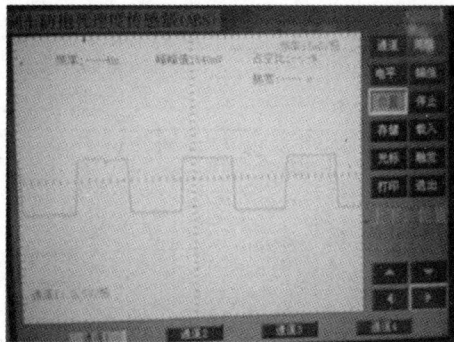

图 2-42 检测轮速传感器波形

7. ABS 压力调节器的检查

制动压力调节器可能的故障有制动压力调节器电磁阀线圈不良,制动压力调节器中的阀有泄漏,电动液压泵损坏等,其具体的检查方法如下。

(1)电磁阀的检查。用电阻表检测电磁阀线圈的电阻,如果电阻无穷大或过小等,均说明其电磁阀有故障;将制动压力调节器电磁阀加上工作电压,看阀是否能正常工作,如果不能正常动作,则说明电磁阀损坏,应更换制动压力调节器。

(2)电动液压泵和液压循环检查。如果怀疑是制动压力调节器内部液压循环有问题,则应在制动压力调节器内无高压制动液时,仔细拆开调节器检查;也可通过故障诊断仪的"03—执行元件测试"功能检查电动液压泵工作情况。

8. ABS 电子控制单元(ECU)的检查

ABS 电子控制单元(ECU)常见的故障有线束插接器松动、插口损坏,操作不当造成 ECU 的内部损坏等,其具体检查方法如下。

(1)ABS 电子控制单元(ECU)外部线束检查。先检查 ABS 电子控制单元(ECU)线束插接器有无松动,插口有无损坏,如果线束松动,则进行紧固,如果插口损坏,则更换 ECU。

(2)ABS 电子控制单元(ECU)自身的检查。如果 ECU 内部损坏,多数可通过其自诊断功能读取到相应的故障码,如果对故障码进行确认后,则更换控制单元;如果没有提示相应的故障码,在检查传感器、继电器、电磁阀及其线路均无故障,怀疑 ABS 的 ECU 可能有故障时,可以用新的 ECU 替代,如果故障现象消失,则说明 ECU 损坏。

9. 路试

故障检修完成后,应进行路试,检查故障是否被彻底排除。检查制动踏板行程和阻力是否符合标准;检查 ABS 报警灯和制动报警灯的指示情况是否正常;检查 ABS 工作是否正常,在大于 40 km/h 的初始速度下紧急制动,若感觉到制动踏板有轻微的颤动,轮胎与地面基本上无拖痕,说明 ABS 工作正常,否则,说明 ABS 存在故障,ABS 不起作用;检查制动时有没有一些其他不正常的现象,如果路试后一切正常,则说明故障被彻底排除。

★ 任务工单

工作单

任务名称：	
日期：	
组长：	
成员：	

车辆描述：

车型_____ 发动机型号_____ 车辆识别码_____

1. 顾客反馈的信息描述(情境导入)

2. 选用的工具与材料

3. 描述 ABS 系统的组成及功用

4. 初步检查的结果
故障灯情况：

车辆状态(打开点火开关)	起动前	起动后	熄火后
ABS 报警灯			
制动报警灯			

5. 目测检查情况记录

项目	检查结果
制动液液面情况	
制动液是否渗漏	
制动器零件检查	
线路、熔断器是否断路	
轮速传感器、齿圈是否松脱	
轮胎的胎压、尺寸情况	
驻车制动是否正常	

6. 故障码诊断

步骤	注意事项
连接诊断仪	
读取故障码	故障码:
读取数据流	主要故障数据:
预测故障范围	
故障排除	
清除故障码	

7. 元件检测

(1)轮速传感器检测(以卡罗拉采用的磁阻式(MRE)轮速传感器为例)

项目	检测结果
传感器供电电源	
传感器信号电压	
传感器信号波形	

(2)ABS 压力调节器的检查

项目	检测结果
电磁阀线圈的电阻	
传感器供电电源	
电动液压泵是否工作	

(3)ABS 电子控制单元(ECU)的检查

项目	检测结果
外部线束检查	
自身的检查	

8. 路试

检查制动踏板行程和阻力是否符合标准;

检查 ABS 报警灯和制动报警灯的指示情况是否正常;

检查 ABS 工作是否正常。

9. 思考提高

网上查询一下大众 ABS 系统工作过程以及检修方法,向同学介绍一下。

★ 拓展知识

电控防抱死制动系统(ABS)使用注意事项

一、ABS 系统使用与维护注意事项

(1)ABS 系统对制动液的要求非常高,制动液每隔两年至少要换一次,最好是每年更换一次,更换制动液时,一定要使用厂家规定的品牌。

(2)必须使用规定规格的轮胎,所有车轮的半径必须相等且气压符合规定。

(3)更换 ABS 零部件时,一定要选用该车型高质量正宗的配件。

(4)在驾驶 ABS 汽车时,要保持足够的制动距离,当在良好的路面上行驶时,至少要保证离前面的车辆有3s 的制动时间;在不好的路面上行驶时,要留更长的制动时间。

(5)在驾驶 ABS 汽车时,反复踩制动踏板会使 ABS 时断时通而导致制动效能减低和制动距离增加,使用时要始终用脚踩住制动踏板不放松,这样才能保证足够和连续的制动力,是 ABS 有效地发挥作用。

(6)ABS 为驾驶员提供了方向盘的可控能力,不要忘记转动方向盘,但急转弯和快速变道以及其他急打方向盘的做法也是不适当和不安全的。

(7)在行车中应留意仪表板上的 ABS 警告灯情况,如果发现闪烁或常亮,说明 ABS 系统出现故障,但是常规制动系统还起作用,应尽快进行修理。

二、装备 ABS 系统的车辆容易出现的一些特殊现象

(1)某些装有 ABS 的汽车,在发动机起动时,踏下制动踏板会弹起,而在发动机熄火时,制动踏板会下沉,这属于 ABS 的正常反应,并非故障现象。这是由于 ABS 制动压力调节器与动力转向器共享一个油泵,在发动机起动,动力转向泵开始工作时,就会使制动踏板上抬,发动机熄火,动力转向泵停止工作时,则会使制动踏板下沉。

(2)制动时,会产生液压工作噪声和制动踏板震颤,这属于正常现象,可以让驾驶员由此而感知到 ABS 正在起作用。在紧急制动时,应直接将加速踏板踩到底,且不放松。

(3)制动时,有时会感到制动踏板有轻微下沉。这是由于道路路面附着系数变化,ABS 正常反应所引起的,并非故障现象。

(4)制动时,转动转向盘,会感到转向盘有轻微的振动。这也是由于有的制动压力调节器与动力专项器共享一个油泵所引起的正常反应。

(5)高速行使急转弯或在冰滑路面上行驶时,有时会出现制动报警灯亮起的现象。这是上述情况中出现了车轮打滑现象,ABS 产生保护动作引起的,并非有故障。

(6)制动时,ABS 继电器不断地动作,这也是 ABS 起作用的正常现象。

(7)装有 ABS 的汽车,在制动后期,会有车轮被抱死,地面留下拖滑的印痕。这是因为在车速小于7~10 km/h 时,ABS 将不起作用,属正常现象。但是,ABS 紧急制动时留下的短而淡淡的印痕与普通制动器紧急制动时留下的长拖印是截然不同的。

三、ABS 系统使用的三大误区

其实,由于很多人对 ABS 缺少正确认识,使用时难免会产生一些错误观念,直到酿成祸

事也不知道原因究竟何在。广州科密汽车制动技术开发公司有限公司总工程师汪德舟表示，使用 ABS，需要避重就轻，消除一些错误的使用观念，充分发挥其安全保障作用。

误区一：装有 ABS 的车，制动距离会较没有装 ABS 的车大大地缩短。

产生这种错误说法的原因，是因为 ABS 往往是在较紧急的制动动作下发挥作用的，所以会给人以 ABS 起作用后制动距离缩短的印象。其实制动距离的长短与路面的摩擦因数以及轮胎有更直接的关系，在某些情况下，有 ABS 的制动距离较没有 ABS 的短，但在其他不同条件下，情况会恰好相反。因为在正常情况下，滚动摩擦因数要小于滑动摩擦因数。

误区二：有 ABS 的车不会出现甩尾侧滑现象。

实际上，ABS 的作用只发生在制动车轮抱死的情况下，它与电子行驶稳定系统的作用有本质上的不同。

误区三：有 ABS 的汽车制动稳定性提高了，开车就可以更大胆。

ABS 只是制动的辅助系统，可以在制动时帮助驾驶者控制车辆状态，防止车辆在制动中失去转向能力，但其中主要操控仍是驾驶者，所以超速驾驶仍会引发事故。

项目评价

课程名称		学习项目		
学生姓名		学习小组		
评价等级 评价内容	优	良	中	差
相关知识的掌握				
任务实施				
工作单的完成				
6S 管理				
纪律				
团队合作				
教师综合评价				

教师评语：

年　　月　　日

项目三　驱动防滑控制系统(ASR)的检修

汽车驱动防滑系统(Acceleration Slip Regulation 或 Traction Control System)，简称 ASR 或 TCS(日本车型称它为 TRC 或 TRAC)，是继 ABS 后采用的一套防滑控制系统，是 ABS 功能的进一步发展和重要补充。ASR 系统和 ABS 系统密切相关，通常配合使用，构成汽车行驶的主动安全系统。本项目介绍驱动防滑控制系统(ASR)的知识，设计了典型车型驱动防滑控制系统(ASR)认知以及故障检修的学习任务。

任务 3-1　牵引力控制系统(ASR)的检修

★ 情境导入

某汽修厂李师傅接到一辆丰田 LS400 轿车，客户进厂描述故障为仪表板 ASR 指示灯常亮，于是叫徒弟进行检查车辆排除故障。但是徒弟表示对 ASR 系统不了解，不知如何下手，随后李师傅对照车给他讲了许多。你想知道师傅给徒弟讲些什么吗？不妨看看下面就知道了。

驱动防滑系统主要使汽车在加速时将轮胎滑动率控制在一定的范围内，从而防止驱动轮因为滑动而损失动力或因为过大动力输出造成一些安全问题。若想对驱动防滑控制系统的故障进行快速有效的诊断与检修，则必须要掌握驱动防滑控制系统各主要总成部件的结构及工作原理。本任务将向读者介绍驱动防滑控制系统检修的相关知识。

★ 学习目标

完成本学习任务后，你应该能：

1. 能够描述 ASR 系统的作用、类型、结构、控制原理、工作特性。
2. 能正确读识 ASR 系统的电路图。
3. 能够参阅汽车维修手册，分析及制定 ASR 系统检修工作计划。
4. 能够使用解码器对 ASR 系统故障车辆进行故障诊断与排除。
5. 能够进行团队合作，工作过程符合 6S 管理要求。
6. 能够检查、评价、记录工作结果。

建议课时：8 课时

【相关知识】

一、驱动防滑控制系统的作用

驱动防滑控制系统,也称牵引力控制系统(Traction Control System),简称 TCS 或 TRC,有些车系称为 ASR,即驱动轮防滑转控制系统(Anti Slip Regulation),是继制动防抱死系统(ABS)之后应用于车轮防滑的电子控制系统,ASR 是 ABS 的完善和补充。

驱动轮防滑转控制系统的作用是防止汽车在起步、加速和滑溜路面行驶时驱动轮的滑转,特别是防止汽车在非对称路面或转弯时驱动轮空转,以保持汽车行驶方向的稳定性、操纵性和维持汽车的最佳驱动力以及提高汽车的平顺性。

因此,车辆在一些特殊情况下行驶时,带有 ASR 系统的特点就凸显出来。

(1)当汽车行驶在易滑的路面上时,没有 ASR 的汽车加速时驱动轮容易打滑,如果是后驱动轮打滑,车辆容易甩尾,如果是前驱动打滑,车辆方向容易失控。有 ASR 时,汽车在加速时就不会有或能够减轻这种现象,如图 3 - 1 所示。

(2)在转弯时,如果发生驱动轮打滑会导致整个车辆向一侧偏移,当有 ASR 时就会使车辆沿着正确的路线转向,如图 3 - 2 所示。

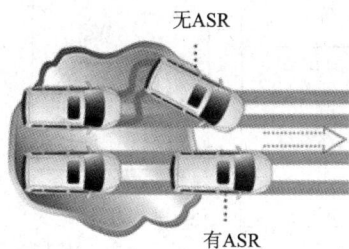

图 3 - 1 汽车在加速时 ASR 的作用

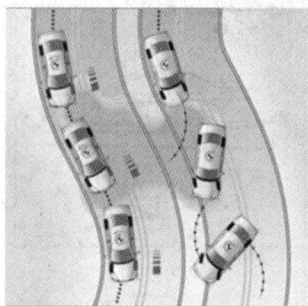

图 3 - 2 汽车在转弯时 ASR 的作用

总之,ASR 可以最大限度利用发动机的驱动力矩,保证车辆起动、加速和转向过程中的稳定性。

二、驱动防滑控制系统的工作特性

(1)ASR 系统在进行防滑控制过程中,如果驾驶员踩下制动踏板进行制动,ASR 将会自动防滑控制,而不影响汽车的正常制动。

(2)ASR 通常只在一定车速范围内进行防滑控制,当车速达到一定值以后,ASR 系统会自动退出防滑控制。

(3)ASR 系统可由驾驶员通过 ASR 选择开关对系统是否进入工作状态进行选择。如果通过 ASR 选择开关关闭了 ASR 系统,则 ASR 关闭指示灯自动点亮。

(4)ASR 处于关闭状态时,发动机副节气门会自动处于全开位置,此时 ASR 的制动执行元件也不会影响制动系的正常工作。

（5）ASR 系统具有故障自诊断功能，当发现有影响系统正常工作的故障时，ASR 系统会自动关闭，并将 ASR 警告灯点亮，向驾驶员报警。

三、驱动防滑控制系统的控制方式

汽车驱动防滑控制系统常用的控制方式有以下几种：

1. 发动机输出功率/转矩控制

在汽车起步、加速时，由于加速踏板踩得过猛，可能会出现驱动轮因驱动力过大而驱动车轮滑转的情况，这时，ASR 控制器输出控制信号，控制发动机输出功率，以抑制驱动轮滑转，如图 3-2 所示。发动机输出功率/转矩控制通常有以下三种方法，如表 3-1 所示。

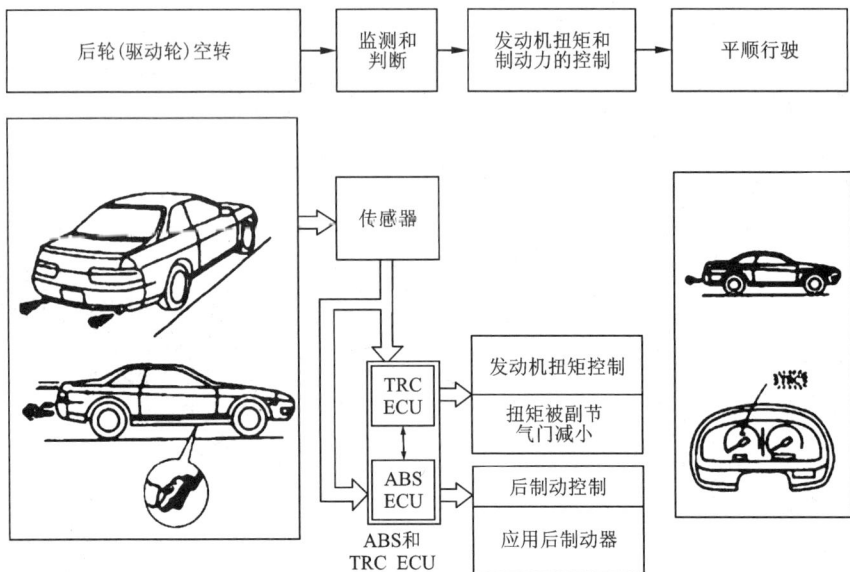

图 3-3　控制发动机输出功率/转矩的 ASR 系统

表 3-1　发动机输出功率/转矩控制方法

控制方法	控制对象
辅助节气门控制	调整进气量：减小节气门的开度
燃油喷射量控制	调整供油量：减少或中断供油
延迟点火控制	调整点火时间：减小点火提前角或停止点火

2. 驱动轮制动控制

当汽车在附着系数不均匀的路面上行驶时，处于低附着系数路面的驱动车轮可能会滑转，直接对发生滑转的驱动轮加以制动，反应时间最短。普遍采用 ASR 与 ABS 组合的液压控制系统，在 ABS 系统中增加电磁阀和调节器，从而增加了驱动控制功能，如图 3-4 所示。

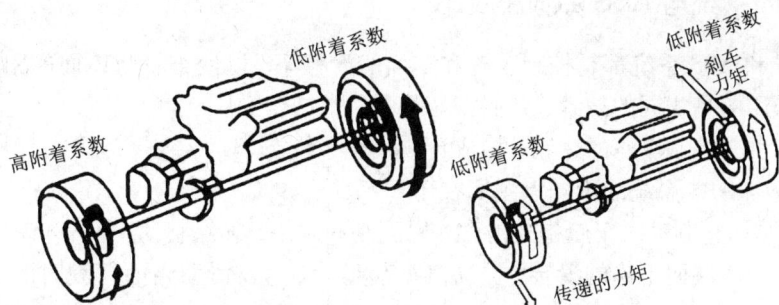

图3-4 驱动轮制动控制的ASR系统

3. 同时控制发动机输出功率和驱动轮制动力

控制信号同时起动ASR制动压力调节器和辅助节气门调节器,在对驱动车轮施加制动力的同时减小发动机的输出功率,以达到理想的控制效果。

4. 防滑差速锁(LSD: Limited - Slip - Differential)控制

LSD能对差速器锁止装置进行控制,使锁止范围从0% ~ 100%,系统结构如图3-5所示。

当驱动轮单边滑转时,控制器输出控制信号,使差速锁和制动压力调节器动作,控制车轮的滑移率。这时非滑转车轮还有正常的驱动力,从而提高汽车在滑溜路面的起步、加速能力及行驶方向的稳定性。

在差速器向驱动轮输出驱动力的输出端,设置一个离合器,通过调节作用在离合器片上的液压压力,便可调节差速器的锁止程度。

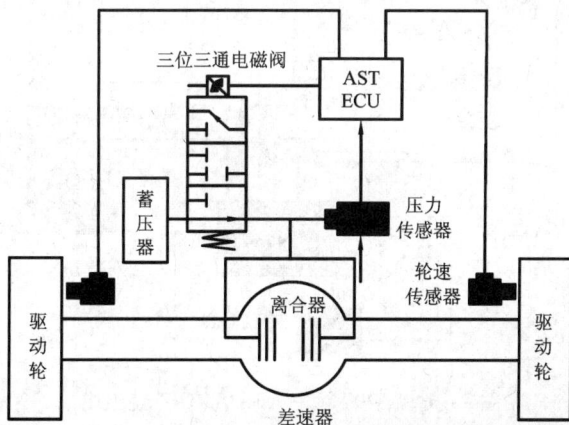

图3-5 防滑差速锁控制系统

5. 差速锁与发动机输出功率综合控制

差速锁制动控制与发动机输出功率综合控制相结合的控制系统可根据发动机的状况和车轮的滑转的实际情况采取相应的控制达到最理想的控制效果。

四、ASR 系统与 ABS 系统的比较

ASR 系统和 ABS 系统都是控制车轮和路面的滑移率，以使车轮与地面的附着力不下降，因此两系统采用的是相同的技术，它们密切相关，常结合在一起使用，共享许多电子组件和共同的系统部件来控制车轮的运动，构成行驶安全系统。

ASR 系统与 ABS 系统的不同点主要在于：

（1）ABS 是防止制动时车轮抱死滑移，提高制动效果，确保制动安全；ASR（TRC）则是防止驱动车轮原地不动而不停的滑转，提高汽车起步、加速及滑溜路面行驶时的牵引力，确保行驶稳定性。

（2）ABS 对所有车轮起作用，控制其滑移率；而 ASR 只对驱动车轮起制动控制作用。

（3）ABS 是在制动时，车轮出现抱死情况下起控制作用，在车速很低（小于 8 km/h）时不起作用；而 ASR 则是在整个行驶过程中都工作，在车轮出现滑转时起作用，当车速很高（80～120 km/h）时不起作用。

五、典型 ABS/TRC 系统（LS400 轿车）组成及工作原理

LS400 轿车的 ABS/TRC 主要有车速传感器、ABS/TRC ECU、制动压力调节器、TRC 隔离电磁阀总成、TRC 制动功能总成、主副节气门传感器、副节气门控制步进电动机等组成（如图 3－6），其中 ABS/TRC 与 ABS 共用轮速传感器和电子控制单元 ECU。图 3－7 所示为 LS400 轿车部件在车上的位置。

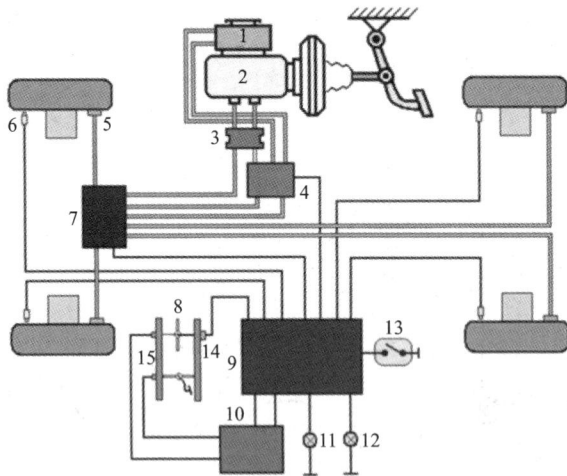

图 3－6　LS400 轿车 ABS/TRC 系统组成

1. 车速传感器

在 4 个车轮上各装一个电磁感应式轮速传感器，向 ABS/TRC ECU 输入各车轮的轮速信号，车速传感器安装位置如图 3－8 所示。

2. ABS/TRC 电子控制单元（ECU）

ABS/TRC ECU 根据驱动车轮轮速传感器输送轮速传感器的速度信号计算信号计算判断出车轮与路面间的滑转状态，并适时地向其执行机构发出指令，以降低发动机的输出转矩和

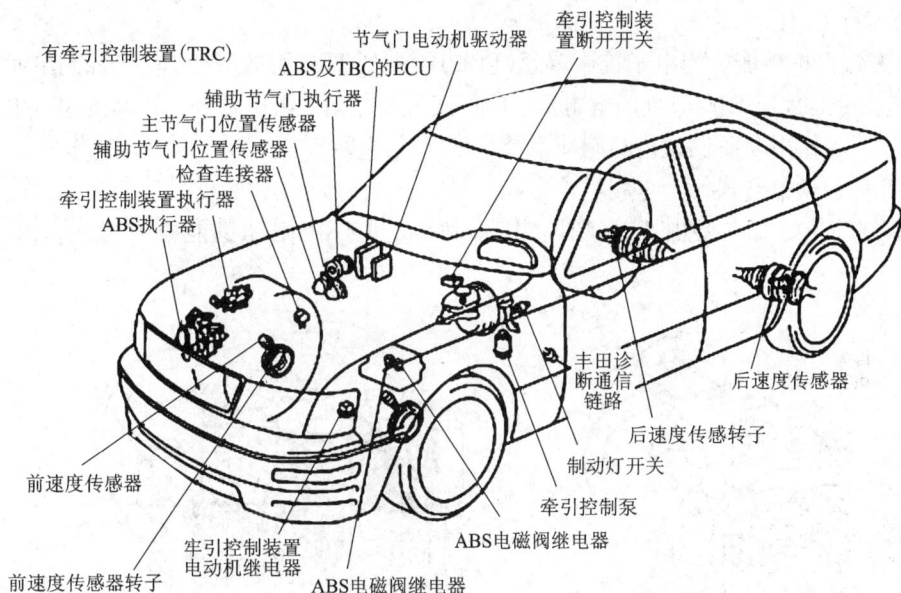

图 3-7 LS400 轿车 ABS/TRC 部件的车身布置

车轮的转速，从而实现防止驱动轮滑转的目的。此外，电子控制单元（ECU）还具有初始检测功能、故障自诊断功能和失效保护功能。

（1）车轮防滑控制。电子控制单元不断地监测由驱动车轮轮速传感器传来的速度信号，并不断地计算出每个车轮的速度，同时也计算出汽车的行驶速度和车轮滑转率。当汽车在起动或突然加速过程中，若驱动轮滑转，ECU 立即使防滑系统工作。

例如，当踩下加速踏板后，主节气门速

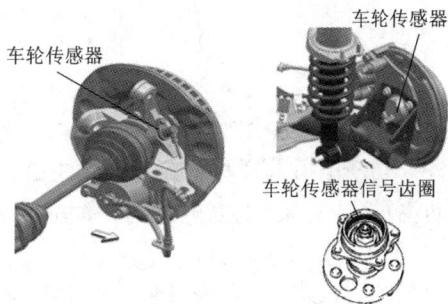

图 3-8 车速传感器

度开启，驱动轮加速。若驱动轮速度超过设定控制速度后，电子控制单元立即发出指令，关闭副节气门，减少发动机进气量，从而使发动机转矩降低，同时，电子控制单元发出指令接通 TRC 制动压力调节器电磁阀，并将 ABS 压力调节器电磁阀置于"增压制动"状态，于是 TRC 蓄能器使制动轮缸的液压力速度升高，实现对滑转驱动轮的制动。

当制动作用后，驱动轮加速度立即减小，ECU 将 ABS 压力调节器的三位电磁阀置于"保压制动"状态；若驱动轮速度降低太多，电磁阀就处于"减压制动"状态，是制动轮缸中的液压降低，驱动轮轮速又恢复升高。

（2）初始检测功能。当汽车处于停止状态，自动变速器变速杆处在 P 位或 N 位而接通点火开关时，电子控制单元（ECU）即开始对副节气门驱动装置和 ASR 制动压力调节器电磁阀的工作状态进行检测。

（3）故障自诊断功能。当电子控制单元检测到防滑转系统出现故障时，即点亮仪表盘上的 ASR 警告灯,以警告驾驶人 TRC 已出现故障,同时将故障以数码的形式存入存储器,供诊断时重新显示出来。

(4)失效保护功能。当电子控制单元(ECU)检测到 TRC 有故障时,电子控制单元(ECU)立即发出指令,断开 TRC 节气门继电器、TRC 液压泵电动机继电器和 TRC 制动主继电器,从而使 TRC 不起作用。而发动机和制动系统仍可以按照没有采用 TRC 时那样工作。

3. TRC 制动执行器

TRC 制动执行器主要由 TRC 切断电磁阀总成和 TRC 制动供能总成组成,如图 3 – 9 所示。

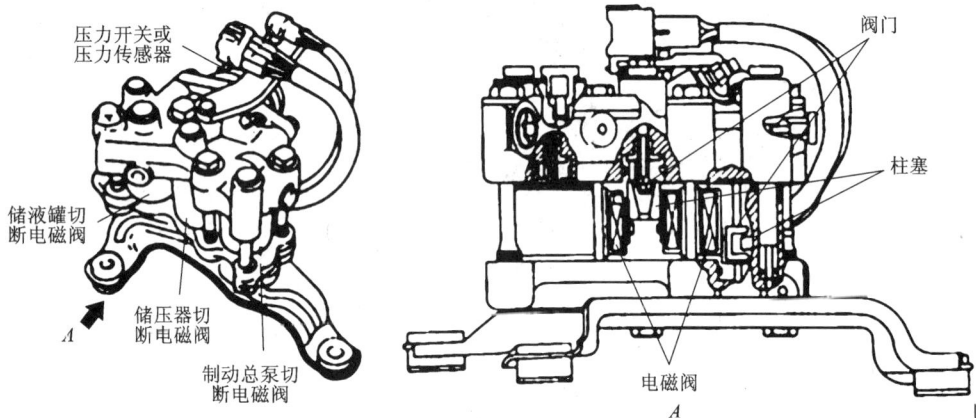

图 3 – 9　TRC 制动执行器总成

(1)TRC 切断电磁阀总成。

TRC 切断电磁阀通过管路与制动主缸、制动压力调节器和 TRC 制动功能总成相连,主要有制动主缸(或总泵)切断电磁阀、蓄能器切断电磁阀和储液室切断电磁阀组成。

(2)TRC 制动供能总成。

如图 3 – 10 所示,该装置通过管路与制动主缸储液室和 TRC 切断电磁阀总成相连,主要由电动供液泵和蓄能器组成。电动供液泵将制动液自储液室以一定压力泵入蓄能器,作为驱动防滑转制动介入的制动能源。

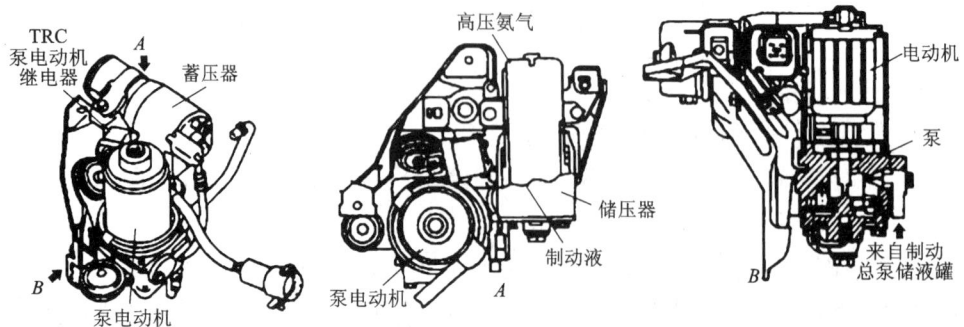

图 3 – 10　TRC 制动供能总成

TRC 系统制动执行器主要部件及其功能如表 3-2 所示。

表 3-2 TRC 系统制动执行器主要部件及其功能

主要部件		功能
切断电磁阀总成	蓄能器切断电磁阀	在 TRC 系统工作过程中将制动液液压从蓄能器中传送至车轮制动分泵
	制动泵切断电磁阀	当蓄能器中的制动液压传送给车轮制动分泵后,该电磁阀的作用是防止制动液流回制动总泵
	储液罐切断电磁阀	在 TRC 系统工作过程中,该电磁阀能将车轮制动分泵中的制动液传送回制动总泵中
	压力开关或压力传感器	调节蓄能器的压力,并将有关信息传送给 ECU,而 ECU 则依据这些数据来控制泵的运转
制动功能总成	泵	从制动总泵储液罐中提取制动液,升压后再送回蓄能器。它是一个由电动机驱动的柱塞式泵
	蓄能器	储存加压后的制动液,并在 TRC 系统工作过程中向车轮制动分泵提供制动液。蓄能器中还填充着高压氮气,当制动液体积发生变化时,它能起缓冲作用

4. 副节气门执行器

副节气门执行器的功用是根据电子控制单元传送的指令来控制副节气门的开启角度,从而控制进入发动机气缸的空气量,达到控制发动机输出转矩的目的。

副节气门执行器安装在节气门壳体上,如图 3-11 所示。它是一个由电子控制单元控制转动的步进电动机,由永久磁体、传感线圈和旋转轴等组成。在旋转轴的末端安装一个小齿轮(主动齿轮),由此控制副节气门的开启角度。

当驱动防滑系统不工作时,副节气门在弹簧力作用下保持全开状态,进入发动机的空气量由驾驶人控制主节气门的开度决定。当前、后轮速传感器检测到车轮滑转需进行防滑控制时,电子控制单元驱动步进电动机通过凸轮轴齿轮旋转,从而控制副节气门的开度,如图 3-12 所示。

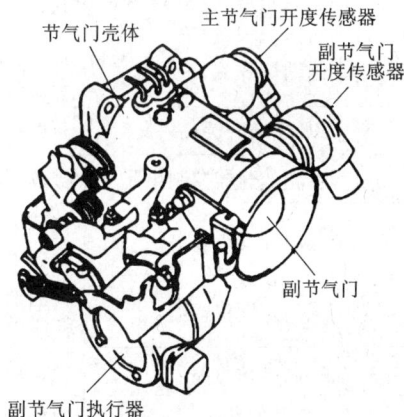

图 3-11 节气门总成

5. TRC 系统控制电路及主要装置

LS400 轿车 ABS/TRC 控制电路如图 3-13 所示。主要由 TRC ECU、制动器执行器、继电器、传感器及副节气门执行器等组成,各主要装置的功能如表 3-3 所示。

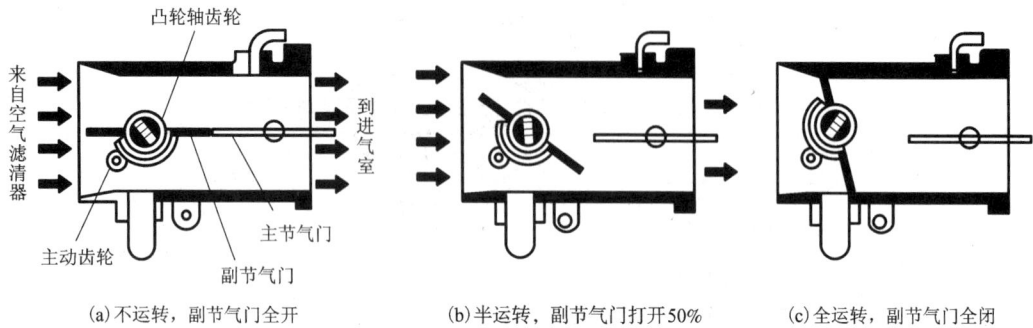

(a)不运转, 副节气门全开   (b)半运转, 副节气门打开50%   (c)全运转, 副节气门全闭

图 3 - 12　副节气门运转状况

表 3 - 3　TRC 系统主要装置及其功能

主要装置	功能
ABS/TRC 系统电子控制单元(ECU)	根据前后车速传感器传递的信号, 以及发动机与自动变速器电子控制单元中节气门开度信号判断汽车行驶条件, 然后相应地给副节气门执行器以及 TRC 制动执行器传送控制信号。同时给发动机与自动变速器电子控制单元传送信号, 使之得到 TRC 系统的运转信息。若 TRC 系统出现故障, 该装置就打开 TRC 警告灯提醒驾驶员。当记录故障码后, 它通过代码来显示各种故障
前后车速传感器	检测车轮转速, 然后将轮速信号传送给 ABS/TRC 电子控制单元
空挡起动开关	向 ABS/TRC 电子控制单元输入变速杆位置信号(P 位、N 位)
制动液面指示灯	检测制动总泵储液罐中的制动液液面高度, 并将所得信号传送给 ABS/TRC 电子控制单元
制动灯开关	检测制动信号(制动踏板是否踩下), 并将信号传送给 ABS/TRC 电子控制单元
TRC 切断开关	允许驾驶员让 TRC 系统处在不工作状态
发动机与自动变速器控制单元	接收主副节气门信号, 并将信号传送给 ABS/TRC 电子控制单元
主节气门开度传感器	检测主节气门开度信号, 并将信号传送给发动机与自动变速器电子控制单元
副节气门开度传感器	检测副节气门开度信号, 并将信号传送给发动机与自动变速器电子控制单元
TRC 制动执行器	根据从 ABS/TRC 电子控制单元传来信号, 为 ABS 执行器提供液压
ABS 执行器	根据从 ABS/TRC 电子控制单元传来的信号, 分别控制左右后轮制动分泵中的制动液压
副节气门执行器	根据从 ABS/TRC 电子控制单元传来的信号, 控制副节气门的开启角
TRC 警告灯	通知驾驶员 TRC 系统正常工作, 若 TRC 系统出现故障, 则闪亮警告驾驶员
TRC 关闭指示灯	通知驾驶员由于 ABS 系统或发动机控制系统出现故障, TRC 不工作或 TRC 切断开关已断开
TRC 制动主继电器	给 TRC 制动执行器及 TRC 泵电动机继电器提供电流
TRC 泵电动机继电器	给 TRC 泵电动机提供电流
TRC 节气门继电器	通过 ABS/TRC 电子控制单元给副节气门执行器提供电流

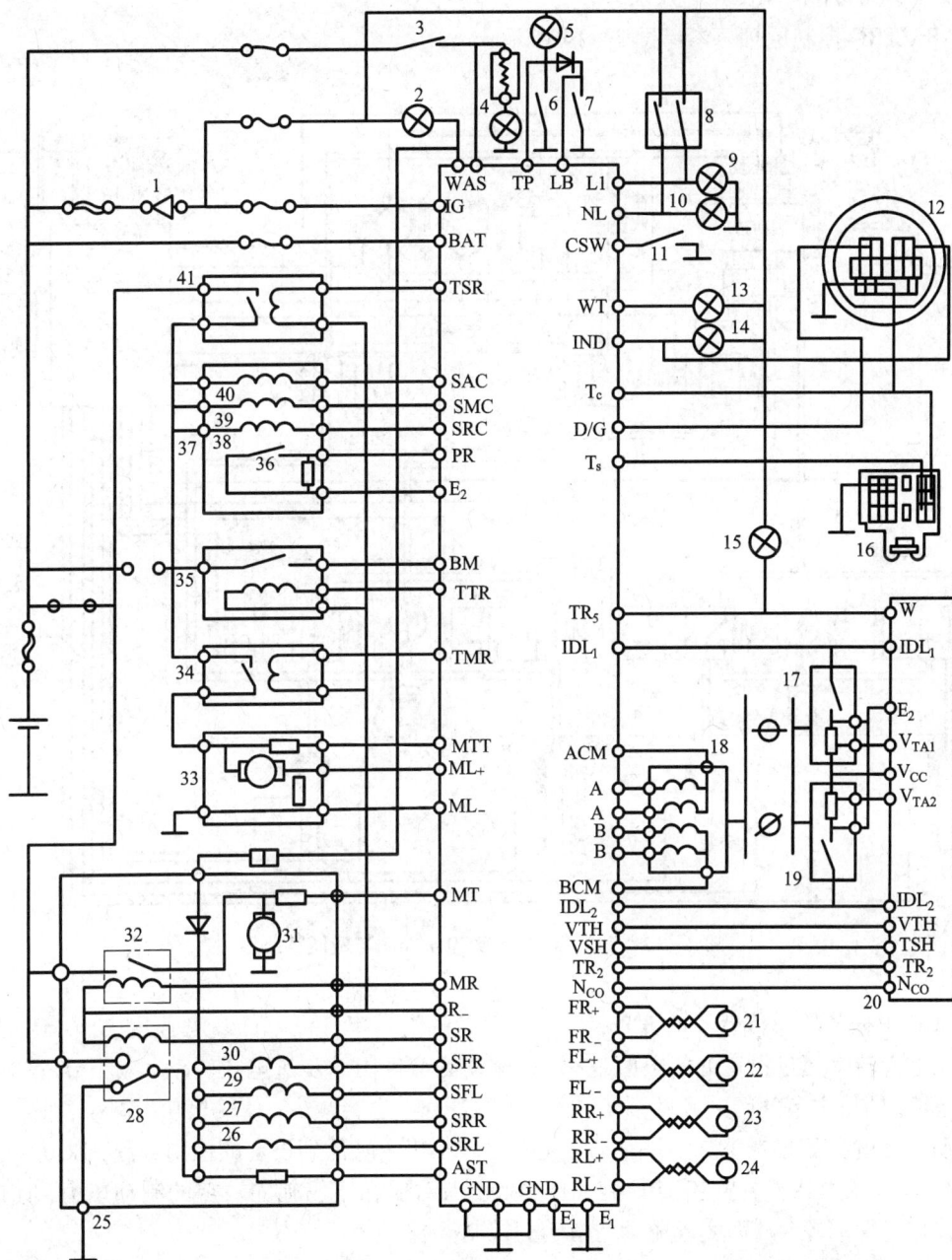

图 3-13 LS400 轿车 ABS/TRC 控制电路

1—点火开关；2—ABS 警告灯；3—制动灯开关；4—制动灯；5—制动警告灯；6—驻车制动开关；7—储液室液位开关；8—空挡起动开关；9—P 位指示灯；10—N 位指示灯；11—TRC 关闭开关；12—诊断插头Ⅰ；13—TRC 关闭指示灯；14—TRC 工作指示灯；15—发动机警告灯；16—诊断插头Ⅱ；17—主节气门开度传感器；18—副节气门控制电动机；19—副节气门开度传感器；20—发动机和变速器电子控制单元；21—右前轮车速传感器；22—左前轮车速传感器；23—右后轮车速传感器；24—左后轮车速传感器；25—制动压力调节装置；26—左后调压电磁阀；27—右后调压电磁阀；28—调压电磁阀继电器；29—左前调压电磁阀；30—右前调压电磁阀；31—电动回液泵；32—电动回液泵继电器；33—TRC 电动供液泵；34—TRC 电动供液泵继电器；35—副节气门控制步进电动机继电器；36—压力开关；37—TRC 隔离电磁阀总成；38—储液室隔离电磁阀；39—制动主缸隔离电磁阀；40—储能器隔离电磁阀；41—TRC 制动主继电器

6. LS400 ABS/TRC 控制原理

ABS/TRC 控制原理可参考图 3-14 所示。

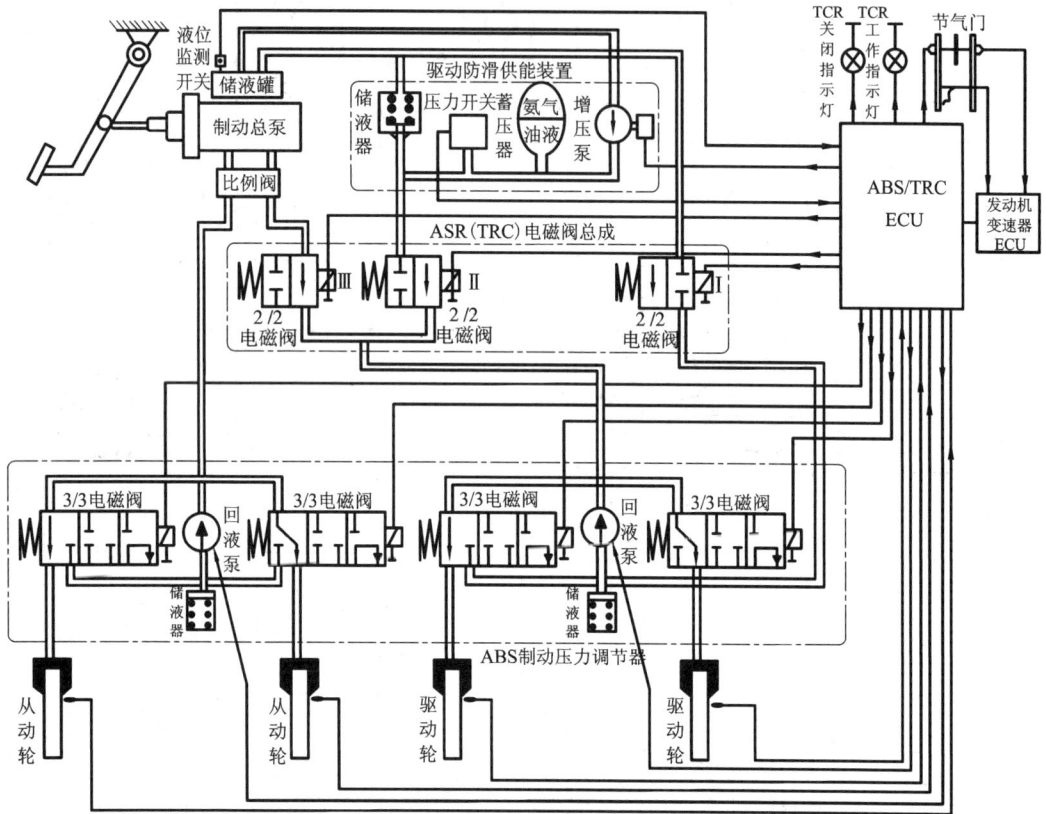

图 3-14 ABS/TRC 系统电子控制与液压管路图

ECU 根据各轮速传感器的信号,确定驱动轮的滑转率和汽车的参考速度。当 ECU 判定驱动轮的滑转率超过设定的门限值时,就使驱动副节气门的步进电机转动,减小节气门的开度,此时,即使主节气门的开度不变,发动机的进气量也会减少,使输出功率减小,驱动轮上的驱动力矩就会随之减小。如果驱动车轮的滑转率仍未降低到设定的控制范围,ECU 又会控制 TRC 制动压力调节装置和 TRC 制动压力装置,对驱动车轮施加一定的制动压力,使制动力矩作用于驱动轮,从而实现驱动防滑转的控制。

(1)正常制动过程(TRC 不起作用)。正常制动时,TRC 制动执行器的所有电磁阀都断开。在这种情况下,踩下制动踏板时,制动总泵产生的制动液压通过制动总泵切断电磁阀以及 ABS 执行器中的三位电磁阀,对车轮制动分泵起作用。当放松制动踏板时,制动液从车轮制动分泵中流回制动总泵。以下过程可以用表 3-4 加以说明。

表3-4 正常制动时电磁阀工作状态

部件名称	电磁阀	阀门状态
制动总泵切断电磁阀	断开	开
蓄压器切断电磁阀	断开	关
储油罐切断电磁阀	断开	关

(2)汽车加速过程(TRC起作用)。在汽车起步、加速及行驶过程中,ECU根据轮速传感器输入的信号,判定驱动轮的滑移率超过设定值时,就进入防滑转控制过程。

首先ECU控制副节气门的步进电机转动使副节气门开度减小,减小进入发动机的进气量,使发动机输出转矩减小,同时使TRC警告灯闪烁;当ECU判定需要对驱动轮进行制动介入时,将TRC隔离电磁阀总成中的三个隔离电磁阀通电,使制动总泵隔离电磁阀处于关断状态,蓄能器和储液器隔离电磁阀处于通流状态,以下过程可以用表3-5加以说明。

这样,蓄能器中被加压的制动液会通过蓄能器隔离电磁阀,需制动后轮的三位三通调压电磁阀,进入相应制动轮缸,产生制动作用。ECU通过独立地控制两个后轮制动轮缸的制动压力进行增大、保持和减小的循环调节,以将车轮的滑移率控制在设定值范围内。

注意此时的压力调节与ABS的压力调节过程不同,增压时进入制动液能器被加压后的制动液;减压时制动液不是流到储液器,而是经调压电磁阀、储液器隔离电磁阀流回到制动总泵的储液室,此时ABS电动回油泵并不工作。

表3-5 汽车加速过程时电磁阀工作状态

部件名称	电磁阀	阀门状态
制动总泵切断电磁阀	接通	关
蓄压器切断电磁阀	接通	开
储油罐切断电磁阀	接通	开

左右后轮制动器中的液压被分别控制为三种状态:压力升高、压力保持和压力降低。

(1)压力升高。当踩下加速踏板而后轮开始滑转时,TRC执行器中所有电磁阀都在从电子控制单元传来的信号控制下全部接通。同时,ABS执行器的三位电磁阀的开关也被置于"压力升高"状态。在这种情况下,制动总泵切断电磁阀被接通(关状态),蓄能器切断电磁阀也被接通(开状态)。这就使得蓄能器中被加压的制动液通过蓄能器切断电磁阀和ABS执行器的三位电磁阀,对车轮制动分泵产生作用。当压力开关检测到蓄能器中压力下降(不管TRC运转与否)时,ECU就控制并打开TRC泵来升高压力,如图3-15所示。

(2)压力保持。当后轮制动分泵中的液压升高或降低到规定值时,系统就将进入"压力保持"状态,整个系统保持压力,三个电磁阀均通电,但ABS调节器内的三段电磁阀通以2.5 A小电流,上下端均关闭,使分泵油压保持固定,如图3-16所示。

(3)压力降低。当后轮减速至不打滑时,分泵油压必须降低,ABS/TRC控制单元就将ABS执行器的三位电磁阀开关置于"压力降低"状态。此时,三个电磁阀均通电,但ABS

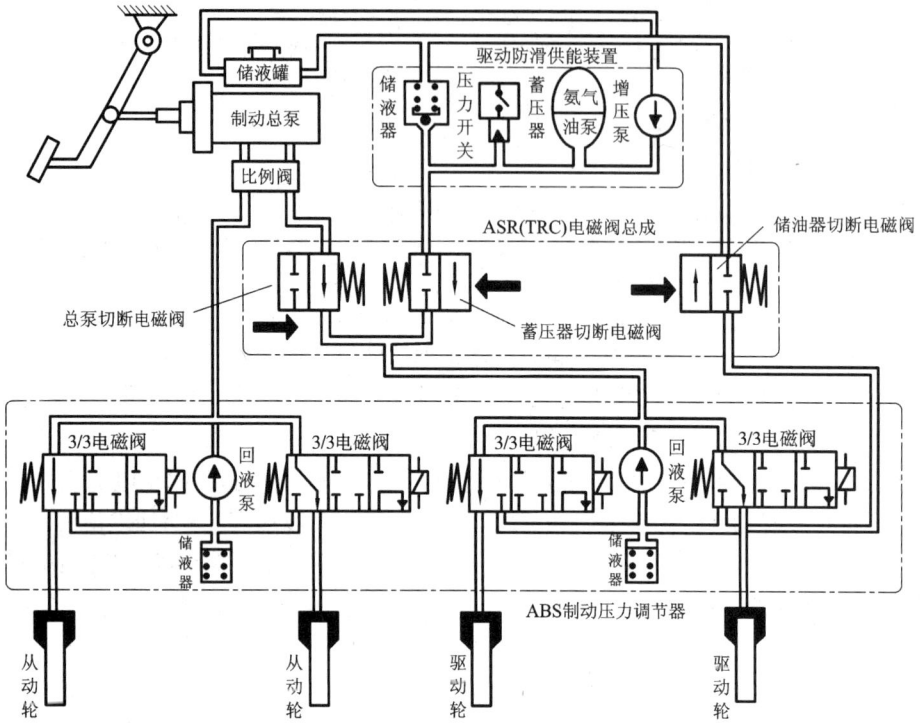

图 3-15 压力升高时 TRC 制动执行器的工作情况

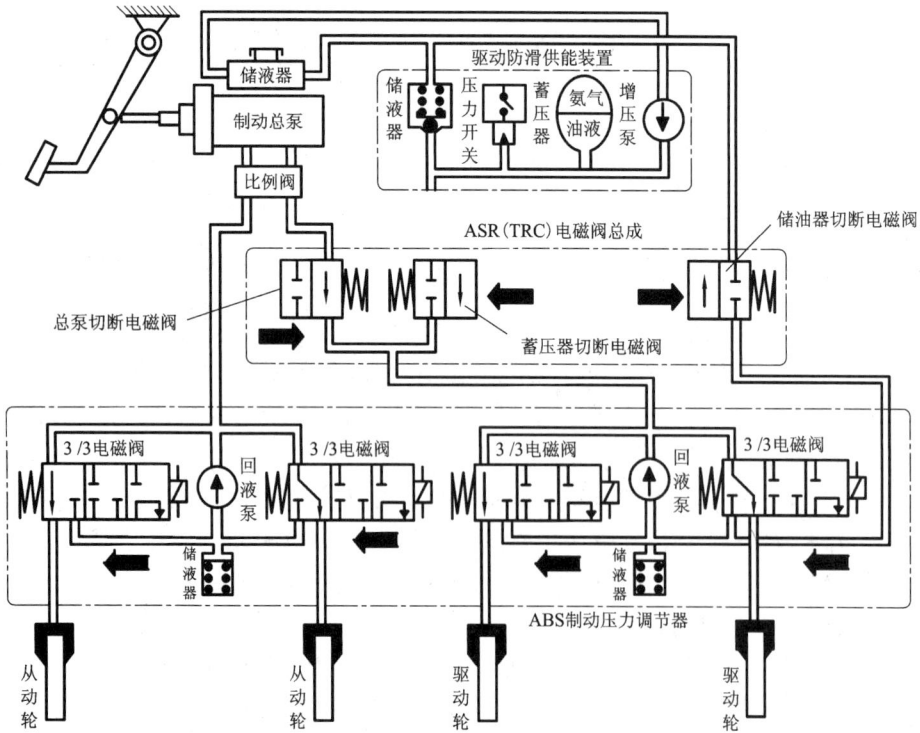

图 3-16 压力保持时 TRC 制动执行器的工作情况

电磁阀送入 5A 的大电流，使阀门下端开启，制动液流回总泵储油室，使分泵压力降低，如图 3-17 所示。

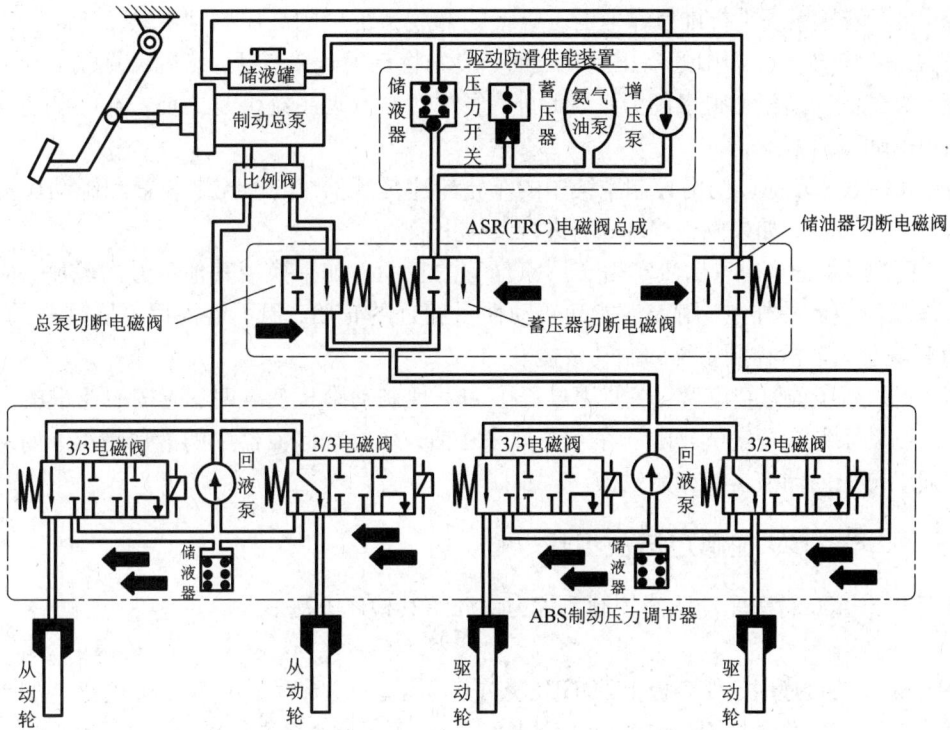

图 3-17 压力降低时 TRC 制动执行器的工作情况

【工作过程】

一、准备工作

(1)防护装备：工作服、工作帽、手套、劳保鞋。

(2)车辆、台架、总成：装备驱动防滑/牵引力控制系统的车辆(轿车 LS400)或台架。

(3)车间设备：举升机、工具车。

(4)检测设备：KT600 诊断仪或原厂诊断仪。

(5)手工工具：拆装工具一套。

(6)辅助材料：翼子板布和前格栅布、三件套、抹布、手套、白板笔等。

二、检修要求及注意事项

(1)拆装系统中的电器元件和线束插头时，应将点火开关断开，否则将损坏电子控制装置；不可向电子控制装置提供过高的电压，否则容易损坏电子控制装置；不要让电子控制装置，特别是其端子受到油污等污染，以免线束插头接触不良，影响系统的正常工作；不要用砂纸打磨系统中各插头的端子，否则也易造成接触不良。

（2）不要使车轮转速传感器和传感器齿圈沾上油污或其他脏物，否则车轮轮速传感器产生的轮速信号可能不够准确，此外，不可敲击轮速传感器，以免传感器发生消磁现象，影响系统的正常工作。

（3）在对液压系统进行维修作业时，应首先释放系统里的高压制动液，以免高压制动液喷出伤人。在释放蓄压器中的高压制动液时，应先将点火开关断开，然后反复踩下和放松制动踏板，直到制动踏板变得很硬为止。此外，要注意在制动系统装复之前，不可接通点火开关，以免电动泵通电运转。

（4）大多数汽车驱动防滑控制系统中的车轮轮速传感器、电子控制装置和制动压力调节装置是不可修复的，如果发生损坏，应进行整体更换。

（5）更换轮胎时，应选用汽车生产厂家推荐的轮胎。如果换用其他型号的轮胎，应该选用与原车所有轮胎的外径、附着性能和转动惯量相近的轮胎，但不能混用不同规格的轮胎，否则将影响驱动防滑控制系统的制动效能。

（6）制动系统维修结束后，在使用过程中如发现制动踏板变软时，应按照要求的方法和顺序，对制动系统进行空气排除。在空气排除之前，须检查储液器中的液位情况，如果发现液位过低，应先向储液器补充制动液。

三、ASR/TRC 检修方法及步骤

下面以 LS400 轿车驱动防滑控制系统为例介绍其检修方法。

1. 系统的自检

当点火开关接通时，仪表板上的 TRC 警告灯会亮起，3 s 后 TRC 警告灯熄灭。如果点火开关接通时，TRC 警告灯不亮或 3 s 后不熄灭，应为不正常，需进行检查。

2. 故障自诊断

ASR 系统故障码的读取与清除方法与 ABS 系统故障码的读取基本相同，可参照 ABS 系统故障码读取与清除步骤进行操作。

TRC 故障码的内容及检测部件如表 3 - 6 所示。

表 3 - 6　TRC 故障码

故障码	故障原因	检测部位
11	TRC 制动主继电器电路断路	主继电器触点不能闭合或接触不良；主继电器与电子控制单元间、主继电器与制动压力调节器间、主继电器与蓄电池的线路或接线端子接触不良或松脱；电子控制单元有故障
12	TRC 制动主继电器短路	主继电器触点不能打开或线圈与电源短路；主继电器与制动压力调节器或接线端子与电源有短路；电子控制单元有故障
13	TRC 节气门继电器电路断路	节气门继电器触点不能闭合或接触不良；节气门继电器与电子控制单元间、主继电器与制动压力调节器间、节气门继电器与蓄电池的线路或接线端子接触不良或松脱；电子控制单元有故障

故障码	故障原因	检测部位
14	TRC 节气门继电器电路短路	节气门继电器触点不能打开或线圈与电源短路；节气门继电器与控制线路或接线端子与电源有短路；电子控制单元有故障
15	因漏油 TRC 电动机工作时间过长	压力开关或压力传感器故障；制动压力调节器与电子控制单元间线路或接线端子故障；电子控制单元故障
16	压力开关或压力传感器短路	
17	压力开关（传感器）一直关断	
19	TRC 电动机开关动作过于频繁	
21	主缸关断电磁阀电路断路或短路	制动压力调节器故障；调节器与电子控制单元间的线路或接线端子故障；调节器与主继电器间的线路或接线端子故障；电子控制单元故障
22	蓄压器关断电磁阀电路断路或短路	
23	储液室关断电磁阀断路或短路	制动压力调节器故障；调节器与电子控制单元间的线路或接线端子故障；调节器与主继电器或接线端子故障；电子控制单元故障
24	副节气门执行器电路断路或短路	副节气门驱动器故障；节气门卡住；副节气门传感器故障；电子控制单元故障
25	步进电动机达不到电子控制单元预定的位置	
26	电子控制单元指令副节气门全开，但是副节气门不动	
27	步进电动机断路时，副节气门仍未达到全开的位置	
44	TRC 工作时，滑转信号未送入电子控制单元	发动机控制单元故障；电子控制单元与发动机电子控制单元线路或接线端子故障；电子控制单元故障
45	当急速开关断开时，主节气门位置传感器信号≤1.5 V	主节气门位置传感器故障；电子控制单元与发动机电子控制单元间的线路或接线端子故障；电子控制单元故障
46	当急速开关接通时，主节气门位置传感器信号≥4.3 V 或≤0.2 V	
47	当急速开关断开时，副节气门位置传感器信号≤1.45 V	副节气门位置传感器故障；电子控制单元与发动机电子控制单元间的线路或接线端子故障；电子控制单元故障
48	当急速开关接通时，副节气门位置传感器信号≥4.3 V 或≤0.2 V	
49	与发动机电子控制单元信息交换电路断路或短路	电子控制单元与发动机电子控制单元间的线路或接线端子故障；电子控制单元或发动机电子控制单元故障

续表 3 – 6

故障码	故障原因	检测部位
51	发动机控制系统有故障	
52	制动液面过低报警开关接通	制动液泄漏；制动液面过低报警开关故障；制动液面过低报警开关与电子控制单元间线路接线端子故障；电子控制单元故障
54	TRC 电动机继电器断路	电动液压泵继电器故障；电动液压泵及继电器与电子控制单元间或接线端子故障；电子控制单元故障
55	TRC 电动机继电器短路	
56	TRC 电动液压泵不能转动	电动液压泵电动机故障；液压泵电动机与搭铁间、与电子控制单元间线路或接线端子故障；电子控制单元故障
57	TRC 灯常亮	电子控制单元故障

3. 线路的检测

如果自诊断系统给出故障来源，则只进行相应线路检测；如果自诊断系统没给出故障来源，则需要进行全部线路检测。在进行线路检测时，应保证熔断器完好，并关闭所有用电设备。

LS400 驱动防滑控制系统线路如图 3 – 13 所示。

（1）拔下电子控制单元（ECU）线束插头，使用专用适配器将 RCU 线束插头与 ECU 插座（图 3 – 18）连接在一起。电子控制单元连接器的端子如表 3 – 7 所示。

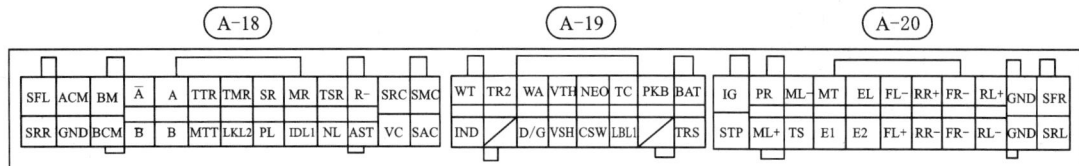

图 3 – 18　LS400 轿车 ABS/TRC 电脑插接器

表 3 – 7　ASR 电子控制单元端子

端子编号	符号	端子名称	端子编号	符号	端子名称
A18 – 1	SMC	主缸切断电磁阀	7	TR2	发动机通信
2	SRC	储液器切断电磁阀	8	WT	TRC OFF 指示器
3	R –	继电器搭铁线	9	TR$_2$	发动机检查警告灯
4	TSR	TRC 线圈继电器	10		
5	MR	ABS 电动机继电器	11	LBL$_1$	制动油位警告灯
6	SR	ABS 电磁继电器	12	CSW	TRC 关断开关
7	TMR	TRC 电动机继电器	13	VSH	副节气门位置传感器

续表 3 - 7

端子编号	符号	端子名称	端子编号	符号	端子名称
8	TTR	TRC 节气门继电器	14	D/C	诊断
9	A	步进电动机	15		
10	A	步进电动机	16	IND	TRC 指示灯
11	BM	步进电动机	A20 - 1	SFR	前右线圈
12	ACM	步进电动机	2	GND	搭铁
13	SFL	前左线圈	3	RL +	后左车轮轮速传感器
14	SVC	ACC 关断线圈	4	FR -	前右车轮轮速传感器
15	V_C	ACC 压力开关(传感器)	5	RR +	后右车轮轮速传感器
16	AST	ABS 电磁继电器监控器	6	FL -	前左车轮轮速传感器
17	NL	空挡开关	7	E1	搭铁
18	IDL_1	主节气门怠速开关	8	MT	ABS 电动机继电器
19	PL	空挡开关	9	ML -	TRC 电动机继电器
20	IDL_2	副节气门怠速开关	10	PR	ACC 压力开关(传感器)
21	MTT	TRC 泵电动机继电器监控器	11	IG	电源
22	B	步进电动机	12	SRL	后左线圈
23	B	步进电动机	13	GND	搭铁
24	BCM	步进电动机	14	RL -	后左车轮轮速传感器
25	GND	搭铁	15	FR +	前右车轮轮速传感器
26	SRR	后右线圈	16	RR -	后右车轮轮速传感器
A19 - 1	BAT	备用电源	17	FL +	前左车轮轮速传感器
2	PKB	驻车制动器开关	18	E_2	搭铁
3	T_C	诊断	19	E_1	搭铁
4	Neo	Ne 信号	20	T_s	传感器检查用
5	VTH	主节气门位置传感器	21	ML +	TRC 电动机闭锁传感器
6	WA	ABS 警告灯	22	STP	停车灯开关

(2)根据各端子的功能,用万用表对各端口进行测量,测量项目和方法如表 3 - 8 所示。当测得的数值稍微偏离额定值时,应清洁插头和插座端子,再重新测试。更换相应部件前,再次检查导线及联接,尤其是额定值小于 10 Ω 的部件应进行此项检查。如果测得的数值仍偏离额定值,应按电气检测表故障排除提示再进行检测。如果测得的数值达到额定值,还应附带检查线路的电源或搭铁是否正常。

表 3 - 8　ASR 线路检测项目表

测量端子	测试内容	万用表挡位	测试条件	规定值
RAT 与 E_1	供电线路	直流 20 V		10 ~ 14 V
IG 与 E_1	供电线路	直流 20 V	点火开关关闭 点火开关打开	10 ~ 14 V 0 V
TSR 与 R -	ASR 主继电器线路	200 Ω	点火开关关闭	80 ~ 100 Ω
TTR 与 R -	ASR 节气门继电器线路	200 Ω		80 ~ 100 Ω
BM 与 E_1	ASR 节气门继电器线路	直流 20 V	点火开关关闭 点火开关打开	10 ~ 14 V 0 V
TMR 与 R -	ASR 泵继电器线路	200 Ω		80 ~ 100 Ω
MTT 与 ML +	ASR 电动泵线路	200 Ω		导通
ML + 与 ML -	ASR 电动泵线路	200 Ω		导通
SAC, SMC, SRC 与 E_1	ASR 制动压力电磁阀线路	直流 20 V	点火开关关闭	10 ~ 14 V
PR 与 E_2	制动压力电磁阀线路	直流 20 V	点火开关关闭	5 V
FR + 与 FR -	右前轮速传感器线路	20 kΩ		1.0 ~ 1.3 kΩ
FL + 与 FL -	左前轮速传感器线路	20 kΩ		1.0 ~ 1.3 kΩ
RR + 与 RR -	右后轮速传感器线路	20 kΩ		1.0 ~ 1.3 kΩ
RL + 与 RL -	左后轮速传感器线路	20 kΩ		1.0 ~ 1.3 kΩ
A 与 A -	副节气门驱动线路	200 Ω		导通
B 与 B -	副节气门驱动线路	200 Ω		导通
GSW 与 E_1	ASR 切断开关线路	直流 20 V	点火开关关闭 拔下 ASR 切断开关 断开 ASR 切断开关	0 V 5 V
PL, NL 上的电压	空挡起动开关线路	直流 20 V	点火开关关闭 当点火开关打开、变速器操纵杆在 P 或 N 位	0 V 10 ~ 14 V
STP 端子的电压	制动开关线路	直流 20 V	制动灯开关闭合 制动灯开关断开	10 ~ 14 V 0 V
IDL_2, IDL_1 和 E_1	节气门传感器线路	直流 20 V	点火开关打开 节气门关闭 节气门开启	0 V 5 V
VTH, VSH 和 E_1	发动机 ECU 与 ASR ECU 之间线路	直流 20 V	点火开关打开 节气门关闭 节气门开启	0.6 V 3.7 V
TR_2 与 E_1	发动机 ECU 与 ASR ECU 之间线路	直流 20 V	点火开关打开	5 V
NEo 与 E_1	发动机 ECU 与 ASR ECU 之间线路	直流 20 V	点火开关打开 发动机怠速	5 V 2.5 V
WT 与 E_1	ASR 关闭指示灯线路	直流 20 V	点火开关打开时 ASR 关闭开关闭合 ASR 关闭开关断开	0 V 10 ~ 14 V
T_c, T_s, D/G 与 E_1	TDCL 的诊断插座线路	直流 20 V	点火开关打开	10 ~ 14 V

4. 元件检测

在线路测量中,如果发现故障,则先检查该线路的联接情况,如果线路联接没有问题,则检测与该线路联接的相关元件。

1)输入元件

(1)车轮轮速传感器检测。车轮轮速传感器与 ABS 共用,其检查方法与 ABS 系统车轮轮速传感器检查方法相同。

(2)节气门位置传感器检测。测量 V_c,VTA,IDL_2 与E_2 端子之间的电压与导通情况,检测结果应与表 3-9 相同,如果检测结果不正常,应更换节气门位置传感器。

表 3-9　节气门传感器的检测

检测项目 ＼ 节气门开度	节气门全闭	节气门全开	节气门转动
V_c 与 E_2	5 V	5 V,导通	5 V,导通
VTA 与 E_2	0.6 V	5 V	0.2~5 V 之间变化,导通
IDL_2 与 E_2	0 V,导通	5 V,不导通	由 0 V 变为 5 V,由导通变为不导通

(3)压力开关电路检查。起动发动机并维持怠速运转 30 s 以上,使 TRC 制动压力调节器内的压力升高。然后将发动机熄火,点火开关打开(ON 位置),测量电脑 PR—E_2 端子之间的电压应为 5 V,电阻为 1.5 kΩ;放出 TRC 制动压力调节器内外的制动液,使其内部压力降低,再测量 PR—E_2 端子之间的电压应为 0 V,电阻为 0 Ω。若上述检查结果不正常,更换压力开关。

2)电控单元检测

ASR 电子控制单元(ECU)常见的故障有线束插接器松动、插口损坏,操作不当造成 ECU 的内部损坏等,其具体检查方法如下。

(1)ASR 电子控制单元(ECU)外部线束检查。先检查 ASR 电子控制单元(ECU)线束插接器有无松动,插口有无损坏,如果线束松动,则进行紧固,如果插口损坏,则更换 ECU。

(2)ASR 电子控制单元(ECU)自身的检查。如果 ECU 内部损坏,多数可通过其自诊断功能读取到相应的故障码,如果对故障码进行确认后,则更换控制单元;如果没有提示相应的故障码,在检查传感器、继电器、电磁阀及其线路均无故障,怀疑 ASR 的 ECU 可能有故障时,可以用新的 ECU 代替,如果故障现象消失,则说明 ECU 损坏。

3)执行器检测

(1)主继电器电路检查。如图 3-19 所示,测量继电器连接器各端子之间的导通情况是否为:1—2 端子之间不导通(电阻∞),3—4 端子之间导通(电阻很小)。给继电器 3—4 端子间施加蓄电池电压,此时继电器 1—2 之间应导通,若上述检查结果不正常,应更换继电器。

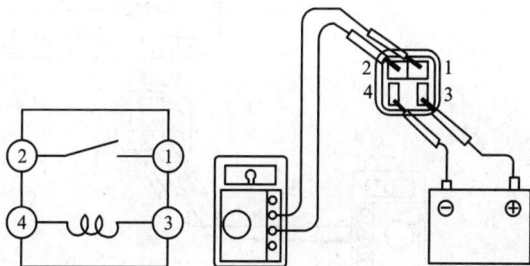

图 3-19　检查继电器

（2）电磁阀检查。电磁阀的检查方法与 ABS 电磁阀检查方法相同，可参照 ABS 电磁阀的检查方法对其检查。

（3）检查 ASR 电动液压泵。电动液压泵的线路如图 3 - 20 所示。拆下 TRC 液压泵电动机连接器，给液压泵电动机接上蓄电池电压（ + 接 3 号端子， - 接 1 号端子），是否能听到 TRC 液压泵电动机运转的声音。若接上蓄电池电压后，TRC 液压泵电动机不工作，应更换 TRC 液压泵及电动机总成。若液压泵电机工作，检查 2—3 端子与 4—5 端子之间导通情况，如果不导通，应更换 TRC 液压泵及电动机总成。

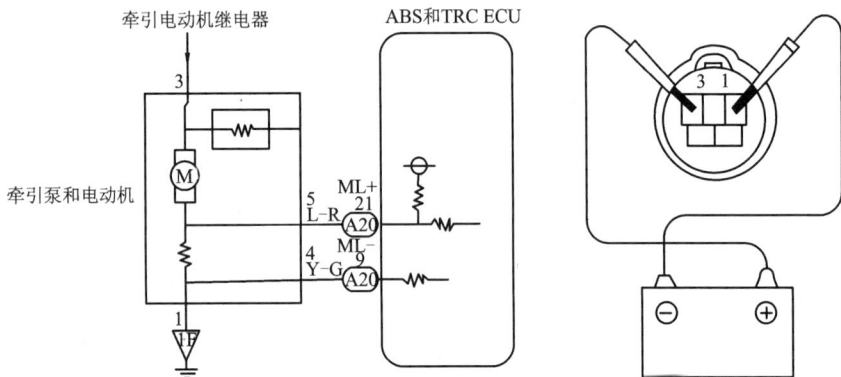

图 3 - 20　电动液压泵线路图

（4）副节气门驱动器装置检测。副节气门驱动器装置各端子连接情况如图 3 - 21 所示。

拆开 TRC 辅助节气门驱动器连接器，检查连接器各端子之间的导通情况，正常情况为 1—2—3 端子之间应导通，4—5—6 端子之间应导通。若检查结果不正常，应更换 TRC 副节气门驱动装置。

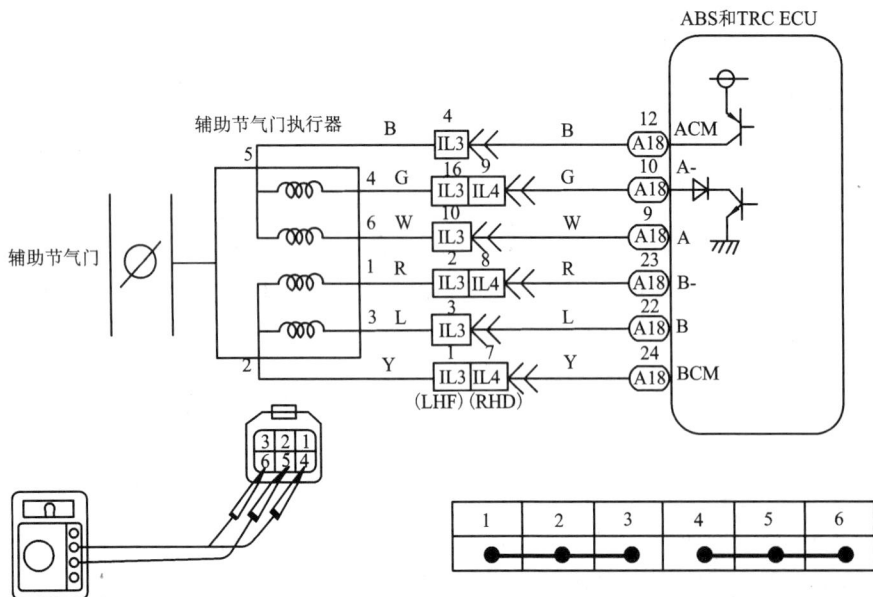

图 3 - 21　检查副节气门驱动装置

★ **任务工单**

工作单

	任务名称:
	日期:
	组长:
	成员:

车辆描述:

车型＿＿＿＿＿＿＿   发动机型号＿＿＿＿＿＿＿   车辆识别码＿＿＿＿＿＿＿

1. 故障现象描述

＿＿＿＿＿＿＿＿＿＿＿＿＿＿＿＿＿＿＿＿＿＿＿＿＿＿＿＿＿＿＿＿＿＿＿＿＿＿＿

＿＿＿＿＿＿＿＿＿＿＿＿＿＿＿＿＿＿＿＿＿＿＿＿＿＿＿＿＿＿＿＿＿＿＿＿＿＿＿

2. 选用的工具与材料

＿＿＿＿＿＿＿＿＿＿＿＿＿＿＿＿＿＿＿＿＿＿＿＿＿＿＿＿＿＿＿＿＿＿＿＿＿＿＿

3. 描述 ASR/TRC 系统的组成及功用

＿＿＿＿＿＿＿＿＿＿＿＿＿＿＿＿＿＿＿＿＿＿＿＿＿＿＿＿＿＿＿＿＿＿＿＿＿＿＿

＿＿＿＿＿＿＿＿＿＿＿＿＿＿＿＿＿＿＿＿＿＿＿＿＿＿＿＿＿＿＿＿＿＿＿＿＿＿＿

4. 初步检查的结果

故障灯情况:

车辆状态(打开点火开关)	起动前	起动后	熄火后
ASR 报警灯			
制动报警灯			

5. 目测检查情况记录

项目	检查结果
制动液液面情况	
制动液是否渗漏	
制动器零件检查	
线路、熔断器是否断路	
轮速传感器、齿圈是否松脱	
轮胎的胎压、尺寸情况	
驻车制动是否正常	

6. 故障码诊断

步骤	注意事项
连接诊断仪	
读取故障码	故障码：
读取数据流	主要故障数据：
预测故障范围	
故障排除	
清除故障码	

7. 元件检测

(1) 轮速传感器检测(以丰田 LS400 轿车的轮速传感器为例)

项目	检测结果
传感器供电电源	
传感器信号电压	
传感器信号波形	

(2) 节气门位置传感器检测

检测项目＼节气门开度	节气门全闭	节气门全开	节气门转动
V_C 与 E_2			
VTA 与 E_2			
IDL_2 与 E_2			

(3) ASR 电子控制单元(ECU)的检查

项目	检测结果
外部线束检查	
自身的检查	

8. 根据检测结果分析出现该故障原因并提出解决方法

故障分析：_____

_____

修理建议：_____

_____

9. 思考提高

网上查询一下其他车型驱动防滑系统常见的故障及解决方法,向同学介绍一下。

_____

_____

★ 拓展知识

电子差速锁(EDS)

电子差速锁(Electronic Differential System, EDS; Electronic Differential Locking Traction Control)。它是 ABS 的一种扩展功能,通过 ABS 系统的传感器自动探测到两驱动轮的转动速度,用于鉴别汽车的轮子是不是失去着地摩擦力,从而对汽车的加速打滑进行控制。

汽车加速过程中,当电子控制单元根据轮速信号判断出某一侧驱动轮打滑时,EDS 就自动开始工作,当由于车轮打滑而产生两侧车轮的转速不同时,EDS 系统将对打滑一侧的车轮进行制动,通过液压控制单元对该车轮进行适当强度的制动,从而提高另一侧驱动轮的附着利用率,提高车辆的通过能力。当车辆的行驶状况恢复正常后,电子差速锁即停止工作。

EDS 的工作原理比较容易理解。因为差速器允许传动轴两侧的车轮以不同的转速转动,并倾向于将动力分配到阻力更小的一侧,如果传动轴某一侧的车轮打滑或者悬空时,由于阻力很小,它将从差速器吸收到几乎全部动力,形成车轮一侧空转另一侧静止的局面,造成功率损失。当 EDS 电子差速锁通过 ABS 系统的传感器,自动探测到由于车轮打滑或悬空而产生的两侧车轮转速不同的现象时,就会通过 ABS 系统对打滑车轮进行制动,这样差速器会将驱动力传递给非打滑侧的车轮,从而避免牵引力的损失。当车辆的行驶状况恢复正常后,电子差速锁即停止作用。

一般情况下 EDS 电子差速锁有速度限制,只能在车速低于 40 km/h 启动,例如当时速低于 40 km 通过湿滑路面时,EDS 也可锁死打滑车轮,提高行车安全。

同普通车辆相比,带有 EDS 的车辆可以更好地利用地面附着力,从而提高车辆的运行性,尤其在倾斜的路面上,EDS 的作用更加明显。但它有速度限制,只有在车速低于 40 km/h 时才会启动,主要是防止起步和低速时打滑。

📝 项目评价

课程名称		学习项目		
学生姓名		学习小组		
评价内容＼评价等级	优	良	中	差
相关知识的掌握				
任务实施				
工作单的完成				
6S 管理				
纪律				
团队合作				
教师综合评价				

教师评语:

年　　月　　日

项目四 汽车电子稳定系统(ESP)的检修

汽车电子稳定控制系统是车辆新型的主动安全系统,是汽车防抱死制动系统(ABS)和牵引力控制系统(TCS)功能的进一步扩展,并在此基础上,增加了车辆转向行驶时横摆率传感器、测向加速度传感器和方向盘转角传感器,通过ECU控制前后、左右车轮的驱动力和制动力,确保车辆行驶的侧向稳定性。本项目设置了一个学习任务,主要内容包括:汽车电子稳定系统的结构、工作原理、部件以及系统检修。

任务4-1 汽车电子稳定系统(ESP)的检修

★ 情境导入

奔驰4S店维修师傅接到陈先生的一辆奔驰S350轿车,它仪表盘上的ESP警告灯点亮了,根据这一提示李师傅对汽车ESP的程序进行检测。启动汽车,接通电脑,读取故障代码,查明了是左前轮速度传感器出现了不正常的工作情况,查明具体故障位置后,李师傅进行人工故障排查。轮速传感器不能正常工作的原因有三:①传感器接头损坏或没接好;②传感器线路被腐蚀或断路;③传感器本身存在硬件老化或损坏问题。经过李师傅的精心检测,最终确认传感器线路断路。李师傅更换连接线后,重新启动轿车,消除原有的故障码,仪表板上的ESP故障警告灯熄灭,轿车的电子稳定系统恢复正常工作。

ESP系统实际是一种牵引力控制系统,与其他牵引力控制系统比较,ESP不但控制驱动轮,而且可控制从动轮。如后轮驱动汽车常出现的转向过多情况,此时后轮失控而甩尾,ESP便会刹慢外侧的前轮来稳定车子;在转向过少时,为了校正循迹方向,ESP则会刹慢内后轮,从而校正行驶方向。

ESP系统包含ABS(防抱死刹车系统)及ASR(防侧滑系统),是这两种系统功能上的延伸。因此,ESP称得上是当前汽车防滑装置的最高级形式。通过本节内容学习,掌握汽车稳定系统的组成结构与检测。

★ 学习目标

1. 能够对汽车电子稳定系统进行检测。
2. 能够对转向盘转角传感器等电子元件进行正确的拆装。
3. 能够参阅汽车维修手册,分析及制订电子稳定系统检修工作计划。
4. 能够使用解码器对电子稳定系统故障车辆进行故障诊断与排除。
5. 能够进行团队合作,工作过程符合6S管理要求。

6. 能够检查、评价、记录工作结果。

建议课时： 6 课时

【相关知识】

一、认识汽车电子稳定系统

电子稳定控制系统又称汽车电子稳定程序，它集成了电子制动防抱死系统(ABS)，电子制动力分配(EBD)和牵引力控制(TCS)的基本功能；能够在几毫秒的时间内，识别出汽车不稳定的行驶趋势，使车辆能够按照一个预定的路线转弯。比如，由于人为或环境的干扰，轿车可能进入不稳定的行驶状态；特别是驾驶员在转向时经常出现"过度转向"或"转向不足"的操作缺

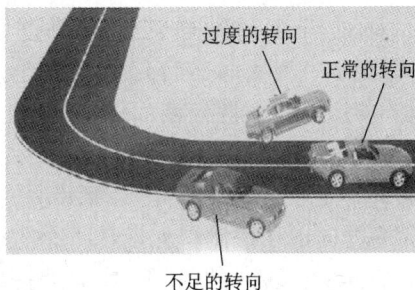

图4-1 车辆转向时三种状态

陷，如果得不到及时纠正，就会使车子偏离正确行驶路线，严重时就有翻转趋势等危险。ESP系统通过智能化的电子控制方案，让汽车传动或制动系统产生所期望的准确响应，从而及时、恰当地消除这些不稳定行驶趋势，使汽车保持在所期望的行驶路线上，如图4-1所示。

二、汽车电子稳定系统的组成

ESP是在原有电子制动防抱死制动系统(ABS)、电子制动力分配(EBD)和牵引力控制(TCS)的基础上发展起来的，奔驰轿车的制动系统具有上述所有功能。该电子制动系统由电子控制单元(ECU)、液压调节器总成、车轮速度传感器、方向盘转角传感器、横向偏摆率传感器、车轮速度传感器脉冲环以及ESP控制开关等部件组成，其中电子控制单元与液压调节器是一体的，其系统组成如图4-2所示。

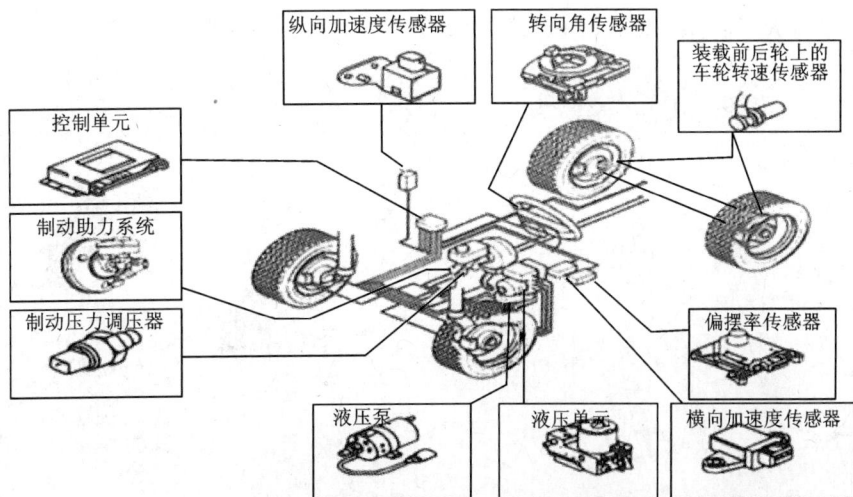

图4-2 ESP的组成与安装位置

三、汽车电子稳定系统的工作原理

ESP 通过传感器将驾驶员驾驶意图和车辆的实际行驶轨迹,如果计算出有偏差,ECU 将通知执行器(电子节气门或副节气门控制机构)减小开度,同时对某个轮毂进行制动,修正汽车行驶轨迹,控制过程如图 4－3 所示。当实际运行路线与理论运动路线相同时,ESP 解除控制。

1. 克服转向不足的操作

转向不足示意图如图 4－4 所示,方向盘转角传感器向电子控制单元发送一个驾驶员想要朝方向"A"转向的信号,横向偏摆率传感器检测到车辆开始打转"B",同时车辆前端开始向方向"C"滑移,说明车辆出现转向不足,电子稳定程序将实行主动制动干预。如图 4－5 所示,电子稳定程序利用 ABS －

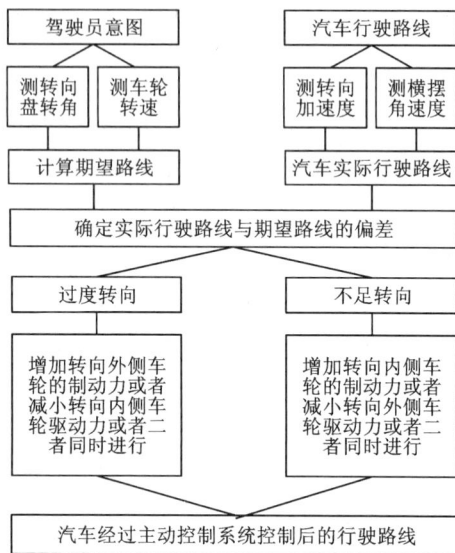

图 4－3　ESP 的工程过程示意图

TCS 系统中已有的主动制动控制功能,对左后轮进行制动干预,此刻,由于左后轮被制动,而车子的重心因惯性作用继续向前运动,于是车子就只好以左后轮为支点,绕着它旋转,这样一来,车子就朝方向"A"转向,即朝驾驶员想要的方向转向。转向不足的操作缺陷就被克服,它的控制油路如图 4－6 所示。当电子控制单元检测到车辆转向不足时,电子控制单元将向液压调节器发送信号,关闭前和后隔离阀,以使后轮制动回路与总泵隔离开来,防止制动液返回总泵;打开前和后启动阀,使制动液从制动总泵进入液压泵中;关闭右前和右后进口阀,以隔离右轮液压回路,从而使液压调节器只向左轮提供制动液压力;运行液压调节器泵,将合适的制动液压力施加到左轮制动轮缸上,以使车辆朝驾驶员想要的方向转向。如果在 ESP 模式下进行人工制动,则退出 ESP 制动干预模式并允许常规制动。

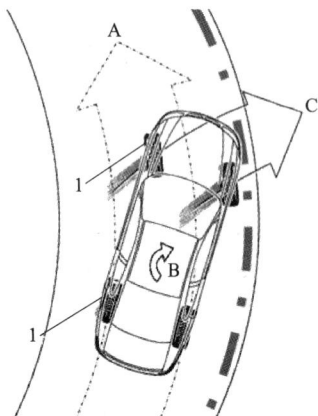

图 4－4　转向不足示意图

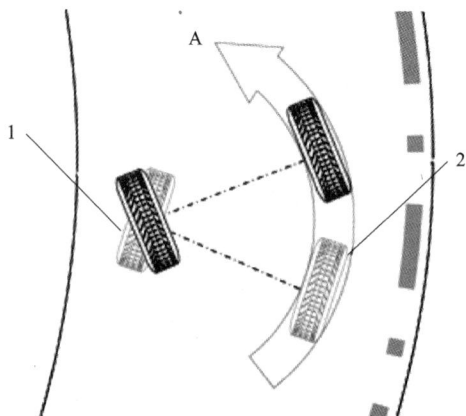

图 4－5　克服转向不足控制示意图

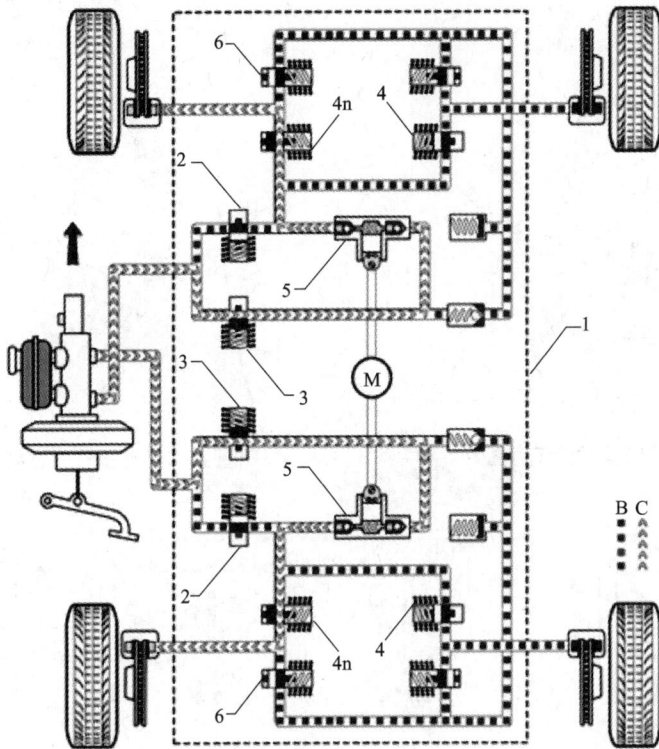

图 4 - 6 克服转向不足控制油路图

1—液压调节器总成；2—隔离阀；3—启动阀；4—右前和右后进口阀；4n—左前和左后进口阀；5—液压泵；

6—左前和左后出口阀；B—停止的制动液压力流(电磁阀闭合)；C—液压调节器泵产生的制动液压力流；M—泵电机

2. 克服转向过度的操作

转向过度示意图如图 4 - 7 所示，方向盘转角传感器向电子控制单元发送一个驾驶员想要朝方向"A"转向的信号，横向偏摆率传感器检测到车辆开始打转"B"，同时车辆后端开始向方向"C"滑移。说明车辆开始转向过度，电子稳定程序将实行主动制动干预。如图 4 - 8 所示，电子稳定程序利用 ABS - TCS 系统中已有的主动制动控制功能，对右后轮进行制动干预，此刻由于右后轮被制动，而车子的重心因惯性作用继续向前运动，于是车子就只好以右后轮为支点，绕着它旋转，这样一来，车子就朝方向"A"转向，即朝向驾驶员想要的方向转向。转向过度的操作缺陷就被克服，它的控制油路如图 4 - 9 所示，当电子控制单元检测到车辆转向过度时，向液压调节器发送一个信号，关闭前和后隔离阀，以将制动液回路与总泵隔离开来，防止制动液返回总泵；打开前和后启动阀，使制动液从制动总泵进入液压泵中；关闭左前和左后进口阀，以隔离左轮液压回路，从而使液压调节器只向右轮提供制动液压力；运行液压调节器泵，将合适的制动液压力"C"施加到右轮制动轮缸上，以使车辆朝驾驶员想要的方向转向，如图 4 - 10 所示。

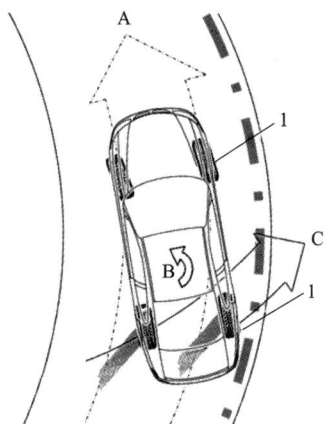

图 4 - 7　转向过度示意图

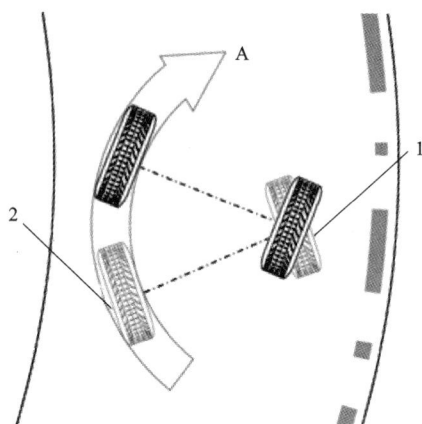

图 4 - 8　克服转向过度操作示意图

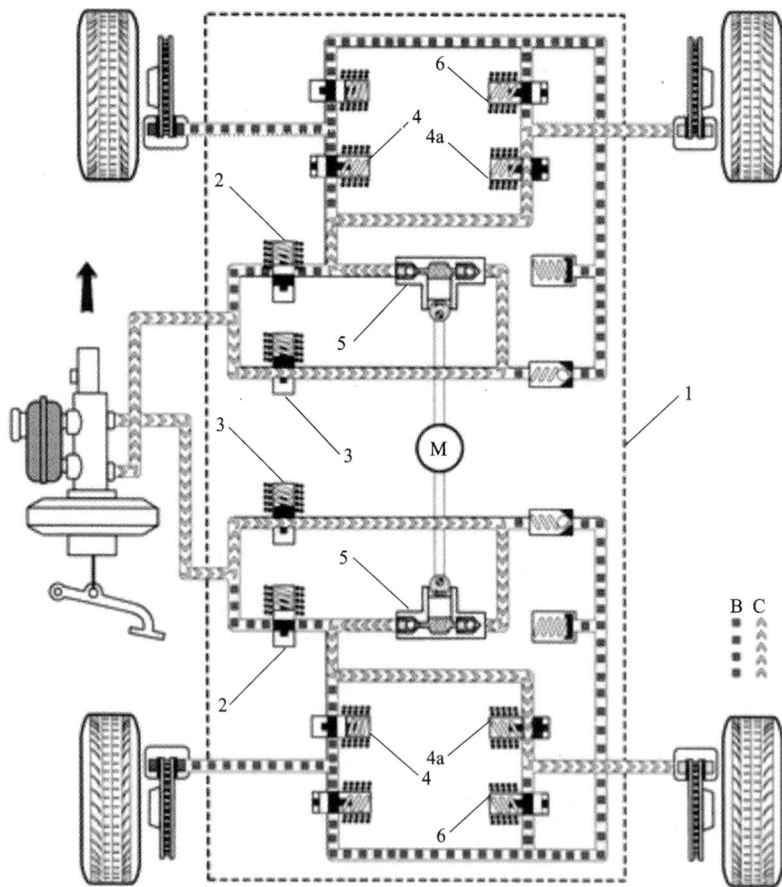

图 4 - 9　克服转向过度控制油路图

1—液压调节器总成；2—隔离阀；3—启动阀；4—左前和左后进口阀；4a—右前和右后进阀；5—液压泵；
6—右前和右后出口阀；B—停止的制动液压力流(电磁阀闭合)；C—液压调节器泵产生的制动液压力流；M—泵电机

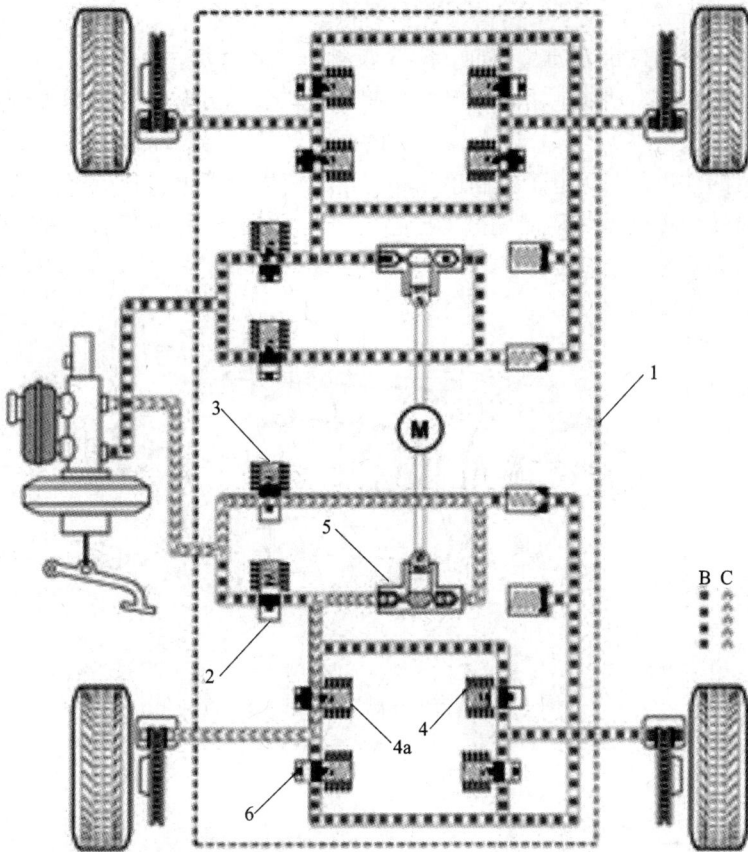

图4-10　TCS制动干预(以左后轮为例)

1—液压调节器总成；2—隔离阀；3—启动阀；4—右后进口阀；4a—左后进口阀；5—液压泵；6—左后出口阀；
B—停止的制动液压力流(电磁阀闭合)；C—液压调节器泵产生的制动液压力流；M—泵电机

四、电子稳定系统的输入

系统输入部分包括：稳定性控制通断开关、方向盘转角传感器、前后轮速度传感器、横摆率传感器、制动踏板位置传感器、制动助力器释放开关、节气门位置传感器等。

1. 稳定性控制通断开关

电子稳定程序(ESP)开关位于地板控制台上，如图4-11所示。该开关是一个瞬间接触开关，按一下ESP开关，电子稳定程序从接通转至关闭。当电子稳定程序(ESP)关闭时，ABS-TCS系统仍能正常工作。当ESP处于关闭位置时，再次按一下ESP开关，将接通电子稳定程序。按下ESP开关超过60 s将被视为短路，会记录故障诊断码，且电子稳定程序在该点火循环内将被禁用。如果没有记录牵引力控制系统当前故

图4-11　稳定性控制通断开关

障诊断码, 电子稳定程序将在下一个点火循环复位到接通状。

2. 方向盘转角传感器

方向盘转角传感器位于方向盘下面, 位置如图 4 − 12 所示, 内部结构如图 4 − 13 所示, 插头端子视图如图 4 − 14 所示。方向盘转角传感器提供表示方向盘旋转角度的输出信号, 由于 2 只测量齿轮的齿数不同, 故产生不同相位的两个转角信号, 即能产生一个可表示 ±760° 方向盘旋转角度的输出信号, 电子控制单元利用这个信息计算出驾驶员所要求的方向。控制单元通过方向盘转角传感器与横向偏摆率传感器信号的比较, 确定车辆实际行驶轨迹与驾驶要求是否一致, 从而确定控制目标。

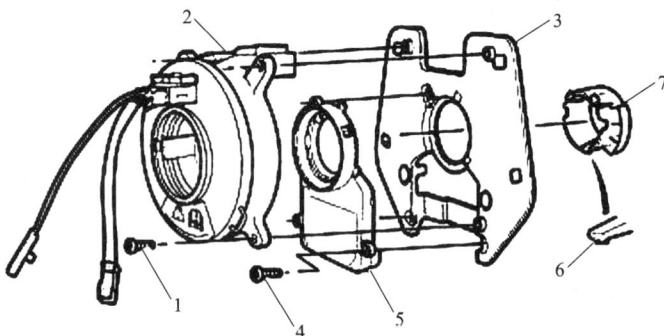

图 4 − 12　方向盘转角传感器的位置

1—螺钉; 2—螺旋电缆; 3—转接板; 4—螺钉; 5—方向盘转角传感器; 6—固定凸舌; 7—转向信号解除凸轮

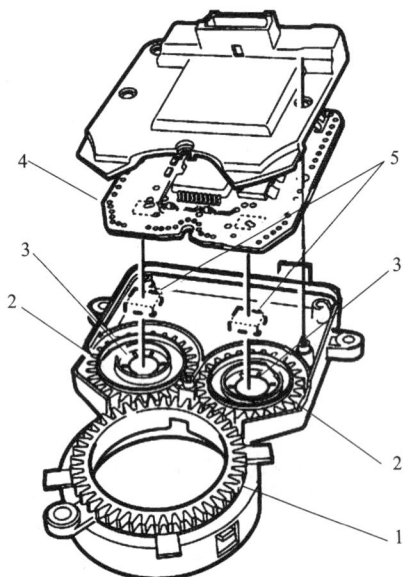

图 4 − 13　方向盘转角传感器

1—齿轮; 2—测量齿轮; 3—磁铁;
4—判断电路; 5—各向异性磁阻 (AMR) 集成电路

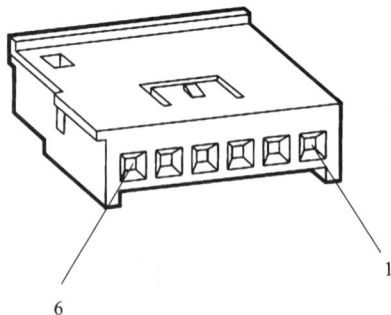

图 4 − 14　方向盘转角传感器端子视图

3. 前轮速度传感器

前轮速度传感器(图4-15)是一个电磁式传感器,是前轮轮毂总成的一部分,前轮轮毂总成是一个永久性的密封装置。左前和右前轮轮毂装有车轮速度传感器和一个48齿的磁脉冲环。

4. 后轮速度传感器

别克荣御采用后轮驱动,后轮速度传感器(图4-16)位于主减速器后盖的支架上,也是电磁式传感器。后轮速度传感器脉冲环是主减速器内车桥的一部分,不能单独维修。

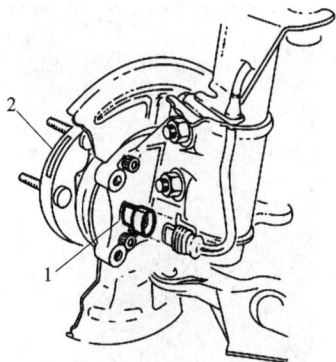

图4-15　前轮速度传感器

1—前轮速传感器;2—前轮毂总成

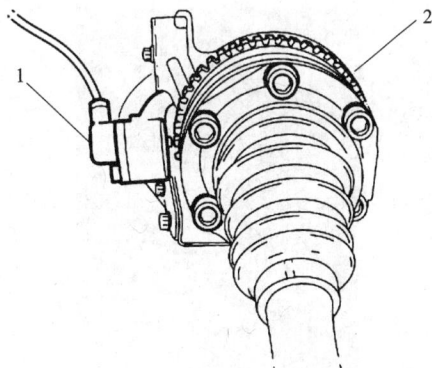

图4-16　后轮速度传感器

1—后轮速传感器;2—传感器脉冲环

5. 横向偏摆率传感器

横向偏摆率传感器位于仪表板中央控制台下部,如图4-17所示,传感器插头端子视图如图4-18所示。横向偏摆率传感器总成包括两个部件,一个是横向偏摆率传感器,另一个是横向加速度传感器。横向偏摆率传感器根据车辆绕其纵轴的旋转角度产生对应的输出信号电压;横向加速度传感器根据车轮侧向滑移量产生对应的输出信号电压。ESP控制单元利用横向偏摆率传感器和横向加速度传感器输出的这两个传感器信号,计算出车辆的实际行驶状态,再结合车轮速度传感器的输出信号和方向盘转角传感器的串行数据输出信号,确定控制目标。

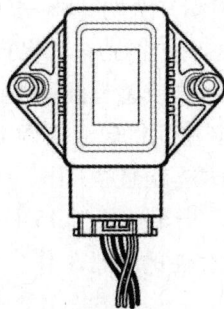

图4-17　横向偏摆率传感器

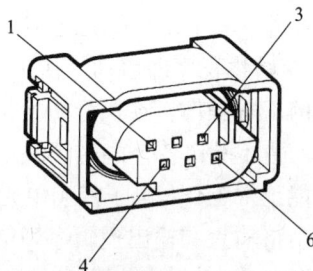

图4-18　横向偏摆率传感器插头端子视图

6. 制动踏板位置传感器

制动踏板位置传感器是在制动压杆运动时得到信号的。制动压杆的运动可以来源两个方面，可能是驾驶员踩下制动踏板，也可能是稳定系统控制功能起作用时助力器电磁阀激活了助力器，如图 4-19 所示。

7. 制动助力器释放开关

制动助力器释放开关位于制动助力器的后壳体上。开关被助力器推压杆弹簧压到闭合位置。当驾驶员踩下制动踏板时，此开关就会被打开，如图 4-20 所示。

图 4-19　制动踏板位置传感器

图 4-20　制动助力器释放开关

五、电子稳定系统的输出

1. 电子控制单元(ECU)

电子控制单元是 ABS-TCS/ESP 系统的控制中心，它与液压调节器集成在一起组成一个总成。电子控制单元持续监测并判断的输入信号有：蓄电池电压、车轮速度、方向盘转角、横向偏摆率以及点火开关接通、停车灯开关、串行数据通信电路等信号。根据所接收的输入信号，电子控制单元将向液压调节器、发动机控制模块、组合仪表和串行数据通信电路等发送输出控制信号。

当点火开关接通时，电子控制单元会不断进行自检，以检测并查明 ABS-TCS/ESP 系统的故障。此外，电子控制单元还在每个点火循环都执行自检初始化程序。当车速达到约 15 km/h 时，初始化程序即启动。在执行初始化程序时，可能会听到或感觉到程序正在运行，这属于系统的正常操作。在执行初始化程序的过程中，电子控制单元将向液压调节器发送一个控制信号，循环操作各个电磁阀并运行泵电机，以检查各部件是否正常工作。如果泵或任何电磁阀不能正常工作，电子控制单元会设置一个故障诊断码。当车速超过 15 km/h 时，电子控制单元会将输入和输出逻辑序列信号与电子控制单元中所存储的正常工作参数进行比较，以此来不断监测 ABS-TCS/ESP 系统。

2. 液压调节器总成

液压调节器总成内部液压回路示意图如图 4-21 所示。为了能独立控制各车轮的制动回路，本系统采用了前/后分离的 4 通道回路结构，每个车轮的液压制动回路都是隔离的，这样当某个制动回路出现泄漏时仍能继续制动。液压调节器总成根据电子控制单元(ECU)发送的控制信号调节制动液压力。液压调节器总成包括回程泵、电机、储能器、进口阀、出口阀、隔离阀和后启动阀等部件。

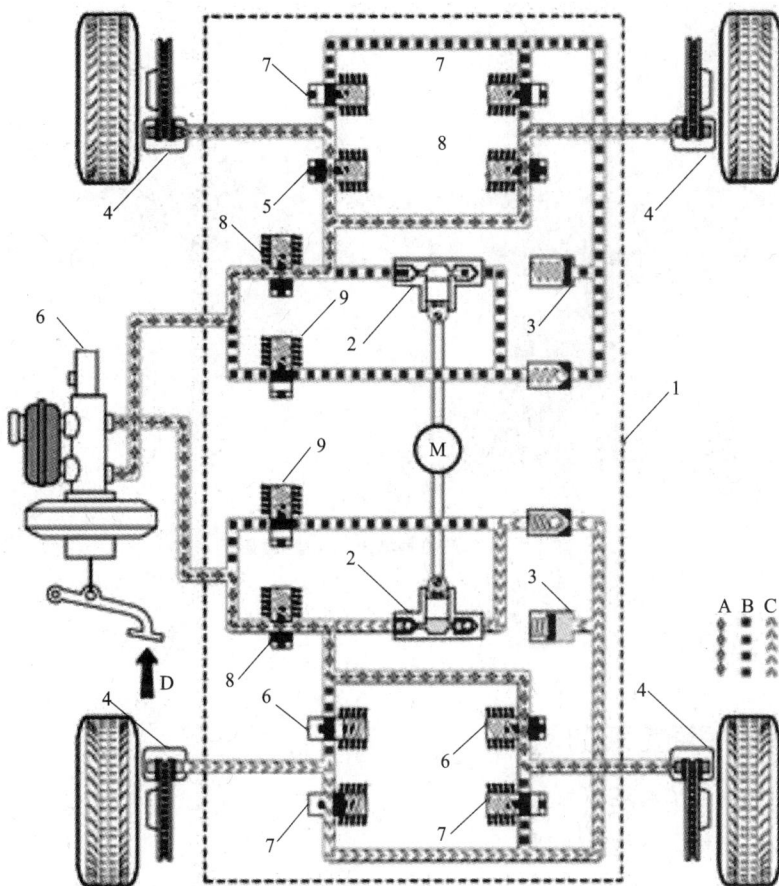

图4-21 液压调节器总成内部液压回路示意图

1—液压调节器总成；2—回程泵；3—储能器；4—制动轮缸；5—制动总泵；
6—进口阀；7—出口阀；8—隔离电动踏板踩下；M—电机

3. 稳定性控制指示灯

稳定性控制指示灯位于仪表板上，当电子稳定系统控制功能起作用时这个灯就会闪亮。当出现功能失效或者驾驶员人为关闭系统时，这个灯就会持续地点亮，如图4-22所示。

4. 主动制动助力器

主动制动助力器是在普通的助力器上外加一个电磁阀。当某种行驶状况出现制动液压力不足以保持车辆在控制范围内时，电磁阀会控制制动器

图4-22 电子稳定控制指示灯

增加制动压力。此电磁阀可以在驾驶员不踩制动器时使用电子控制来激活主动制动助力器。

电磁阀由 ABS/TCS 模块控制，它控制一个真空口，如图 4-23 所示。把真空从助力器后腔室内释放到空气中，空气进入后腔后使膜片移向制动总泵来施加制动。在这种操作中，可以从前围板后面听到嘶嘶的声音。在寒冷的空气中，制动液比较黏稠时，这个功能非常有用。

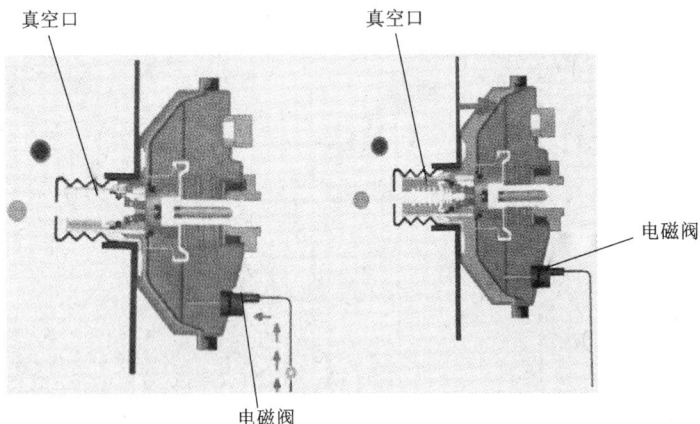

图 4-23　主动制动助力器的电磁阀

【工作过程】

一、汽车电子稳定系统的检修

稳定系统的功能失效会出现以下的现象：ABS 或 ESP 信号灯点亮，驾驶员听不到或者感觉不到各个阀的工作，车辆在遇到突发事件时不能减速，发生严重事件时驾驶员没有踩下制动踏板车辆就被制动了，有时不需要的系统工作被激活等。当电子稳定系统出现故障时，诊断方法主要是路试、目测以及使用专用的检测仪进行检测。

1. 准备工作

(1)装备：工作帽、工服、手套、劳保鞋。

(2)车间设备：举升机、工具车。

(3)车辆或设备：装备 ESP 系统的车辆或台架。

(4)手工工具：拆装工具一套、万用表。

(5)辅助材料：三件套、抹布、电筒。

2. 实施步骤

1)路试(或模拟路试)

电子稳定系统是 ABS 和 ASR 功能的扩展，我们在处理电子稳定系统的诊断工作前先要验证基本制动系统、ABS 和 ASR 的工作都正常。经过验证后就可以对车辆进行路试来验证客户提到的故障现象，检测时应对系统的常见故障多加注意。

常见故障现象有：电子稳定系统故障灯常亮、正常行驶过程中断开发动机动力输出、稳定系统过度敏感、不需要的系统被激活。

2）目测检查和使用专业诊断测试仪的检测

目测检查和使用诊断测试仪的检查方法与 ABS/TCS 相似,参见 ABS/TCS 诊断与检测过程。

二、大众宝来 ESP 报警灯故障诊断

当 ESP 系统出现故障时,相应的仪表板的报警灯会点亮,宝来汽车 ESP 报警灯有 3 个,分别是 ABS 报警灯 K47,制动系统报警灯 K118 及 ASR/ESP 警告灯 K155。报警灯位置如图 4－24 所示。不同报警灯点亮的故障诊断程序如下。

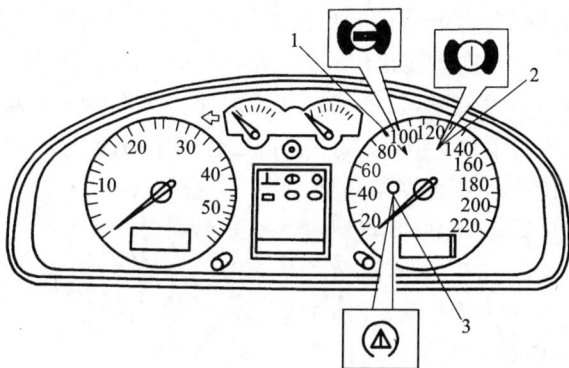

图 4－24　报警灯位置
1—ABS 报警灯 K47；2—制动系统报警灯 K118；3—ASR/ESP 警告灯 K155

1. ABS 报警灯 K47 不熄灭

在打开点火开关及结束检测过程后,如果 ABS 报警灯 K47 不熄灭,则可能存在下述故障。

（1）供电电压低于 10 V。

（2）ABS 有故障。如果有故障时,防抱死功能被切断,但制动功能正常。

（3）最后一次启动车辆后,转速传感器有偶然故障。在此状况下,起动车后且车速超过 20 km/h 时,ABS 报警灯 K47 自动熄灭。

（4）组合仪表与控制单元 J104 间断路。

（5）组合仪表损坏。

2. ABS 报警灯 K47 熄灭、制动系统报警灯 K118 亮

其故障原因如下：

（1）驻车制动器已拉紧。

（2）制动报警灯 K118 的控制有故障。

（3）制动液液面过低。

如果 K47 及 K118 均亮,则说明 ABS 及 EBD（电子制动力分配系统）有故障。如果 ABS 报警灯 K47 及制动系统报警灯 K118 均亮,那么制动时后轮可能提前抱死。

3. ASR/ESP 警告灯 K115 不熄灭

如果打开点火开关且检测结束后，K115 不熄灭，故障原因如下：

（1）ASR/ESP 按钮 E256 对正极短路。

（2）ESP 报警灯 K115 的控制有故障。

（3）ASR/ESP 已由 E256 切断，此故障只影响 ASR/ESP 安全系统，车上的 ABS/EBD 安全系统功能完全正常。车辆在行驶中，如 ESP 报警灯 K115 闪亮，说明 ASR 及 ESP 正在工作。

三、ESP 自诊断与调整

可利用自诊断系统使用 V. A. G1551（或 1552）、V. A. S5051（或 5052）进行故障诊断。

更换了转向盘转角传感器 G85 及控制单位 J104 后，须重新进行标定工作，即传感器零点位于转向盘正前方位置。若转向盘转角传感器 G85 底部检查孔内的黄点清晰可见，则表明传感器在零点位置。更换了压力传感器、侧向/纵向加速传感器后，也需要做调整工作。横摆角速度传感器可自动校准。下列为 04 功能"基本设定"中的通道号。

60——转向盘转角传感器 G85 零点调整。

63——侧向加速度传感器 G200 零点调整。

66——制动压力传感器 G201 零点调整。

69——纵向加速度传感器零点调整（四轮驱动）。

1. 转向盘转角传感器 G85 零点平衡调整

（1）连接 V. A. G1551 或 V. A. S5051 进入 03 地址。

（2）登录 11Q，40168Q（作多项调整时，只需登录 1 次）。

（3）起动车辆，在平坦路面试车，以不超过 20 km/h 的车速行驶。

（4）如果转向盘是正中位置（若不在正中位置，需调整），停车即可，不要再调整转向盘，不要关闭点火开关。

（5）检查 08 功能下 004 通道第一显示区 0°。

（6）04Q，060Q；ABS 报警灯闪亮。

（7）06 退出，ABS 和 ESP 报警灯亮约 2 s。

（8）结束。

2. 侧向加速度传感器 G200 零点平衡调整

（1）将车停在水平面上。

（2）连接 V. A. G1551 或 V. A. S5051 进入 03 地址。

（3）登录 11Q，40168Q。

（4）04Q，063Q；ABS 报警灯闪亮。

（5）06 退出。

（6）ABS 和 ESP 报警灯亮约 2 s。

（7）结束。

若显示该功能不能执行，说明登录有误。

若显示基本设定关闭，说明超出零点平衡允许公差。读出 08 数据块（004 通道第二显示区静止时 ±1.5；转向盘至止点，以 20 km/h 车速左/右转弯，测量值应均匀上升）及故障记忆。然后重新进行。

3. 制动压力传感器 G201 零点平衡

(1)不要踩制动滑板。

(2)连接 V. A. G1551 或 V. A. S5051 进入 03 地址。

(3)进入 08 阅读测量数据块 005 通道检查第一显示区 ±0.7MPa。

(4)登录 11Q，40168Q。

(5)04Q，066Q；ABS 报警灯闪亮。

(6)06 退出。

(7)ABS 和 ESP 报警灯亮约 2 s。

(8)结束。

若显示该功能不能执行，说明登录有误。

若显示基本设定关闭，说明超出零点平衡允许公差。读取 08 数据块(005 通道)及故障记忆。然后重新进行设定。

4. ESP 启动检测

ESP 检测用于检查传感器(G200、G202、G201)信号的可靠性，拆卸或更换 ESP 部件后，必须进行 ESP 检测。具体方法如下。

(1)连接 V. A. G1551 或 V. A. S5051，打开点火开关，进入 03 地址。

(2)进入 04 基本设定，选择 093 通道，按 Q 键。

(3)显示屏显示 ON，ABS 报警灯亮。

(4)拔下自诊断插头，启动发动机。

(5)用力踩下制动踏板(制动力应大于 3.5 MPa)，直到 ESP 报警灯 K155 闪亮。

(6)以 15～30 km/h 试车，时间不超过 50 s，行车时应保证 ABS、EBD、ASR、ESP 不起作用。

(7)转弯并保证转向盘转角大于 90°。

(8)ABS 报警灯和 ESP 报警灯熄灭，则 ESP 检测顺利完成。

若 ABS 灯不灭，说明 ESP 检测未顺利完成，应重复上述操作；若 ABS 灯不灭且 ESP 灯亮起，说明系统存在故障，查询故障存储器，并予以排除后，再重新进行 ESP 检测。

★ 任务工单

工作单

	任务名称：	
	日期：	
	组长：	
	成员：	

车辆描述：

车型_____　　发动机型号_____　　车辆识别码_____

1. 故障现象描述

_____

_____

2. 选用的工具与材料

_____

_____

3. 描述电子稳定系统的组成及功用

_____

_____

4. 基本检查情况记录

项目	检查结果
故障灯	
蓄电池、油液	
线路连接	

预测故障：_____

5. 故障码诊断

步骤	注意事项
连接诊断仪	
读取故障码	
读取数据流	
预测故障范围	
故障排除	
清除故障码	

6. 元件检测

（1）传感器检测

项目	检测结果

（2）执行器的检查

项目	检测结果

(3)ECU 与元件连接的检查

项目	检测结果

7. 根据检测结果分析出现该故障原因并提出解决方法

故障分析：_____

修理建议：_____

8. 思考提高

(1)电子稳定系统在 ABS 基础上做了哪些延伸扩展？

_____

_____

(2)网上查询一下某一款车型电子稳定系统常见的故障及解决方法，向同学介绍一下。

_____

_____

项目评价

课程名称		学习项目	
学生姓名		学习小组	

评价内容＼评价等级	优	良	中	差
相关知识的掌握				
任务实施				
工作单的完成				
6S 管理				
纪律				
团队合作				
教师综合评价				

教师评语：

年　月　日

项目五　电控悬架系统的检修

电子控制悬架系统能够通过控制及调节悬架的刚度、阻尼力，使汽车的悬架特性与道路状况和行驶状态相适应，从而让汽车的乘坐舒适性和操纵稳定性都得到满足。本项目设置了一个任务，任务内容包括：电控悬架的基础知识学习、功能检查调整、传感器及执行器的检测等。

任务5-1　电控悬架系统的检修

★ 情境导入

一辆日本丰田雷克萨斯LS400轿车，装备了电控悬架系统，行驶中悬架指示灯闪亮，且车身高度控制不起作用，送到修理厂后，经初步检查，是车身高度传感器故障或排气阀故障，需对电控悬架系统进行检修。作为一名汽车维修工人，如何能够对电控悬架系统的故障进行快速有效的诊断与检修，是学习电控悬架系统的重要目的。

★ 学习目标

完成本学习任务后，你应该能：

1. 熟悉电控悬架系统的结构。
2. 学会电控悬架系统的基本检查与调整。
3. 能正确检测电控悬架系统的各种传感器。
4. 能正确检测电控悬架系统的执行器。
5. 能够进行团队合作，工作过程符合6S管理要求。
6. 能够检查、评价、记录工作结果。

建议课时：10课时

【相关知识】

传统的悬架系统的刚度和阻尼参数，是按经验设计或优化设计方法选择的，一经选定后，在汽车行驶过程中就无法进行调节，使得传统的悬架只能保证汽车在一种特定的道路和速度条件下达到性能最优的匹配，并且只能被动地承受地面对车身的作用力，而不能根据道路、车速的不同而改变悬架参数，更不能主动地控制地面对车身的作用力。

随着人们对汽车乘坐舒适性的不断追求,近年来已有不少豪华轿车和豪华 SUV 纷纷换装上了性能更优越的电子控制式主动悬架。电子控制悬架系统(Electronic Control Suspension System, ECS)又称为电子调节悬架系统(Electronic Modulated Suspension System, EMS)。电控悬架系统是以电控单元为控制核心,根据车身高度、转向盘转角、车速和制动等信号,经过运算分析后,输出控制信号,控制各种电磁阀和步进电动机,对汽车悬架参数,如弹簧刚度、减震器阻尼系数、倾斜刚度和车身高度进行控制,从而提高汽车的乘坐舒适性和操纵稳定性的悬架系统。本任务先一起来学习电子控制悬架系统的相关知识。

一、电控悬架系统功能

如图 5-1 所示。电控悬架系统功能主要有以下四个方面:

(1)把路面作用于车轮上的垂直反力(支承力)、纵向反力(牵引力和制动力)和侧向力,以及这些反力所造成的力矩都传递到车架(或承载式车身)上,以保证汽车正常行驶。

(2)在装载变化、车速及行驶转弯等情况下,必须使车轮与轴线保持正确配合,保证车辆的稳定性。

(3)保持车辆行驶方向的可操作性,在各种道路条件下保证驾驶员能有效控制转向。

(4)与轮胎共同作用,缓冲来自车轮的振动,使车辆舒适、平稳行驶。

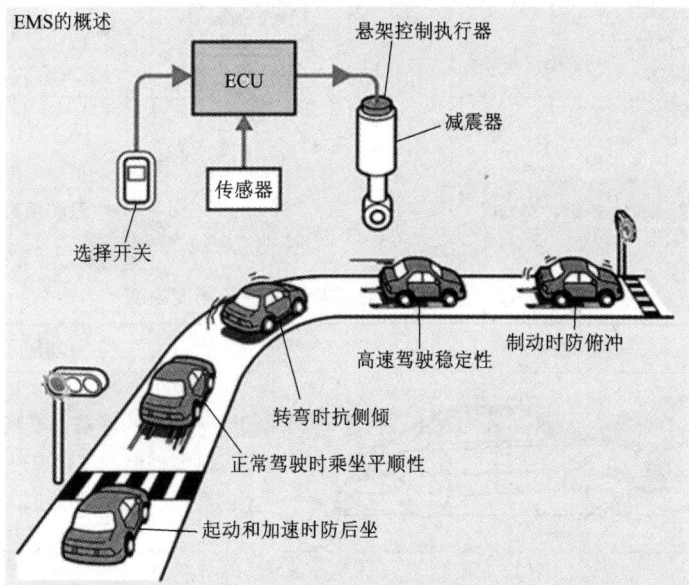

图 5-1　电控悬架系统的功能

二、电控悬架系统的常见类型

电控悬架按传力介质的不同分:气压式、油压式;按控制理论的不同分:半主动式、主动式。半主动式悬架根据阻尼减震器控制的不同,分为有级可调和连续可调两种,而主动式悬架根据所需要的动力源的不同,可以分为油气弹簧主动悬架以及空气弹簧主动悬架。

有级可调(通常两三个挡位)

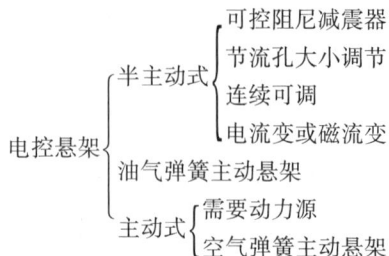

如图5-2所示,半主动式悬架只能通过改变减震器的阻尼力,使车辆的行驶平顺性和稳定性的达到要求。如图5-3所示,主动式悬架利用了空气弹簧或油气弹簧作为弹性元件,不仅可以改变悬架弹性元件的刚度、减震器阻尼力等参数,还可以改变车身高度,使车辆的操纵性和平顺性都达到最佳,其控制特性如表5-1及表5-2所示。本任务只讨论应用较多的电控主动空气弹簧悬架。

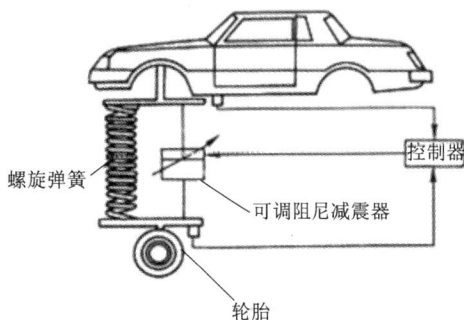

图5-2　半主动电控悬架

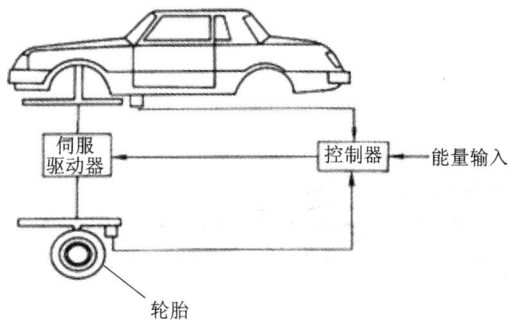

图5-3　主动电控悬架

表5-1　主动悬架对减震力和弹簧刚度控制

控制项目		功能
防后坐		使弹簧刚度和减震力变成"坚硬"状态。该项控制能抑制汽车加速时后部下坐,而使汽车的姿势变化减至最小
防点头		使弹簧刚度和减震力变成"坚硬"状态。该项控制能抑制汽车制动时栽头而使汽车的姿势变化减至最小
防侧倾		使弹簧刚度和减震力变成"坚硬"状态。该项控制能抑制侧倾而使汽车的姿势变化减至最小,以改善操纵性能

续表 5 – 1

控制项目		功能
高速控制	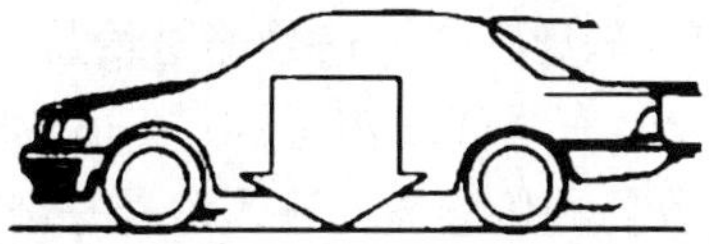	使弹簧刚度变成"坚硬"状态和使减震力变成"中等"状态，该项控制能改善汽车高车速时的行驶稳定性和操纵性
坏路控制	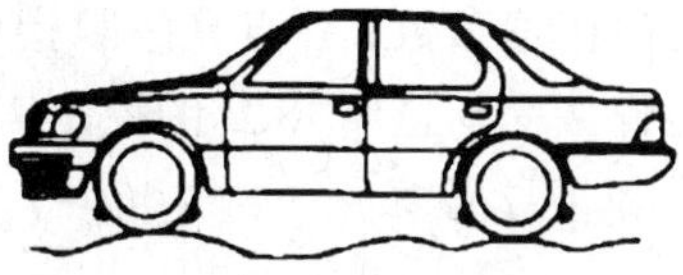	使弹簧刚度和减震力视需要变成"中等"或"坚硬"状态，以抑制汽车车身在悬架上下垂，从而改善汽车在不平坦道路上行驶时的乘坐舒适性
颠动控制	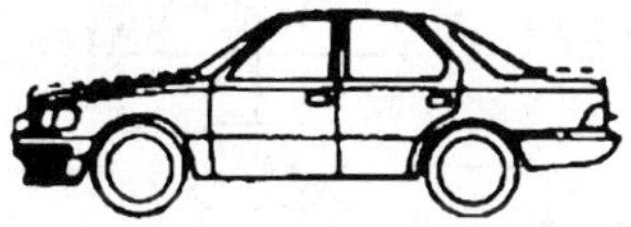	使弹簧刚度和减震力变成"中等"或"坚硬"状态，它能抑制汽车在不平坦道路上行驶时的颠动
跳振控制	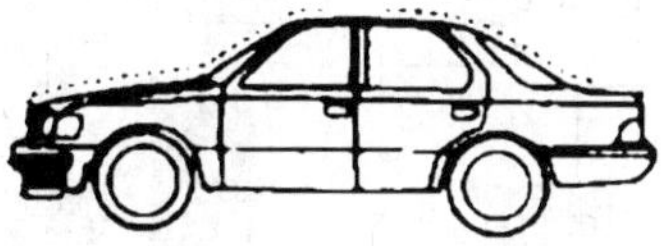	使弹簧刚度和减震力变成"中等"或"坚硬"状态，该项控制能抑制汽车在不平坦道路上行驶时的上下跳振

表 5 – 2　主动悬架对车辆高度控制

控制项目		功能
自动高度		不管乘客和行李重量情况如何使汽车高度保持某一个恒定的高度位置，操作高度控制开关能使汽车的目标高度变为"正常"或"高"的状态
高速控制		当高度控制开关在"height（高）"位置时，汽车高度会降低到"正常"状态，这就改善高车速行驶时的空气动力学和稳定性
点火开关关断控制	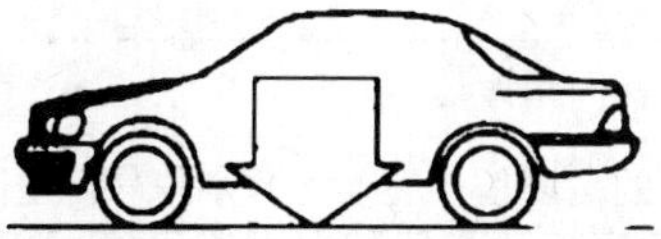	当点火开关关断后因乘客重量和行李重量变化而使汽车高度变为高于目标高度时，能使汽车高度降低到目标高度，这就能改善汽车驻车时的姿势

三、电控空气悬架系统的工作原理

电控悬架系统的工作原理如图5-4所示。传感器的作用是将汽车行驶的速度、起动、加速度、转向、制动和路面状况、汽车振动状况、车身高度等信号输送给悬架ECU。汽车悬架系统所用的传感器主要有：车身加速度传感器、车身高度传感器、车速传感器、方向盘转角传感器、节气门位置传感器等。悬架ECU接收各种传感器的输入信号并进行各种运算，然后给执行器输出控制悬架的刚度、阻尼力和车身高度的信号。同时，悬架ECU还监测各传感器的信号是否正常，若发现故障，则存储故障码和相关参数，并点亮故障指示灯。通常所用的执行元件是电磁阀、步进电动机等。当执行元件接受到悬架ECU的控制信号后，及时准确地动作，从而按照要求调节悬架的刚度。阻尼力和车身高度。

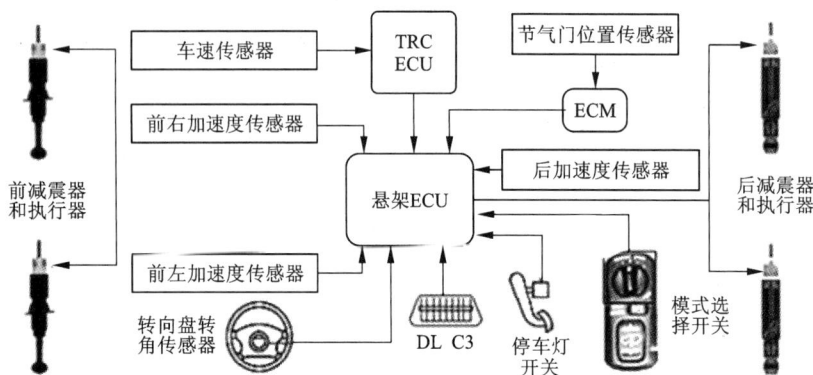

图5-4　电控悬架系统的工作原理

四、典型电控空气悬架系统

雷克萨斯LS400电控悬架系统主要是由压缩空气系统和电子控制系统两部分组成。主要部件有：车辆高度控制阀，悬架高度传感器，汽车转向角传感器，压缩空气排气阀，悬架控制电脑、执行器、各种手动控制开关和汽车仪表板上的各种显示仪表、指示灯等。如图5-5所示。各元件的作用如表5-3所示。

表5-3　电控悬架系统各元件的作用

序号	元件名称	作用
1	车身高度传感器	检测汽车悬架高度和不平路面造成的空气悬架高度变化
2	车速传感器	测量车辆的行驶速度
3	方向盘转角传感器	检测转向轮的转向角度
4	节气门位置传感器	将节气门开闭的角度信号转换为数字信号传送至悬架系统控制ECU
5	加速度传感器	检测车身的摆动，可间接反映汽车行驶的路面情况
6	悬架控制开关	用于选择悬架的控制模式

续表 5 – 3

序号	元件名称	作用
7	高度控制开关	允许或禁止车辆高度调节
8	制动灯开关	检测制动踏板是否处于制动状态
9	门控开关	检测车门的开关状态
10	悬架控制执行器	改变空气悬架弹性系数和减震器阻尼力
11	高度控制阀	控制空气弹簧气室内的压缩空气量，按要求充气或排气
12	悬架控制继电器	控制系统的工作电路
13	发动机 IC 调节器	调节发电机的发电电压
14	空气压缩机	为系统提供所需的压缩空气
15	空气干燥器	吸收压缩空气中的水分，干燥压缩空气
16	排气阀	控制空气弹簧气室内的压缩空气的排出，降低汽车悬架高度
17	车身高度控制连接器	通过连接端子可直接调节悬架高度
18	悬架系统控制 ECU	根据驾车者设定模式调节弹性系数、阻尼力和车辆高度，在悬架控制系统发生故障时，使指示灯闪烁

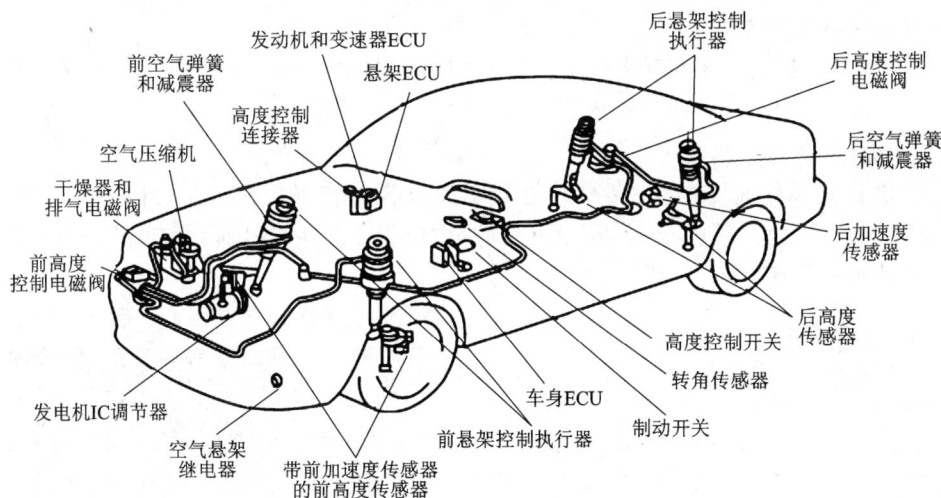

图 5 – 5 电控悬架系统各元件在车上的安装位置

电控悬架工作时，阀门的相互作用控制通向空气弹簧元件的气流量。传感器检测出汽车的行驶状态并反馈至 ECU，ECU 综合这些反馈信息计算并输出指令控制空气弹簧元件的电动机和阀门，从而使电控悬架随行驶及路面状态不同而变化：在一般行驶中，空气弹簧变软、阻尼变弱，获得舒适的乘坐感；在急转弯或者制动时，则迅速转换成硬的空气弹簧和较强的阻尼，以提高车身的稳定性。同时，该系统的电控减震器还能调整汽车高度，可以随车速的增加而降低车身高度(减地间隙)，减少风阻以节省能源；在车速比慢时车身高度又可恢复正常。LS400 轿车 EMS 系统的控制电路如图 5-6 所示。

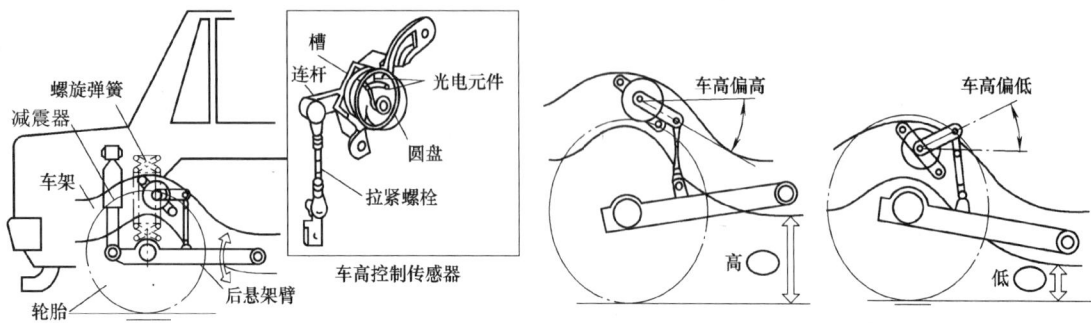

图 5-6　LS400 轿车 EMS 系统的控制电路

1. 车身高度传感器

车身高度传感器的作用是把车身与车桥之间的相对位置变化量转化为电信号送给悬架 ECU，车身高度传感器的一端与车桥连接，另一端在悬架系统上，图 5-7 为车身高度传感器的安装位置及工作状态。

现在应用最多的是光电式车身高度传感器，工作原理如图 5-8 所示。在传感器内部有一个传感器轴，轴外端安装的连接杆与悬架臂相连接，轴上固定 个刃有一定数量窄槽的遮光盘，遮光盘两侧对称安装有四组二极管和光敏三极管，组成四对信号发生器。

2. 转向盘转角传感器

转向盘转角传感器安装在转向轴上，检测转向盘的转角信号，包括转向盘位置和转向盘转向速。大多采用光电式转向盘转角传感器，如图 5-9 所示。

3. 车速传感器

悬架 ECU 可从车速传感器、各种其他 ECU 或多路传输系统接收车速信号，如图 5-10 所示，用于系统的各种控制功能。车速传感器一般位于变速器输出轴上，如图 5-11 所示。

4. 其他输入装置

(1)加速度传感器。前加速度传感器和前高度控制传感器结合在一起，后加速度传感器安装在行李箱里。加速器传感器把压电陶瓷盘的挤压变形转变成电信号并且检测车辆竖向加速度，如图 5-12 所示。

(2)车门信号。悬架 ECU 利用车门信号实现系统的一些控制功能，如在车门打开时，防止排气或保持目前行驶高度等，当车门关闭时，恢复正常工作状态，控制电路如图 5-13 所示。

(3)制动信号。当汽车制动时，制动开关给悬架 ECU 一个制动信号，悬架 ECU 收到制动信号后，控制执行器将悬架由软转换到硬的状态，防止汽车点头，如图 5-14 所示。

(4)悬架控制开关信号。悬架控制开关包括悬架刚度和阻尼选择(LRC)开关、车高控制开关和锁止开关(高度控制 ON/OFF)，前两个开关一般安装在驾驶室内变速器控制杆旁边(图 5-15 和图 5-16)，锁止开关一般安装在后备箱内(图 5-17)。

①模式选择 LRC 开关。其作用是控制悬挂控制执行器的工作，对减震器的减震力和气压缸的弹簧刚度进行自动控制。LRC 开关拨到 SPORT 侧时接通，系统进入高速行驶自动控制状态；LRC 开关拨到 NORM 侧时断开，系统进入常规自动控制状态。

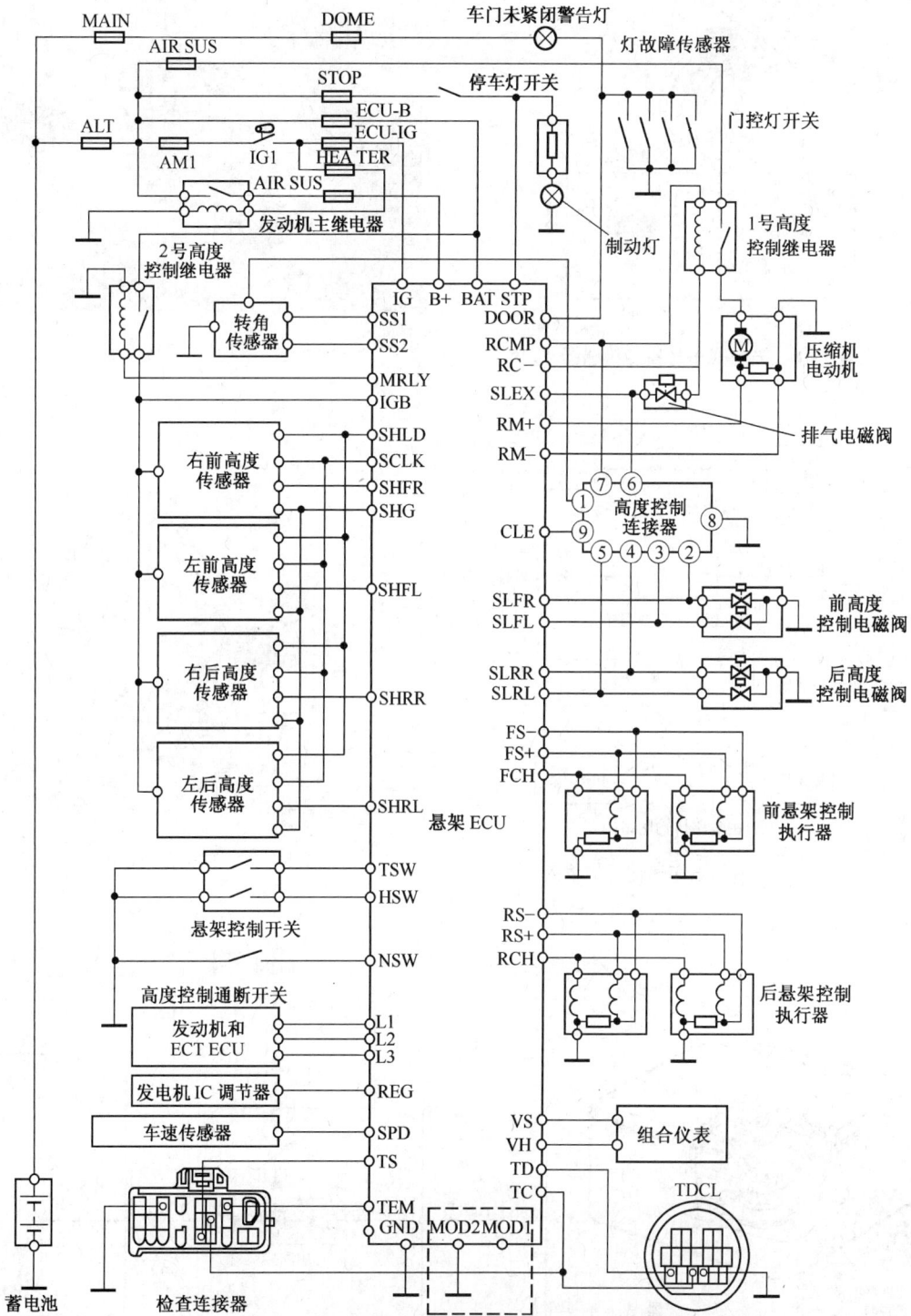

图 5-7 车身高度传感器安装位置及工作状态

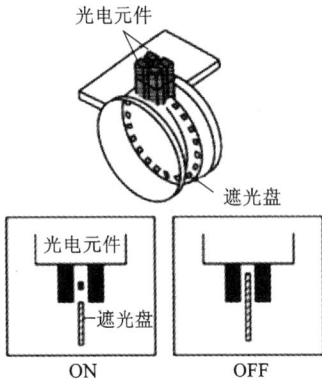

图 5-8　光电式车身高度传感器

图 5-9　转向盘转角传感器

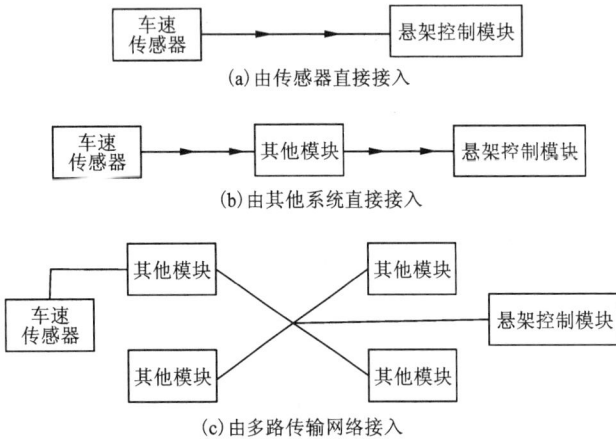

图 5-10　车速信号的输入

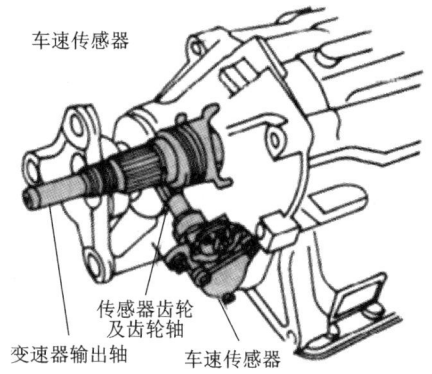

图 5-11　车速传感器的安装位置

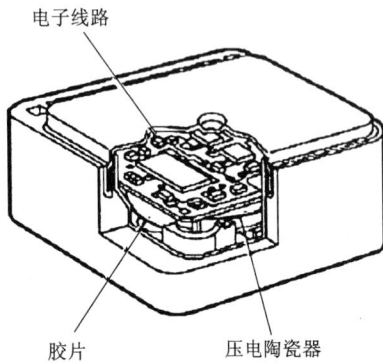

图 5-12　加速度传感器

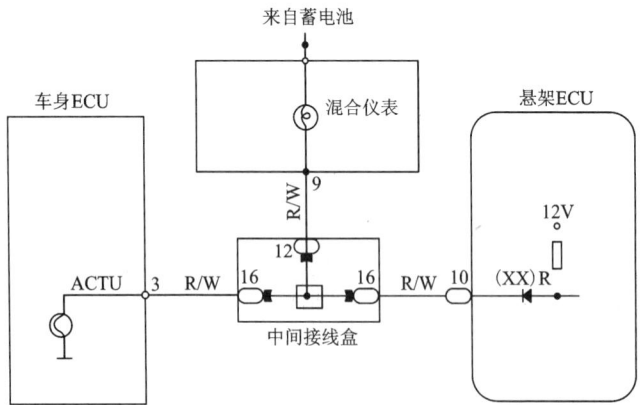

图 5-13　车门信号的控制电路

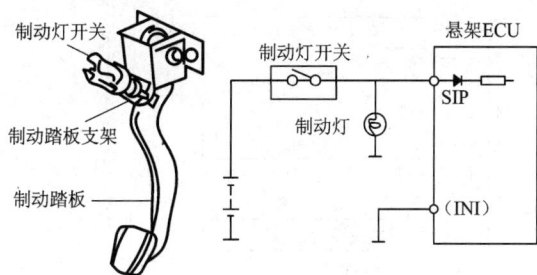

图 5 – 14　制动信号

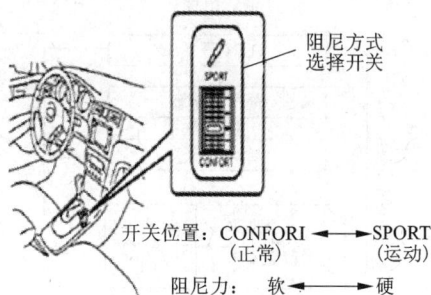

图 5 – 15　LRC 开关

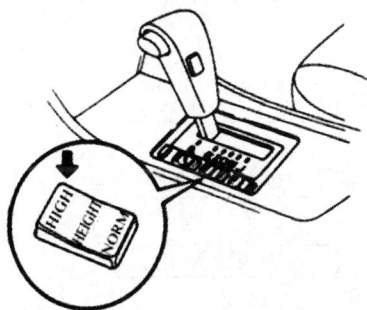

图 5 – 16　高度控制开关

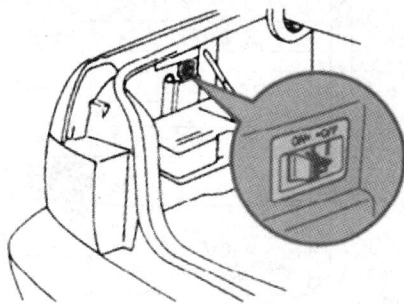

图 5 – 17　LS400 轿车锁止开关的安装位置

②车高控制开关。高度控制开关拨到 NORM 侧时断开，拨到 HIGH 侧时接通。悬挂系统 ECU 检测到高度控制开关的状态后，则相应地使车辆升高或降低。

③锁止开关。当锁止开关在 ON 位置时，电控悬挂系统可以对车身高度进行自动控制；当锁止开关在 OFF 位置时，电控悬挂系统不进行车身高度控制。

提示：举升汽车时，如果锁止开关不在"OFF"位置，可能会损坏空气悬架系统。所以举升汽车前，必须将锁止开关置于"OFF"位置。

5. 电控单元

悬架 ECU 根据各种传感器和悬架控制开关的输入信号，控制减震器的阻尼力、悬架的刚度和车身高度，如图 5 – 18 所示。

悬架 ECU 具有故障自诊断功能。工作中一旦发现电控系统出现故障，悬架 ECU 就将故障以代码的形式存在存储器中，并点亮故障指示灯向驾驶员报警。悬架 ECU 还具有失效保护功能，当系统出现故障时，悬架 ECU 将暂停对悬架的控制。

6. 空气悬架

空气悬架由空气弹簧、减震器、空气管路和执行器组成，如图 5 – 19 所示。通过空气弹簧可实现悬架刚度的调节，通过减震器可实现悬架阻尼的调节。

1）空气弹簧

空气弹簧是利用空气被压缩时产生的弹性来工作的，如图 5 – 20（a）和图 5 – 20（b）所示。安装于阻尼调节减震器的上端，与阻尼调节减震器一起构成悬架支柱，上端与车架连接，下端装在悬架摆臂上。空气弹簧的变刚度工作原理如下：

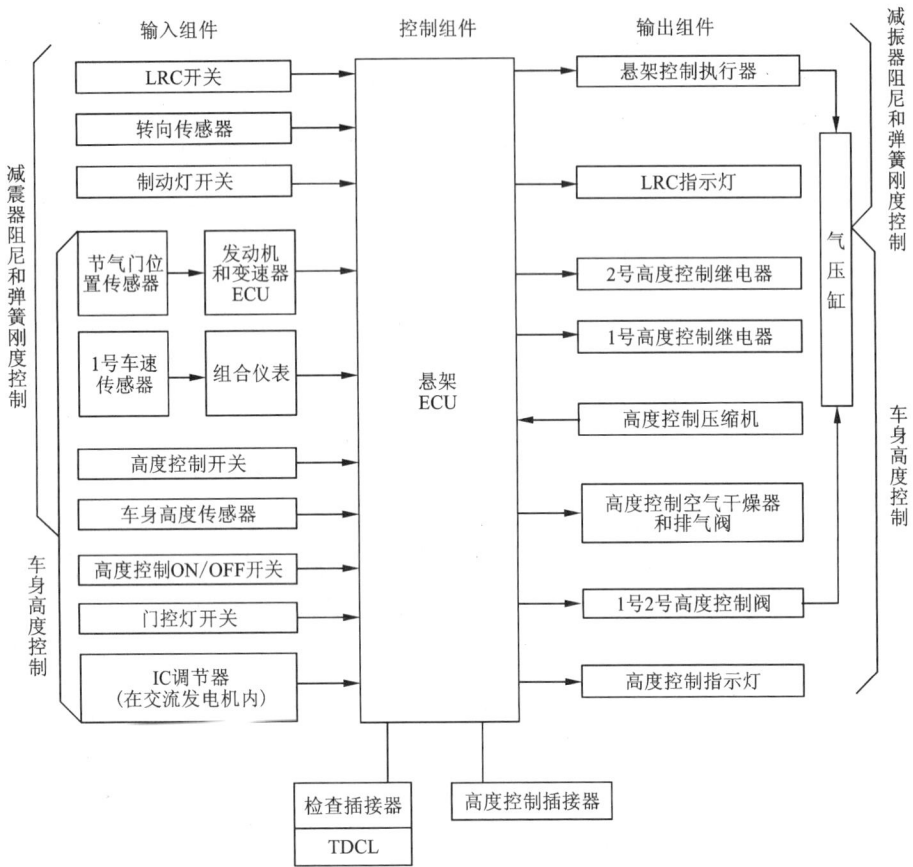

图 5 − 18   LS400 轿车电控悬架系统的控制方框图

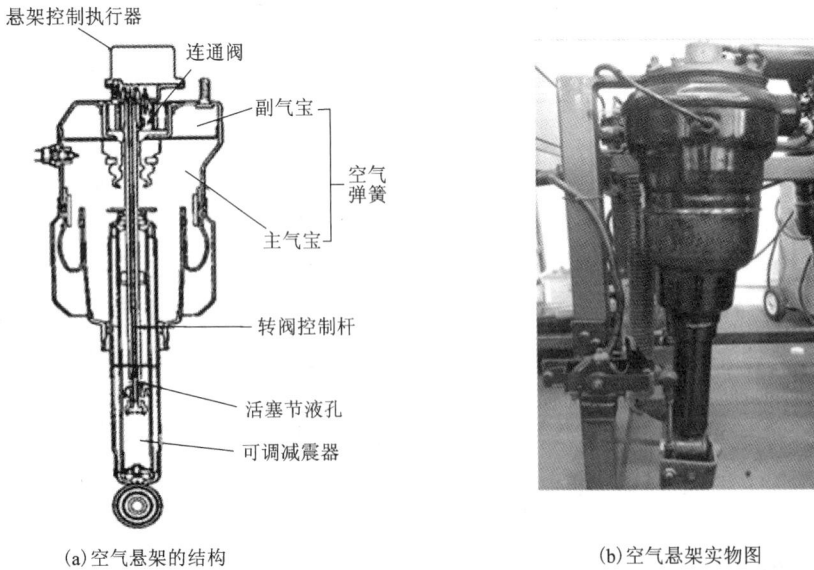

(a)空气悬架的结构   (b)空气悬架实物图

图 5 − 19   空气悬架的结构及实物图

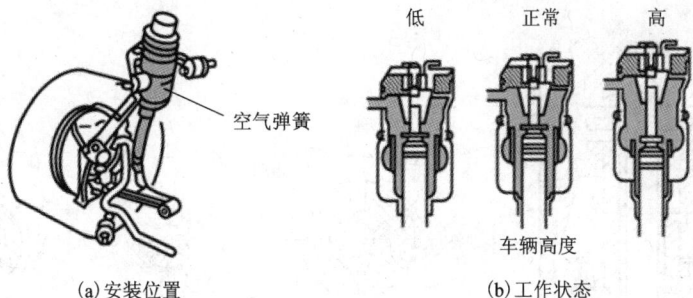

图5-20　空气弹簧的安装位置及工作状态

(1)当空气阀转到如图5-21(a)的位置时,主、副气室的气体通道被打开,主气室的气体经空气阀的中间孔与副气室的气体相通,相当于空气弹簧的工作容积增大,空气弹簧的刚度为"软"。

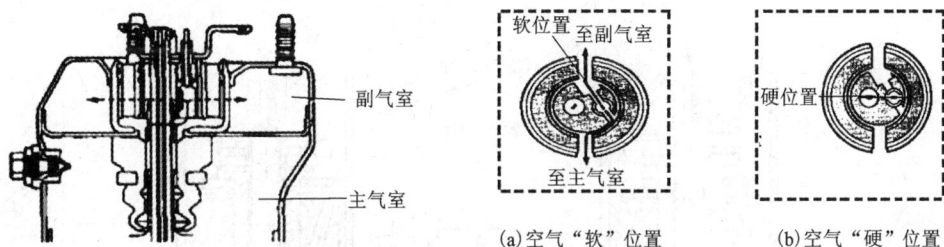

图5-21　空气弹簧变刚度工作原理

(2)当空气阀转到如图5-21(b)所示的位置时,主、副气室的气体通道被关闭,主、副气室之间的气体不能相互流动,此时的空气弹簧只有主气室的气体参加工作,空气弹簧的刚度为"硬"。

2)减震器

电控空气悬架系统阻尼力的调节是通过改变减震器阻尼孔截面积的大小来实现的。减震器阻尼调节杆与回转阀连接,回转阀上有三个孔,悬架ECU通过控制执行器驱动阻尼调节杆转动,就可使回转阀转动,从而控制三个阻尼孔的开闭,改变减震器内油路流通的截面积,实现对减震器阻尼能力软、中、硬三种状态的调节,如图5-22所示。

(1)阻尼"较弱"的控制过程。当EMS ECU根据传感器和控制开关信号确定阻尼为"较弱"状态时,向步进电机发出控制指令使小齿轮驱动扇形齿轮转动,扇形齿轮将同时带动阻尼调节杆和旋转阀转动,回转阀上阻尼孔与活塞杆上减震油液孔的相对位置如图5-23所示。由于A-A和B-B截面上的两对阻尼孔全部打开,允许减震油液以很快的速度流过活塞,因此减震器能很快伸缩,使阻尼处于"较弱"状态。

(2)阻尼"中等"的控制过程。当EMS ECU根据传感器和控制开关信号确定阻尼为"中等"状态时,步进电机通过小齿轮驱动扇形齿轮转动阻尼调节杆和旋转阀,回转阀上的阻尼孔与活塞杆上的减震油液孔的相对位置如图5-24所示。由于只有B-B截面上的阻尼孔打开,允许减震油液流过活塞的流动速度不快也不慢,因此减震器能以缓慢速度伸缩,使阻尼处于"中等"状态。

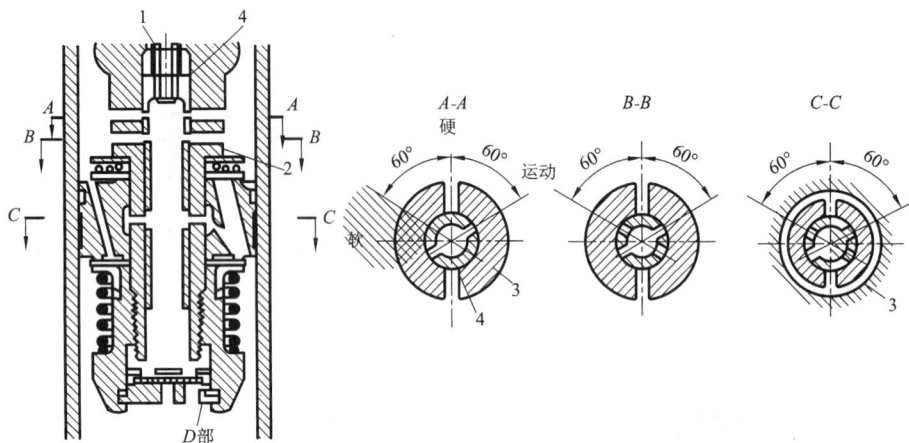

图 5 – 22　可调式减震器结构

1—回转阀控制杆；2—阻尼孔；3—活塞杆；4—回转阀

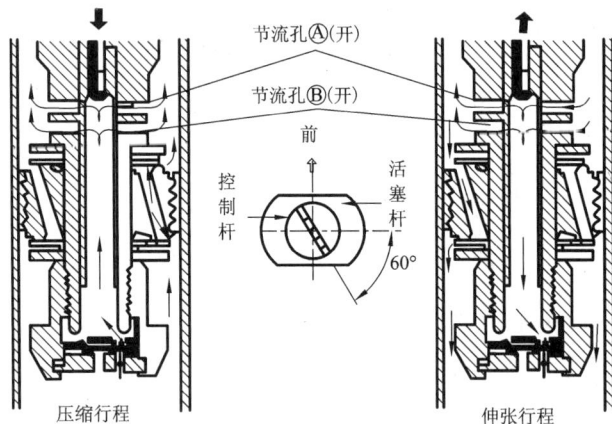

图 5 – 23　减震器处于"较弱"状态

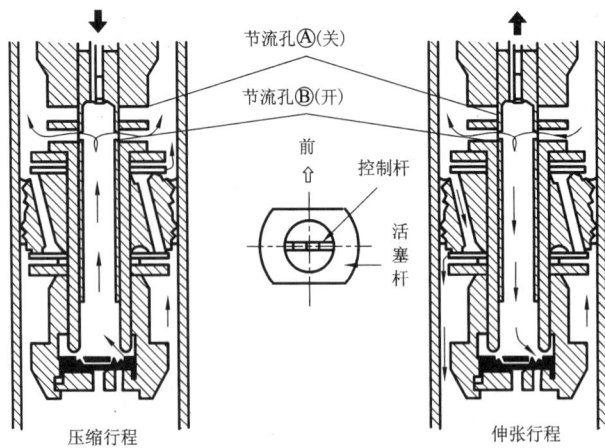

图 5 – 24　减震器处于"中等"状态

（3）阻尼"较强"的控制过程。当 EMS ECU 根据传感器和控制开关信号确定阻尼为"较强"状态时，步进电机通过小齿轮驱动扇形齿轮转动阻尼调节杆和旋转阀，回转阀上的阻尼孔与活塞杆上的减震油液孔的相对位置如图 5-25 所示。由于两对阻尼孔全部关闭，减震油液流动缓慢，因此减震器伸缩缓慢，使阻尼处于"较强"状态。

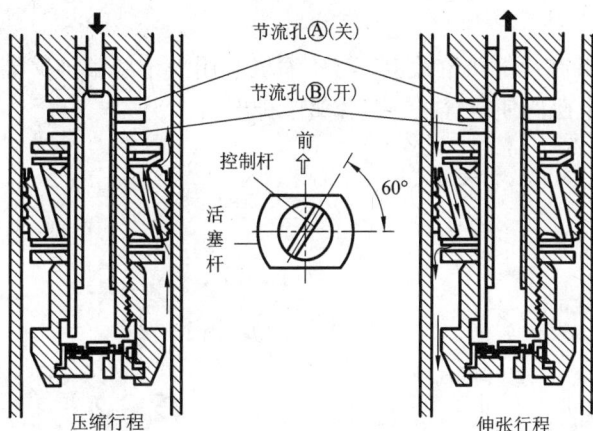

图 5-25　减震器处于"较强"状态

3）悬架控制执行器

悬架控制执行器位于各减震器的顶部，通过输出轴转动减震器回转阀来改变减震器的阻尼力。回转阀（输出轴）旋转角度是由悬架 ECU 的信号控制的，结构如图 5-26 所示。

7. 车身高度调节装置

车身高度调节装置能够根据车内乘坐人员或车辆载重情况自动对车身高度作出调整，以保持汽车行驶所需要的高度和汽车行驶姿态的稳定，如图 5-27 所示。

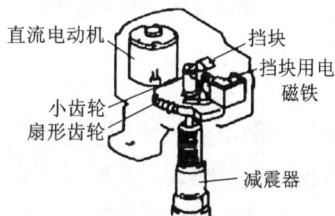

图 5-26　悬架控制执行器的结构

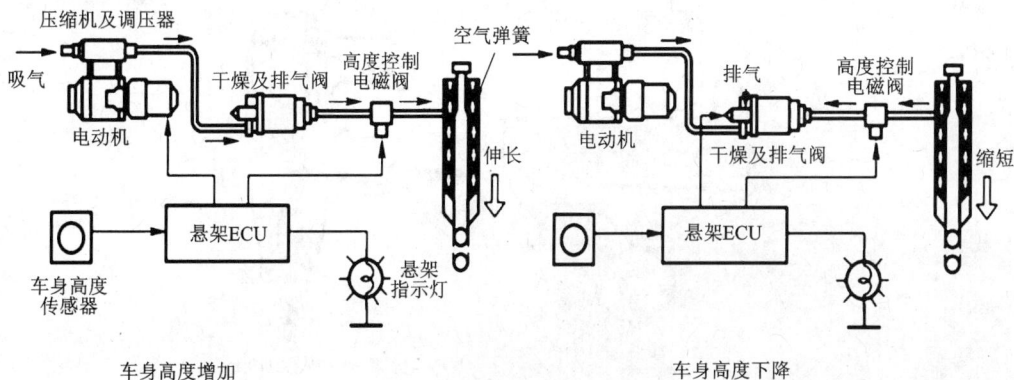

图 5-27　车身高度调节装置

1)空气压缩机

空气压缩机是一个电动机驱动的单缸装置,如图5-28所示,由悬架 ECU 控制的继电器供电,提供空气悬架系统所需的压缩空气。当系统压力超过安全工作压力时,内部减压阀(或称放气阀)提供排气通道。有的压缩机电路上装有热过载断路器,可探测电动机内部的温度,当电动机过热时,就会关闭压缩机,待压缩机冷却后再恢复正常工作。

2)排气电磁阀

排气电磁阀一般装在压缩机缸盖上,与压缩机共用一个线束连接器,如图5-29所示。在排气过程中,排气电磁阀使空气从空气弹簧中排出。

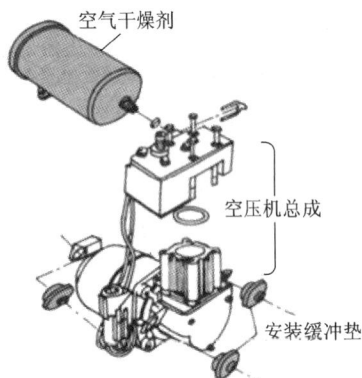

图 5-28 空气压缩机

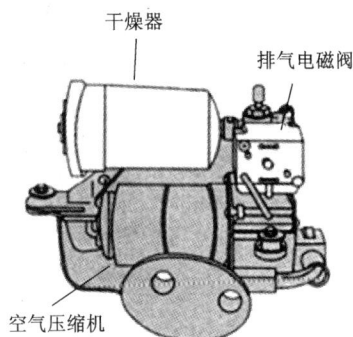

图 5-29 排气电磁阀

3)高度控制电磁阀

高度控制电磁阀也叫空气电磁阀,安装在空气管路中,用于控制进出空气弹簧和减震器的空气流量,如图5-30所示。高度控制电磁阀常闭,不通电时,由于弹簧力挡住进气通道;通电时,电磁线圈克服弹簧力,电磁阀打开,使空气流过。

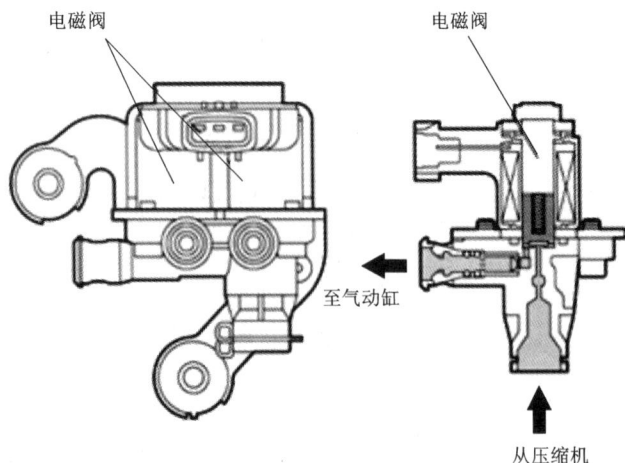

图 5-30 高度控制电磁阀

8. 指示灯

电控悬架指示灯在仪表板上，如图 5 - 31 所示，用于指示系统工作是否正常，同时显示车身高度状态和所选择的模式。

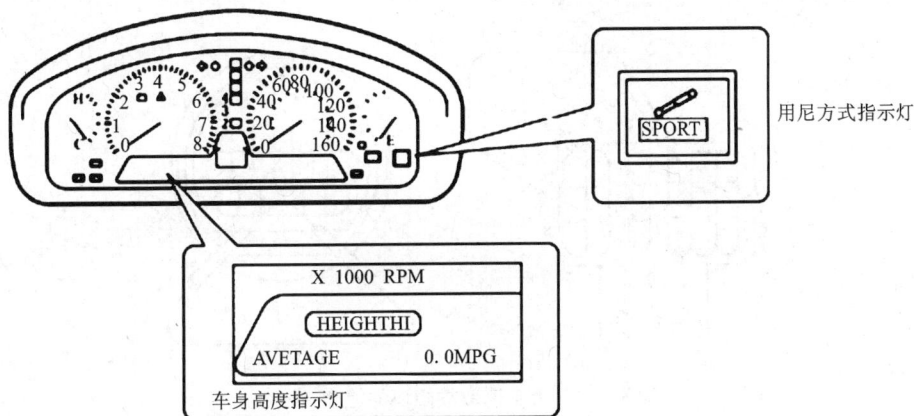

图 5 - 31　电控悬架指示灯

五、电控悬架系统的故障诊断

电控悬架故障主要有刚度和阻尼系数控制失灵、汽车车身高度控制失灵两方面。悬架 ECU 具备下列三种自我诊断功能：对悬架控制系统的故障发出警示的故障警告功能；对输入到悬架 ECU 的信号进行检查的输入信号检查功能；以代码的形式显示故障内容的故障代码显示功能。当电控悬架系统出现故障时，悬架 ECU 将使"NORM"指示灯每秒闪烁一次报警，这时可通过两种方法进行检查故障码。

1. 仪器读取

采用专用仪器与汽车上的 DLC3 故障诊断插口连接，操作诊断仪对故障车辆进行检查，方法如图 5 - 32 所示。

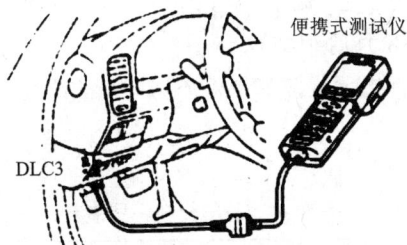

图 5 - 32　专用仪器检查

提示：当高度控制开关在"OFF"位置时，会输出故障码"71"，但这不是故障；当发动机没有起动时，会输出故障码"73"，这也不是故障；当没有故障码输出时，应该检查 TC 端子电路。

2. 人工读取

故障代码的检查方法如下：

(1)将点火开关转到"接通"(ON)的位置。

(2)用跨接线跨接诊断接头上的"T_c 和 E_1"两端头，如图 5 – 33 所示。

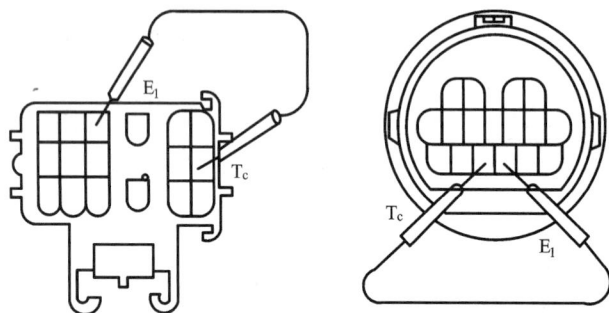

图 5 – 33　人工读取故障码的检查方法

(3)观察仪表板上高度控制"正常"指示灯(NORM)或高度指示灯(HEIGHT HI)的闪烁来读取故障代码。

(4)数该灯闪烁和间歇次数，第一次闪烁代表第一位故障代码的数字，在停歇一次后，数第二次闪烁的次数，它代表故障代码的第二位数字。如果故障代码不止一个，将会有一个较长的间歇，然后显示下一个故障代码的第一位和第二位数字。如果微机内存储的代码多于一个，则由小数字向大数字逐个显示。

(5)记录故障代码。

(6)根据厂家维修手册的资料了解故障代码的含义，手册中故障代码表列出了故障代码及所代表的含义和有问题的元件或线路，如表 5 – 4 所示，有时故障表还列出了维修手册中有相应维修步骤的书页号。对于失效电子系统的元件，常用的维修方法是更换。

(7)维修完成后，消除诊断代码。

其方法是：跨接诊断座上 T_c、E_1 端子，8 s 内开关车门 3 次(1994—1997 年的车型)或 3 s 内踩踏制动踏板 8 次(1997 年 8 月后车型)

(8)汽车路试后，再次检查指示灯。如果灯不闪，则故障排除了；如路试灯还亮，则再次检查故障代码。

表 5 – 4　故障代码一览表

故障码	故障	故障部位
11	右前悬架高度传感器电路开路	悬架 ECU 和高度传感器之间的配线或连接器；悬架高度传感器；悬架 ECU
12	左前悬架高度传感器电路开路	
13	右后悬架高度传感器电路开路	
14	左后悬架高度传感器电路开路	

续表 5 – 4

故障码	故障	故障部位
15	右前加速度传感器电路	悬架 ECU 和加速度传感器之间的配线或连接器；加速度传感器；悬架 ECU
16	左前加速度传感器电路	
17	右后加速度传感器电路	
21	右前悬架控制执行器电路	悬架 ECU 和悬架控制执行器之间的配线或连接器；悬架控制执行器；悬架 ECU
22	左前悬架控制执行器电路	
23	右后悬架控制执行器电路	
24	左后悬架控制执行器电路	
31	右前高度控制电磁阀电路	悬架 ECU 和高度控制电磁阀之间的配线或连接器；高度控制电磁阀；悬架 ECU
32	左前高度控制电磁阀电路	
33	右后高度控制电磁阀电路	
34	左后高度控制电磁阀电路	
35	排气电磁阀电路	悬架 ECU 和排气电磁阀之间的配线或连接器；排气电磁阀；悬架 ECU
41	空气悬架继电器	悬架 ECU 和继电器之间的配线或连接器；继电器；悬架 ECU
42	压缩机电机电路	悬架 ECU 和压缩机电机之间的配线或连接器；压缩机电机；悬架 ECU
51	至空气悬架继电器的持继电流	压缩机电机、压缩机、气管、高度控制电磁阀、排气电磁阀、高度传感器控制杆、高度传感器、减压阀、悬架 ECU
52	至排气电磁阀的电流	高度控制电磁阀、排气电磁阀、气管、高度传感器控制杆、高度传感器、悬架 ECU
73	发电机 IC 调节器电路（发电机电路）	悬架 ECU 和发电机 IC 调节器之间的配线或连接器；悬架 ECU
74	电源电路	悬架 ECU 与蓄电池之间的配线或连接器、PWR—IG 保险丝、AIR SUS 保险丝、点火继电器、发电机 IC 调节器、蓄电池、悬架 ECU
75	高度传感器电路	汽车停放在不平路面（正常）、高度传感器控制杆、高度传感器、悬架 ECU
81	转向传感器电路	转向角大于 36°的信号不输入
82	制动灯开关电路	制动灯开关信号不改变
83	门控灯开关电路	门控灯开关信号不改变
84	节气门位置信号电路	节气门位置信号未输出
85	车速传感器电路	不输入车速 20 km/h 的信号
86	高度控制开关电路	高度控制开关信号不改变

故障码	故障	故障部位
91	右前加速度传感器电路	
92	左前加速度传感器电路	使车辆保持静止，不产生垂直运动，持续 1 s
93	右后加速度传感器电路	

【工作过程】

一、实践准备及技术要求

1. 实践准备

（1）LS400 轿车一辆。

（2）解码器一台。

（3）常用工具、常用量具、干净的抹布。

（4）维修手册、工单。

2. 技术要求及注意事项

（1）维修过程中若断开蓄电池，将会丢失悬架 ECU 中存储的信息。

（2）在吊起、支起或拖动汽车之前，应该将悬架控制开关置于"0FF"位置或断开蓄电池负极。

（3）当点火开关在打开状态下，不要拆卸或安装悬架 ECU 及其电子插头。

（4）如果汽车生产厂的维修手册没有指明，就不要将系统的任何电路或元件加电压或接地。

（5）如果汽车装有安全气囊系统，在维修电控悬架前，应先将安全气囊系统断开，否则可能造成人身伤害或财产损失。

（6）在控制系统的检测中，必须用生产厂在维修手册中提到的检测工具，否则可能损坏控制系统的零部件。

二、雷克萨斯 LS400 电控悬架系统的检修

1. 汽车高度的检查和调整

（1）汽车高度的检查步骤为：

①将 LRC 开关转到 NORM 位置。

②使汽车上下跳振几次，以使悬架处于稳定状态。

③朝前和朝后推动汽车，以使轮胎处于稳定状态。

④将换挡杆放在 N 挡，堵住车辆不让其滚动，然后松开驻车制动器。

⑤起动发动机，将高度控制开关转到 HIGH 位置，在汽车高度升高的状态下等待 1 min 后，将高度控制开关转到 NORM 位置以使汽车下降。在这种状态下等待 50 s 后，再重复一次上述操作。

⑥测量汽车高度，前部应该是 249 mm ± 10 mm；后部应该是 231.5 mm ± 10 mm；左右误差应该在 10 mm 以下；汽车前部高度与后部高度之差应该在 17.5 mm ± 15 mm 之内。

（2）汽车高度的调整步骤。

①拧松高度控制传感器连接杆上的两个锁紧螺母（图 14 - 24）。

②转动高度控制传感器连接杆的螺栓以调节长度（高度控制传感器连接杆每转一圈能使汽车高度改变大约 4 mm）。

③检查如图 5 - 34 所示的高度控制传感器连接杆的尺寸是否小于极限值，即前部 8 mm，后部 11 mm。

④暂时拧紧两个锁紧螺母。

⑤再检查一次汽车高度。

⑥拧紧锁紧螺母。

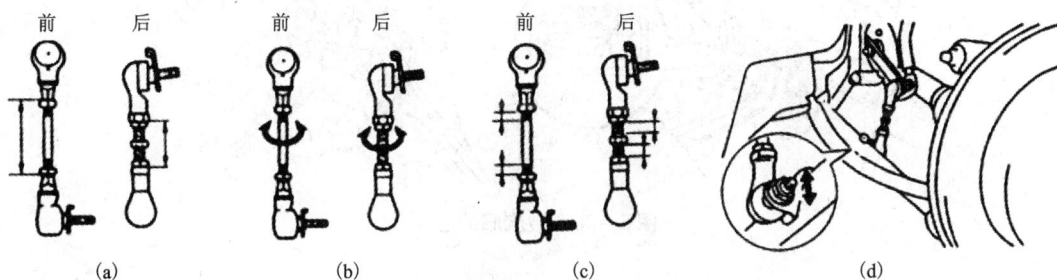

图 5 - 34　汽车高度的检查

2. 汽车高度调整功能的检查

汽车高度调整功能的检查步骤，如图 5 - 35 所示。

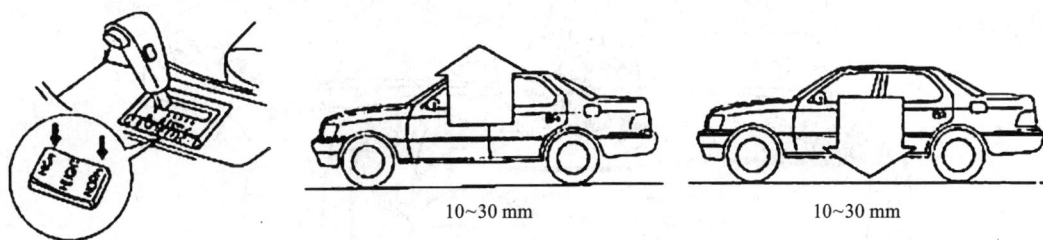

图 5 - 35　汽车高度调整功能的检查

（1）检查轮胎充气是否正确。

（2）检查汽车高度。

（3）起动发动机，将高度控制开关从 NORM 位置转换到 HIGH 位置，检查完成高度调整所需的时间和汽车高度的变化量。从操作高度控制开关到压缩机起动需要约 2 s，从压缩机起动到完成高度调整约需 20 ~ 40 s。汽车高度的变化量约为 10 ~ 30 mm。

（4）在汽车处于 HIGH 高度调整的状态下，起动发动机并将高度控制开关从 HIGH 位置切换到 NORM 位置。检查完成高度调整所需的时间和汽车高度变化量，从操作高度控制开关到压缩机起动需要约 2 s，从压缩机起动到完成高度调整需 20～40 s。汽车高度的变化量为 10～30 mm。

3. 溢流阀的检查

溢流阀的检查，迫使压缩机工作，检查溢流阀动作，如图 5－36 所示，具体步骤为：

(1)将点火开关转到 ON 并将高度控制连接器的端子 5 与端子 8 连接，以迫使压缩机工作。

(2)等压缩机工作一段时间后，检查溢流阀是否放气。

(3)将点火开关转到 OFF 位置。

(4)清除故障代码。

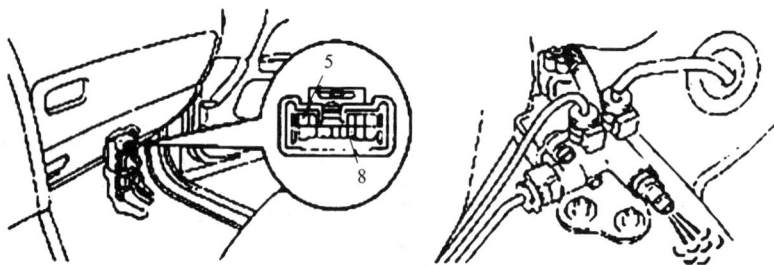

图 5－36　溢流阀的检查

4. 漏气检查

将高度控制开关拨到 HIGH 位置，使汽车高度上升；关闭发动机；在空气软管和软管接头处涂肥皂水检查是否漏气，如图 5－37 所示。

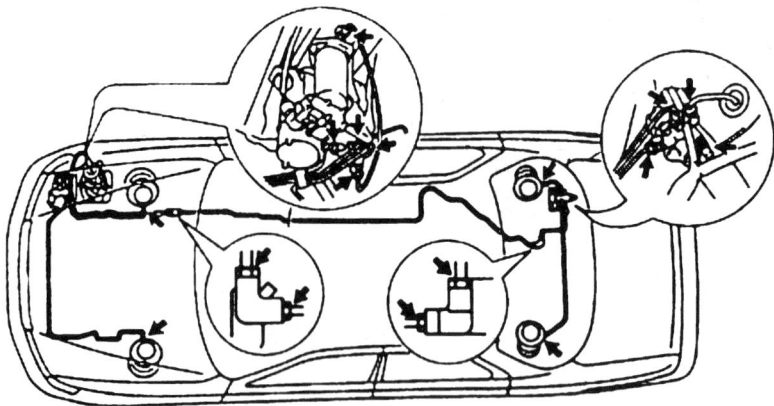

图 5－37　漏气检查

5. 各传感器的检测

电控悬架系统各传感器的检测方法如表 5－5 所示。

表5-5 传感器的检测

传感器名称	图示	检测步骤
前车身高度传感器	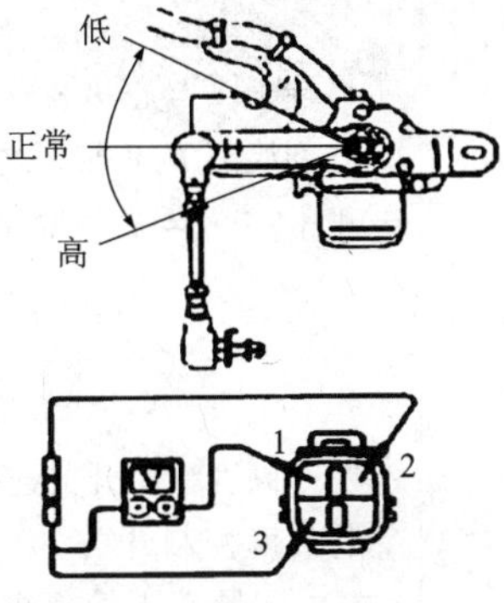	①将端子2与正极相连,端子3与负极相连。 ②将控制杆缓慢上下移动,同时检测端子1与3之间电压
后车身高度传感器	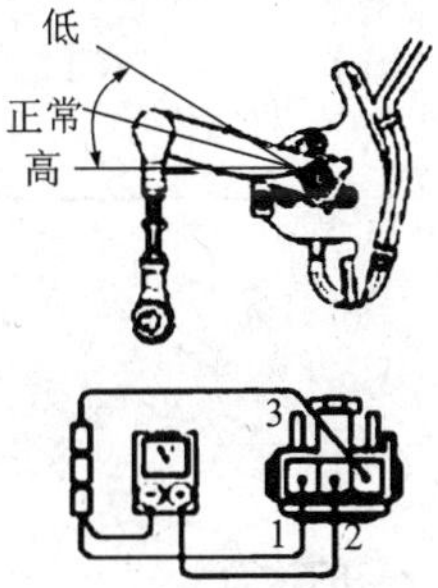	①将端子3与正极相连,端子1与负极相连。 ②将控制杆缓慢上下移动,同时检测端子2与3之间电压
前加速度传感器	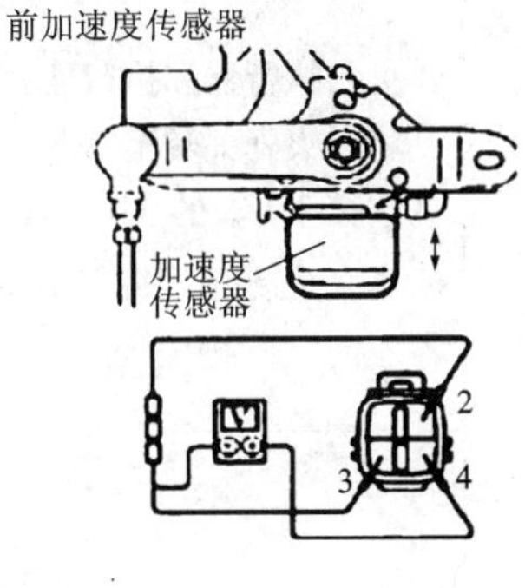	①将端子2与正极相连,端子3与负极相连。 ②使传感器上下振动,同时检测端子4与3之间电压。 ③静止时6.2 V;振动时1~11.2 V为正常
后加速度传感器	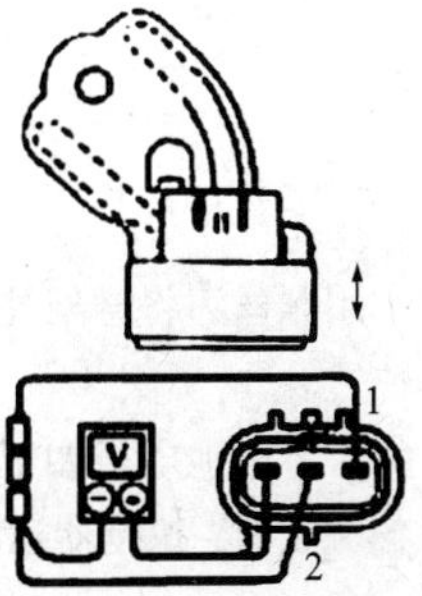	①将端子1与正极相连,端子2与负极相连。 ②使传感器上下振动,同时检测端子2与3之间电压。 ③静止时6.2 V;振动时1~11.2 V为正常

续表 5－5

传感器名称	图示	检测步骤
转向盘转角传感器	转向传感器 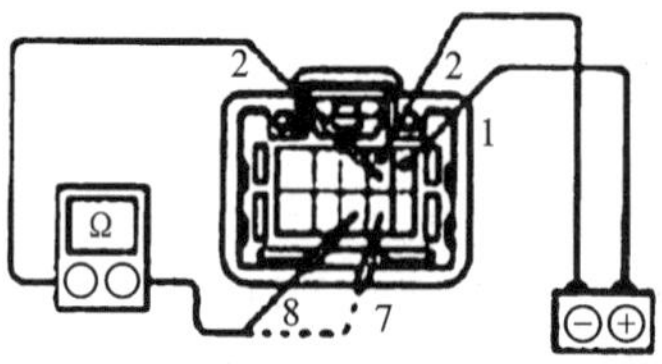	①将端子 1 与正极相连，端子 2 与负极相连。 ②分别检测 7、8 与 2 之间的电压。 ③正常：0 ~ ∞ 之间变化
高度控制开关	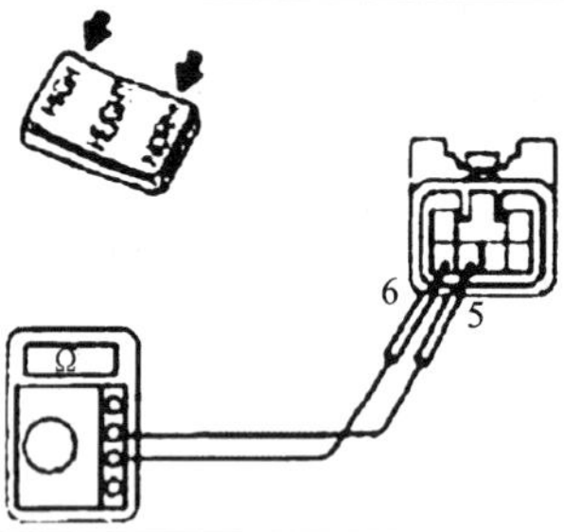	①断开高度控制开关连接器。 ②将高度控制开关分别按在 NORM 和 HIGH 位置，测量 5、6 之间电压。 ③正常：NORM 为 ∞（开路），HIGH 为 0（断开）

6. 悬架控制执行器的检修

悬架控制执行器的检查如表 5－6 所示。

表 5－6　悬架控制执行器的检查

执行器名称	图示	步骤
悬架控制执行器运行检查	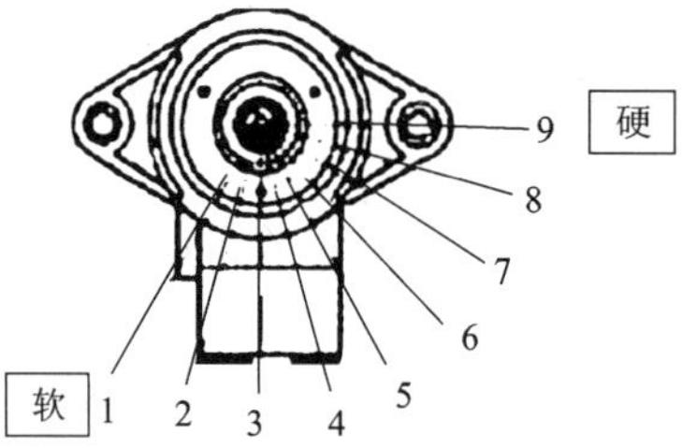	①拆出执行器和执行器盖。 ②将点火开关转至"ON"位置。 ③连接 TDCL 的 TD 和 E_1 端子。 ④高度控制开关每向 HIGH 推动一次，则执行器应向"硬"进一步
悬架控制执行器电阻检查	悬架控制执行器连接器 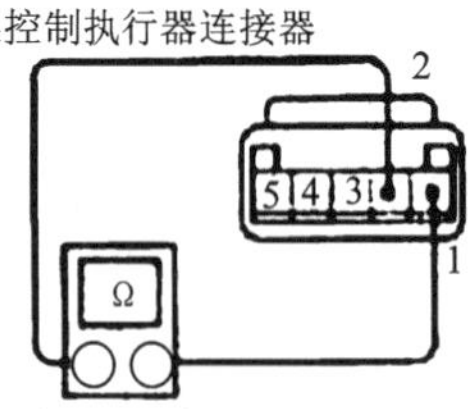	测量悬架控制执行器谅解端子之间电阻，应符合以下标准
悬架控制执行器工作检查	悬架控制执行器连接器 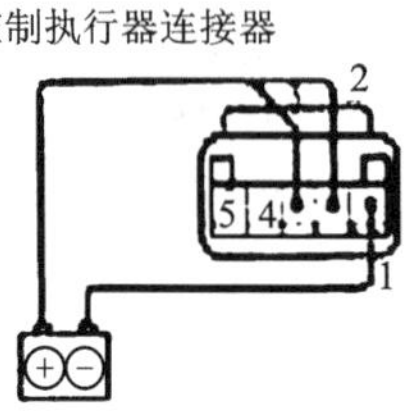	①用螺丝刀将悬架控制执行器输出轴调至"软"位置。 ②将蓄电池电压如下表施加到悬架控制执行器各端子时，执行器运动应符合要求

★ 任务工单

工作单

任务名称：	
日期：	
组长： 成员：	

车辆描述：

车型_____ 发动机型号_____ 车辆识别码_____

1. 故障现象描述

_____

_____

2. 选用的工具与材料

_____

_____

3. 描述电控悬架系统的组成及功用

_____

_____

4. 基本检查情况记录

项目	检查结果
故障灯	
蓄电池、油液	
线路连接	

预测故障：_____

5. 故障码诊断

步骤	注意事项
连接诊断仪	
读取故障码	
读取数据流	
预测故障范围	
故障排除	
清除故障码	

6. 元件检测

(1)传感器检测

项目	检测结果

(2)执行器的检查

项目	检测结果

(3)ECU 与元件连接的检查

项目	检测结果

7. 根据检测结果分析出现该故障原因并提出解决方法

故障分析：_____

修理建议：_____

8. 思考提高

(1)参考维修资料，查出电控悬架系统电路的相关保险丝及继电器，说出它们的作用。

_____

_____

(2)上网查找出主流车型，如路虎发现4、大众途锐等的电控悬架功能及特点的不同之处。

_____

_____

(3)找到一款车型，向同学们介绍该车型的电控悬架的组成，工作原理及使用方法。

_____

_____

_____

★ 拓展知识

电磁悬挂(Magnetic Ride Control)

虽然顶级豪华车都不约而同地采用空气悬挂，但无论是液压或空气悬挂，都会设置复杂的液压泵、气泵，甚至有主泵、分泵，还要有管道、气室、气阀等复杂部件支持，一个部件不可靠，都会导致整个悬挂失效，特别是在恶劣的路面上长时间行驶后，液压和空气悬挂都有渗流的风险。而复杂的部件也导致额外的重量，且成本迟迟降不下来，只能在顶级豪华车上装备。现在出现了一种利用电磁反应的新型独立悬挂系统——电磁悬

图5-38　卡迪拉克SLS赛威的电磁主动悬挂

挂。它可以针对路面情况，在1 ms时间内作出反应，抑制振动，保持车身稳定，特别是在车速很高又突遇障碍时更能显出它的优势。它的反应速度比传统的悬挂快5倍，即使是在最颠簸的路面，也能保证车辆平稳行驶。例如凯迪拉克MRC电磁主动悬挂(图5-38)，它采用德尔福磁流变减震器技术，这种先进悬挂也装备在法拉利和奥迪TT上面。

电磁悬挂系统是由车载控制系统、车轮位移传感器、电磁液压杆和直筒减震器组成。在每个车轮和车身连接处都有一个车轮位移传感器，传感器与车载控制系统相连，控制系统与电磁液压杆和直筒减震器相连。

直筒减震器有别于传统的液压减震器，没有细小的阀门结构，不是通过液体的流动阻力达到减震的目的。电磁减震器中也有减震液，但是，那是一种被称为电磁液的特殊液体(Magneto - rheological Fluid)，是由合成的碳氢化合物和微小的铁粒组成。平时，磁性金属粒子杂乱无章地分布在液体里，不起什么作用。如果有磁场作用，它们就会排列成一定结构，减震液就会变成近似塑料的状态。减震液的密度可以通过控制电流流量来精确控制，并且是适时连续的控制。

系统的工作过程是：当路面不平引起车轮跳动时，传感器迅速将信号传至控制系统，控制系统发出指令，将电信号发送到各个减震器的电子线圈，电流的运动产生磁场，在磁场的作用下，减震器中的电磁液的密度改变，控制车身，达到减震的目的。如此变化说起来复杂，却可以1 s中进行1000次，可谓瞬间完成。

电磁悬挂系统可以快速有效地弥补轮胎的跳动，并扩大悬挂的活动范围，降低噪音，提高车辆的操控准确性和乘坐舒适性。它的作用还不止如此，医学研究者已利用这种技术制造出人造膝盖。

项目评价

课程名称		学习项目	
学生姓名		学习小组	

评价内容＼评价等级	优	良	中	差
相关知识的掌握				
任务实施				
工作单的完成				
6S 管理				
纪律				
团队合作				
教师综合评价				

教师评语：

年　　月　　日

项目六　电控动力转向系统的检修

电控动力转向系统主要包括液力电控转向动力系统和电机式电控转向系统两种类型，它具有节省能耗、转向快捷等优点，普遍应用在现代汽车上，给驾驶员提供了很大的帮助。本项目共设置两个学习任务，主要内容包括：液力式和电动式电控动力转向系统的结构、工作原理以及检修。

任务6-1　液力电控转向动力系统检修

★ 情境导入

一辆2009款搭载1.6 L发动机的手动的丰田卡罗拉开到修理厂，驾驶员向维修人员反映该车方向盘变得异常沉重。经过修理人员的初步检查，发现该故障是由于自身的电控液压助力转向系统出现问题，需要进行更换维修。

从广泛意义上讲，电控液压助力转向系统分为两种：一种是为了实现车速感应式转向功能，而在机械液压助力转向系统的基础上增加了控制液体流量的电磁阀、车速传感器以及转向控制单元等，转向控制单元根据车速信号控制电磁阀，从而通过控制液体流量实现了助力作用随车速的变化。另一种助力转向系统是用由电动机驱动的液压泵代替了机械液压助力转向系统中的机械液压泵，而且增加了车速传感器、转向角速度传感器以及转向控制单元等部件。从性能上讲，采用电动液压泵的电控液压助力转向系统具有更好的性能。

★ 学习目标

完成本学习任务后，你应该：

1. 能够对电控转向助力系统进行检测。
2. 能够对转向角度传感器等电子元件进行正确的拆装。
3. 能够参阅汽车维修手册，分析及制定液压电控助力系统检修工作计划。
4. 能够使用解码器对液压电控助力系统故障车辆进行故障诊断与排除。
5. 能够进行团队合作，工作过程符合6S管理要求。
6. 能够检查、评价、记录工作结果。

建议课时：6课时

【相关知识】

一、认识电控动力转向系统

1. 电控动力转向系统概述

电控液压助力转向系统简称为 EPS（Electro – Hydraulic Power Assist Steering），如图 6 – 1 所示。使汽车在原地或低速状态下减小转向操纵力，在高速的时候可以增大汽车转向的操纵力，可以有效提高汽车的行驶安全性和操纵稳定性，满足驾驶者对汽车驾驶性能的要求。

电控动力转向系统能满足现代汽车对转向性能的要求，主要是它具有的良好性能：

（1）优越的操纵性，特别是在低速或停车时能有效减小转向操纵力，在狭小弯曲的道路也能保证灵活、平顺。

图 6 – 1　福特福克斯采用
电子液压助力转向系统

（2）转向操作结束，汽车进入直线行驶，方向盘能自动回正。

（3）工作可靠。当系统出现故障或者失效时，能通过人力进行转向操控。

（4）具有随动作用。转向车轮的偏转角和驾驶员转动的角度保持一定关系，并能使转向车轮保持在任一偏转角位置上。

2. 电控助力转向系统的分类

从广泛意义上讲，电控液压助力转向系统分为两种。一种是为了实现车速感应式转向功能，而在机械液压助力转向系统（图 6 – 2）的基础上增加了控制液体流量的电磁阀、车速传感器以及转向控制单元等，转向控制单元根据车速信号控制电磁阀，从而通过控制液体流量实现了助力作用随车速的变化。另一种助力转向系统是用由

图 6 – 2　机械液压泵

电动机驱动的液压泵代替了机械液压助力转向系统中的机械液压泵，而且增加了车速传感器、转向角速度传感器以及转向控制单元等部件。从性能上讲，采用电动液压泵的电控液压助力转向系统具有更好的性能。

3. 电控液压助力转向系统工作原理

电控助力转向系统根据控制方式的不同，又可以分为阀灵敏度控制式、反力控制式和流量控制式三种。此外，电动驱动油泵的电动助力转向系统可以另外归为一类。现在我们介绍一种典型的流量控制式 EPS，如图 6 – 3 所示，该系统主要由车速传感器、电磁阀、动力转向油泵、电子控制单元、转向角速度传感器和整体式动力转向阀等组成。

流量控制式 EPS 的工作原理如图 6 – 4 所示。电磁阀安装在通向转向动力缸活塞两侧油

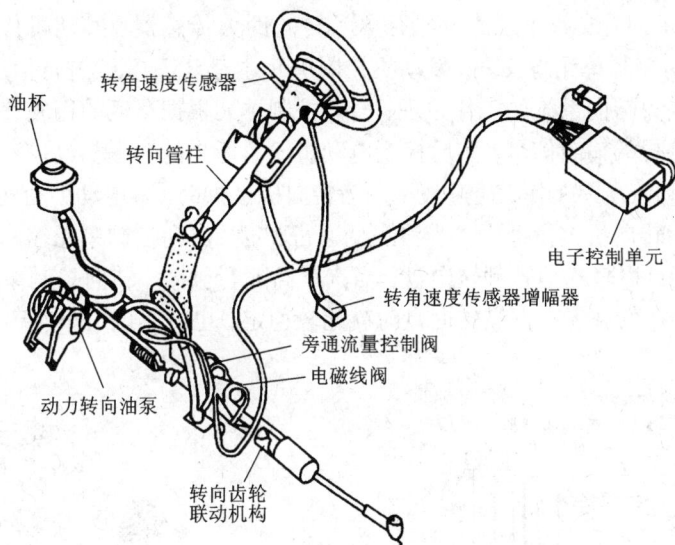

图 6 – 3　流量控制式 EPS 示意图

室的油道之间，当电磁阀的阀针完全开启时，到转向器的油道油量减小，动力缸活塞两侧压力差减小，助力减小；相反则转向助力增大。流量控制式助力转向系统主要根据车速传感器的信号控制电磁阀阀针的开启程度，从而控制转向动力缸两侧油道方向机油的流量，来改变转向助力大小。车速越低，流经电磁阀的平均流量越小，流经转向动力缸的流量越大，助力越大，驾驶员就能轻松转动方向盘；相反，车速越高，转向助力越小。

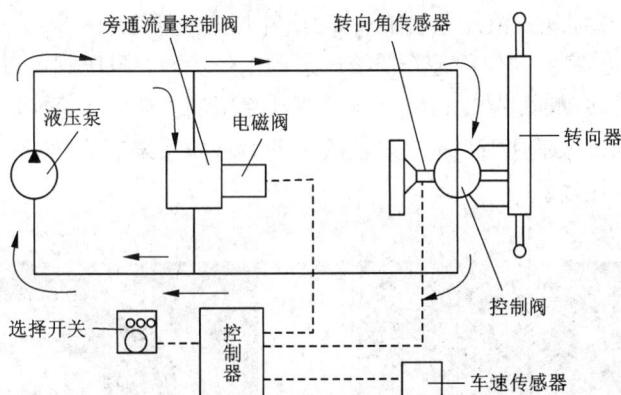

图 6 – 4　流量控制 EPS 控制原理图

　　流量控制式 EPS 是在原来液压助力转向系统的基础上添加了压力流量控制功能，结构简单，所以成本较低。但是，当流向转向动力缸的压力油降到最低时，快速转向会出现压力不足、响应较慢等不足，所以它的推广也受到了限制。

　　4. 电动电控液压助力转向系统

　　这种类型的助力转向系统与流量控制式 EPS 有不同之处，它还是通过方向机油传递动力，但是动力源是电机而不是发动机，由电机与油泵组成一个电动油泵。

如图6-5所示，系统使用了电动液压泵、转向助力传感器、发动机传感器、动力转向ECU等。助力转向控制单元与仪表，发动机控制单元才有CAN总线进行信息交换。

液压式电控动力转向系统的工作原理：转向控制单元根据车辆的行驶速度和转向角度等输入信号计算出理想的输出信号，然后控制电动机输出适当的功率。电控液压助力转向系统（图6-6）中的电动液压泵工作，通过液压油为转向机提供助力；电动助力转向系统中的电动机通过减速机构为转向机提供助力。当汽车低速行驶时，转向控制单元控制电动机输出较大的功率，使驾驶者可以轻松地转动转向盘；当汽车高速行驶时，转向控制单元控制电动机输出较小的功率，这样驾驶者在操纵转向盘时就比较稳定，也就实现了车速感应式转向。

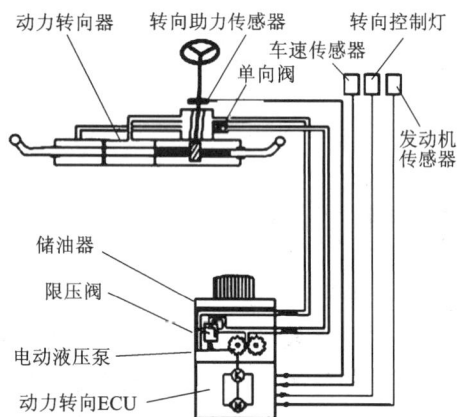

图6-5　电动液压动力转向系统结构示意图

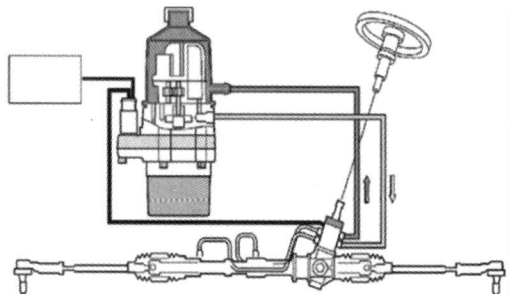

图6-6　电控液压助力转向系统的工作过程

（1）液压泵。采用齿轮式液压泵（图6-7）或叶片式液压泵（图6-8）。液压泵体内布置有共鸣室和限压阀，共鸣室的作用是降低液压泵的工作噪声，限压阀可以将液压控制在规定的范围内。当电动机转动时，带动机械液压泵驱动液压油流动。在更换液压油或更换助力转向系统部件导致空气进入液压管路时，电控液压助力转向系统需要执行排气程序，否则会导致转向时产生噪声或振动。

图6-7　齿轮式液压泵

图6-8　叶片式液压泵

（2）转向角速度传感器。通常是霍尔式传感器，内置于转向盘内或转向机内，持续监控转动角速度，以作为转向控制单元控制助力的参考依据，如图6-9所示。例如，当车辆高速行驶时，在车速感应式转向功能的作用下，助力转向系统提供的助力作用会减小，但是行驶中有可能出现需要紧急转向的突发情况。当驾驶者猛打转向盘时，转向角速度传感器会感知这一变化并会向转向控制单元发出信号，转向控制单元控制电动机的转速迅速提高，助力作用会瞬间增大，以便车辆顺利完成转向动作。在拆卸和安装转向角速度传感器时，应注意将转向盘置于正中间位置。

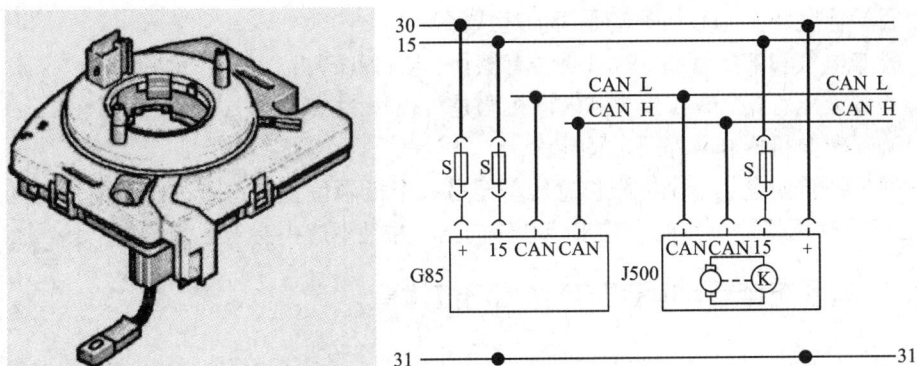

图6-9　转角传感器及电路连接

（3）转向控制单元。转向控制单元具有接收和处理各个传感器信号、输出执行信号以及监控系统工作状态等多种功能。

①转向控制单元接收来自发动机控制单元的车速信号或发动机转速信号，以及来自转向角速度传感器的角速度信号，并计算出理想的控制电流输出给电动机，以控制助力力矩的大小和方向。

②当系统存在故障时，转向控制单元会存储故障码并点亮仪表板上的 EHPAS 警告灯或 EPAS 警告灯。当监测到系统内电动机等部件出现严重故障时，转向控制单元会切断助力转向系统，此时机械转向系统仍然正常。

③为了保护电动机等部件，转向控制单元在适当的时候会起动临界状态控制程序。例如当转向机转动至极限位置时，由于此时助力转向系统的电动机不能转动，所以通过电动机的电流就会达到最大值，为了避免持续大电流导致电动机和控制单元损坏，所以当较大电流连续通过 30 s 后，转向控制单元就会控制电流逐渐减小。当这种状态消失后，转向控制单元就会根据需要控制电流逐渐增大，直到达到正常工作电流值。

【工作过程】

一、准备工作

（1）车辆、台架、总成：大众 POLO 整车。

（2）防护装备：工作服、劳保鞋、手套、工作帽。

(3)车间设备：举升机、工具车、拆装工具。

(4)检测设备：原厂诊断仪 VAS5051 或诊断仪 KT600。

(5)辅助材料：翼子板布和前格栅布、三件套等。

二、对转向系的目检和功能检查

对转向系的目检和功能检查的项目包括：

(1)检查是否有裂缝或裂开。

(2)检查转向横拉杆球头的转向机构的间隙。

(3)目检橡胶防尘套和保护套是否损坏或漏油。

(4)检查电气和液压管路、软管是否有擦伤、切口和弯折。

(5)检查液压管路，螺纹接头和转向机构是否损坏。

(6)确保转向机构和管路可靠固定。

(7)通过把转向盘从一个极限位置转动至另一个极限位置来检查整个转向角的功能是否完好。必须能够用普通操作的力量来转动转向盘，并且不应当有卡住的感觉。

三、转向系统排气、检查密封性和油位检查

1. 转向系统排气

转向系统排气是非常重要的一个维修环节，当更换转向油、电动泵或转向器后，需要进行转向系统排气的操作。

(1)抬起车辆，直至前车轮悬空。

(2)拆下左前车轮，拆下左前轮罩外壳。

(3)检查液压油油位，如有必要则进行添加。

(4)启动发动机并让其怠速运转 5 s。

(5)关闭发动机并检查液压油油位。

(6)再一次启动发动机并让其怠速运转，将转向盘从一个极限位置转到另一个极限位置旋转 3 次。关闭发动机检查液压油油位，如有必要则进行添加。

(7)重复进行 2 次操作步骤。

(8)发动机处于关闭状态 2~3 min，使气泡从液压油中溢出。

(9)放下车辆，在发动机怠速时，将转向盘从一个极限位置转至另一个极限位置，操作 5 次。当液压油储罐中没有气泡排除时，系统的排气就结束了。

(10)排气结束后，将密封盖拧紧，排气过程中不得有异物、灰尘等进入储油罐。

2. 检查系统的密封性

维修工作结束后，如果储液罐中液压油出现耗损，就必须检查转向系统的密封性。检查步骤如下：

(1)拆下左前车轮及消音板；

(2)发动机怠速运转；

(3)左右旋转转向盘至极限位置并最多保持 5~10 s，这样做的目的是使系统中出现最高压力，以便进行泄漏检查；

(4)检查压力管路和回流管路的密封性，观察是否有油液泄漏；

（5）检查所有管路接头和软管接头的固定位置和密封性，如果管路接头或软管接头不密封，则用规定的拧紧力矩重新拧紧或更换密封件或管路；

（6）检查电动泵组的密封性，如果存在泄漏，更换电动泵组；

（7）检查液压油储液罐的密封性，如果存在泄漏，更换储液罐；

（8）检查液压油油位，如有必要则进行添加。

提示： 如果所有管路和接头绝对密封，而储液罐中液压油位下降，则液压油耗损的原因可能由助力转向器所引起。在这种情况下应将助力转向器拆下来进行检查。

3. 检查助力转向器的液压油油位

（1）如有必要，应拆下而空气滤清器壳体。

（2）拆下蓄电池和蓄电池支架。

（3）旋出电动泵组上的密封盖。

（4）用干净的抹布擦拭油尺。

（5）用手拧紧密封盖，然后再拆下密封盖并检查液压油油位；为获得精确的油位读数，必须将密封盖完全拧紧，不要启动发动机，将车轮转到正前方直行位置。

图6-10　动力转向油储液罐

（6）检查液压油油位，油位必须介于油尺刻度最大和最小之间。如图6-10所示。如果过多，应抽吸一部分；如果不够，应补充，并检查系统是否有泄漏。放出的油不能再继续使用，应置于环保回收罐中。

4. 拆卸和安装转向柱

转向柱作为备件只能整套供应，不能进行维修。在拆卸和安装转向柱时必须先断开蓄电池。正确的拆卸步骤可参考维修手册。

5. 修理助力转向结构

对于助力转向器也是不能进行维修的，如果转向器出现损坏必须更换总成。在维修时应涂抹专用的转向器润滑脂，但涂抹不能过量。在维修过程如果发现需要更换转向横拉杆或球头，在维修后需要进行车轮定位，确保定位参数不发生改变。

所有维修及拆卸过程，应遵照维修手册进行。

6. 检查电动泵组的输送压力

电动助力泵组也是不能进行维修的。但是可以利用专用工具对其工作压力进行测试，以检查电动泵的工作性能。需要使用的专用工具套件如图6-11所示。

 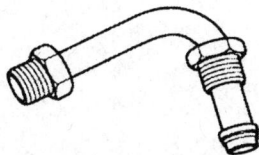 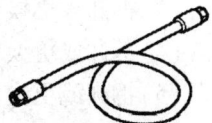

V. A. G 1402　　　　V. A. G 1402/1A　　　　V. A. G 1402/2　　　　V. A. G 1402/6

图6-11　压力测试套件

测试步骤如下：

（1）用一个抽取瓶从电动泵中尽可能地多抽吸液压油。

（2）拆卸下发动机的隔音材料。

（3）拆卸下电动泵组的压力管路，按照图6－12所示的连接方式安装好适配器；确保压力表的手柄在位置2上，如图6－13所示。

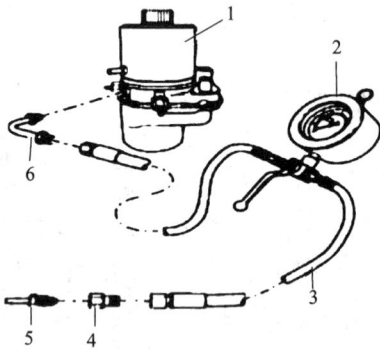

图6－12　安装液压表及适配器

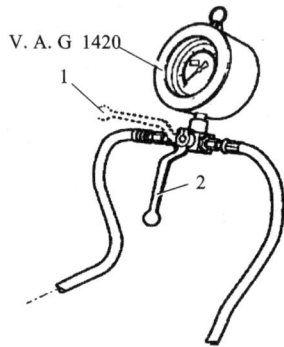

图6－13　压力表手柄位置

（4）加注液压油并检查油位。

（5）对转向系统进行排气，排气的流程见前文所述。

（6）检测输入压力。检车的前提条件是：系统没有泄漏；软管和管路没有弯折或扭转。

（7）启动发动机；在怠速时关闭闭锁栓（位置1，保持时间小于5 s，并记录压力值），输送压力的标准值为：90～105 bar。如果压力没有达到标准，则需更换电动泵组。

（8）左右旋转转向盘至极限位置并保持（闭锁栓位置处于2），读取压力值。如果读取数大大低于第一次测量值，则表明转向器系统已发生泄漏，需要进行维修处理。

（9）拆卸压力表和适配器。

（10）连接压力管路，加注液压油并检查油位，对转向系统排气并检查密封性，如有必要则进行液压油添加。

（11）安装消音板。

7. 转向传感器的基本设定

在完成以下装配工作后必须检查转向传感器的基本设定。

（1）已拆卸或更换转向传感器G85时；

（2）拆卸或更换转向柱后；

（3）拆卸或更换组合开关后；

（4）拆卸或更换转向锁止器壳体后；

（5）拆卸或更换转向器后；

（6）转向盘偏转时。

在进行上述操作后，需使用诊断仪VAS5051（图6－14）对G85进行基本设定。

提示：请先进行故障码读取、数据流检测、故障码清除、确认控制单元没有记忆故障码。

（1）转向零位的设定方法。

①前轮保持直线行驶状态，用 VAS5051 输入地址码 44
后，转型盘左转 4～5°（一般在 10°之内），回正转向盘。

②再向右转 4～5°，将转向盘回正，双手离开转向盘。

③输入 31875，按返回键。

④输入功能 04—60，按激活键。

⑤退出 VAS5051，断开点火开关 6s 后即可。

提示：在做转向零位设定时，发动机不能运行。转向盘
左、右转动后再回正，双手必须离开转向盘，使转向盘静止不
动，以便让控制单元对零位进行确认。

图 6-14 诊断仪 VAS5051

（2）转向助力大小的设定方法。

用 VAS5051 进入 44—10—01，在 VAS5051 屏幕内的条形块上选择某个合适的助力数值
（1～16 挡），按保存键，然后再按接收键。此时屏幕就会显示新设定助力大小的名称，然后
再按返回键，退出即可。

提示：由中间位置向左或向右最大的旋转角度为 90°。

（3）转向极限位置的设定方法。

如果在更换了转向角传感器 G85、转向机总成（含转向控制单元 J500）、转向柱开关总成
（含控制单元 J527）或做过一次四轮定位，做过转向零位（中间）设定后出现故障码 02546，则
需要做转向极限位置的设定，具体方法如下。

①将前轮保持在直线行驶状态，启动发动机，将转向盘向左转动 10°左右，停顿 1～2s，
回正。

②将转向盘向右转动 10°，停顿 1～2 s，回正。

③将双手离开转向盘，停顿 1～2 s。

④将方向盘向左转到底，停顿 1～2 s。

⑤将转向盘向右转到底，停顿 1～2 s。

⑥将转向盘回正，断开点火开关 6s，设定完成。

提示：在做转向零位（中间）设定和转向极限位置设定后，必须用 VAS5051 进入 44—02
查询转向系统有无故障代码，设定工作才能结束。

★ 任务工单

工作单

	任务名称：	
	日期：	
	组长：	
	成员：	

车辆描述：

车型＿＿＿＿＿＿＿＿＿ 发动机型号＿＿＿＿＿＿＿＿＿ 车辆识别码＿＿＿＿＿＿＿＿＿

1. 故障现象描述

_____

_____

2. 选用的工具与材料

_____

_____

3. 描述液压式电控动力转向系统的组成及功用

_____

_____

4. 基本检查情况记录

项目	检查结果
故障灯	
蓄电池、油液	
线路连接	

预测故障：_____

5. 故障码诊断

步骤	注意事项
连接诊断仪	
读取故障码	
读取数据流	
预测故障范围	
故障排除	
清除故障码	

6. 元件检测

（1）传感器检测

项目	检测结果

（2）执行器的检查

项目	检测结果

（3）ECU 与元件连接的检查

项目	检测结果

7. 根据检测结果分析出现该故障原因并提出解决方法

故障分析：_____

_____

修理建议：_____

_____

8. 思考提高

（1）机械式与电动机式转向助力系统在故障检修方面有何不同？

_____

_____

（2）网上查询一下某一款液压式电控动力转向系统常见的故障及解决方法，向同学介绍一下。

_____

_____

任务 6－2　电动式电控动力转向系统检修

★ 情境导入

一辆 2014 款装备了电动助力转向系统的丰田卡罗拉轿车，客户进厂保修故障现象：仪表上转向警示灯常亮，转向沉重。假如你对此车进行检修，你能制定一个详细的检查计划和维修方案吗？

电动助力转向系统警示灯常亮，应先进行故障的快速测量，查找故障码指向的故障位置，同时进行外观检查。转向沉重说明转向助力系统工作出现问题，应重点检查传感器、执行器和线路。

★ 学习目标

完成本学习任务后，你应该能：

1. 能够对电动助力转向系统进行检测。

2. 能够对节气门位置传感器等电子元件进行正确的拆装。

3. 能够参阅汽车维修手册，分析及制定电动助力转向系统检修工作计划。

4. 能够使用解码器对电动助力转向系统故障车辆进行故障诊断与排除。

5. 能够进行团队合作，工作过程符合 6S 管理要求。

6. 能够检查、评价、记录工作结果。

建议课时：6 课时

【相关知识】

一、认识电动式电控动力转向系统

1. 电动式电控助力转向系统概述

液压式电控动力转向系统由于工作压力和工作灵敏度较高，外廓尺寸较小，因而获得了广泛的应用。在采用气压制动或空气悬架的大型车辆上，也有采用气压动力转向的。这类动力转向系统的共同缺点是消耗功率大、容易产生泄漏、制造精度高和转向力不易有效控制等。

随着电子技术的进一步发展，目前越来越多的轿车上采用了电动式电控动力转向系统(简称电动式EPS)，如图6-15所示，它是一种直接依靠电动机提供辅助转矩的电控动力式转向系统。能根据不同情况产生适合各种车速的动力转向，在行驶过程中，电子控制装置可调整电动机的助力改善路感。

图6-15   电动助力转向机

2. 电动式电控动力转向系统的类型

根据电动机对转向系统产生助力的部位不同，电动式电控动力转向系统有三种类型：

(1)转向轴助力式。如图6-16所示。转向助力机械安装在转向轴上。当驾驶员转动转向盘时，控制单元根据接收的转矩、转动方向、车速等信号，控制直流助力电动机的电流。电动机的动力经离合器、电动机齿轮传给转向轴的齿轮，然后经万向节及中间轴传给转向器。

(2)转向器小齿轮助力式。如图6-17所示。转向助力机械安装在转向器小齿轮处。与转向轴助力式相比，可以提供较大的转向力，适用于中型车。

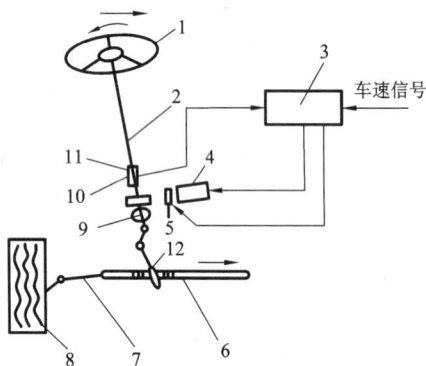

图6-16   转向轴助力式

1—转向盘；2—转向轴；3—电子控制单元；4—电动机；
5—电磁离合器；6—转向齿条；7—横拉杆；8—转向轮；
9—输出轴；10—扭力杆；11—转矩传感器；12—转向齿轮

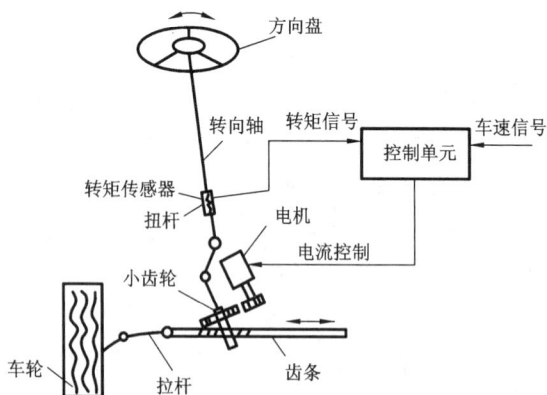

图6-17   转向齿轮助力式

　　(3)转向齿条助力式。如图6-18所示。转向助力机械安装在转向齿条处。电动机通过减速传动机构直接驱动转向齿条。与转向器小齿轮助力式相比，可以提供更大的转向力，适用于大型车，对原有的转向传动机械有较大改变。

　　3. 电动式电控动力转向系统的工作原理

　　在这套系统里不再有油液、管路，取而代之的是直接干脆的电子线路和设备，主要组件有电控单元、车速传感器、转矩传感器、电动机等等，如图6-19所示，原理也不复杂：传感器把采集到的车速、转角信息输送给ECU，ECU决定电动机的旋转方向和助力电流大小，把指令传递给电动机，电动机将辅助动力施加到转向系统中，这样实时调整的转向助力便得以实现，使汽车行驶在低速、中速和高速下都能获得最佳的转向效果。

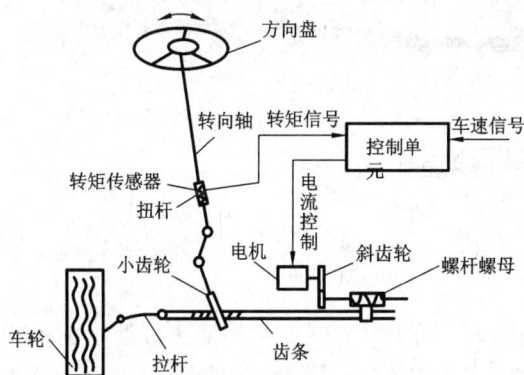

图6-18　转向齿条助力式

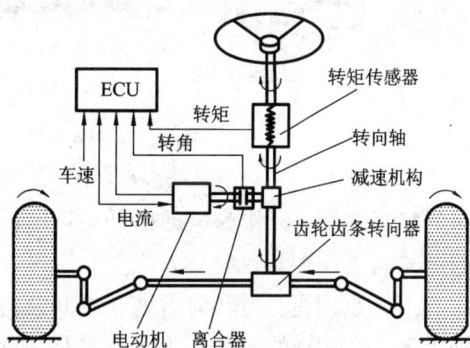

图6-19　电动式电控动力转向系统的基本原理示意图

　　4. 电动式电控动力转向系统结构

　　电动电控动力转向系统主要由电动转向ECU、助力电机、扭矩传感器、车速传感器、电磁离合器等组成，如图6-20所示。电动转向ECU与发动机、制动系统、车身ECU之间通过CAN总线进行信息互动。

　　系统通过安装在转向柱轴上的电动机和减速器的运动，产生扭矩以增加转向力矩。根据车速信号和转向柱总成的扭矩信号，动力转向ECU决定辅助动力的大小和方向，从而实现助力转向的最佳性能。

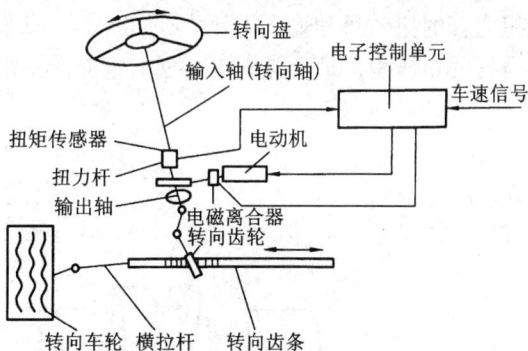

图6-20　电动式电控动力转向系统组成图

　　(1)无刷电机和转向柱。通常采用免维护无碳刷式电动机，如图6-21所示。这种电动机利用电子方式实现整流，而且没有碳刷的磨损，因此具有很好的可靠性和较长的使用寿命。当不需要提供转向助力时，电动机在很小的电流驱动下转动，这样当需要较大的转向助力时，电动机就可以立即提高转速以提供所需的助力。

　　(2)传感器。系统中的传感器主要有车速传感器和转矩传感器，其中车速传感器的作用是测量车辆行驶速度，作为电动助力调节的依据。转矩传感器的作用是测量转向盘与转向器

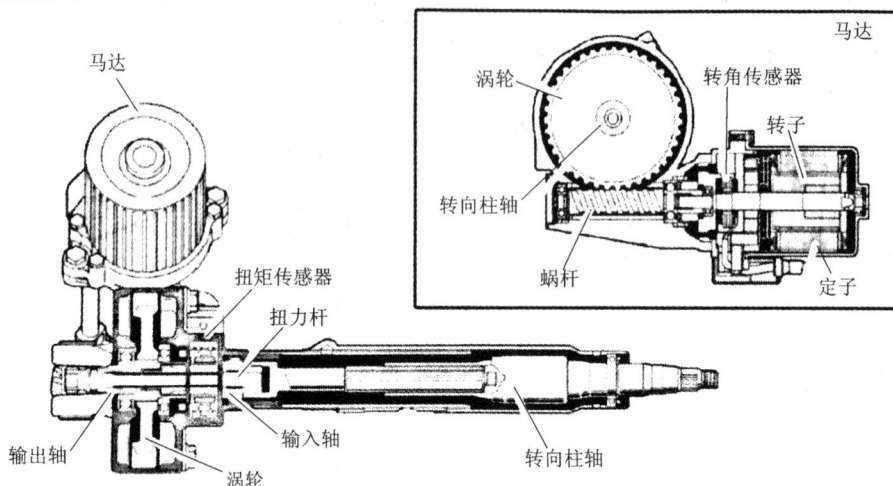

图 6-21 转向柱和无刷电机

之间的相对转矩,以作为电动机动力调节的依据。如图 6-22 所示为一种无触点式转矩传感器的结构与工作原理示意图。

其工作原理是:当转向盘处于中间位置(直驶)时,扭力杆的纵向对称面正好处于图示输出轴极靴 AC、BD 的对称面上,当在 U,T 两端加上连续的输入脉冲电压信号 U_i 时,由于通过每个极靴的磁通量相等,所以在 V,W 两端检测到的输出电压信号 $U_0 = 0$;当转动转向盘时,由于扭力杆和输出轴极靴之间发生相对扭转变形,极靴 A,D 之间的磁阻增加,B,C 之间的磁阻减少,各个极靴的磁通量发生变化,于是在 V,W 之间就出现了电位差。其电位差与扭力杆的扭转角和输入电压 U_i 成正比。所以,通过测量 V、W 两端的电位差就可以测量出扭力杆的扭转角,即可得出转向盘上施加的转矩大小。

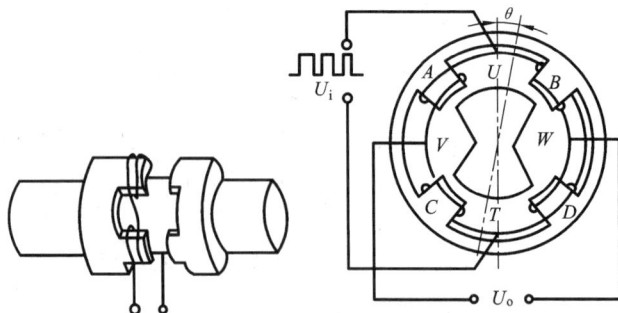

图 6-22 转矩传感器的结构与工作原理示意图

(3)减速机构。减速机构是电动式 EPS 不可缺少的部件,其作用是把电动机的输出进行减速增扭,再传给转向齿轮箱的主要部件。目前已使用的有多种组合方式,如两级行星齿轮与传动齿轮驱动组合式,涡轮涡杆与转向轴驱动组合式等。为了抑制噪声和提高耐久性,减速机构中的齿轮多半采用了特殊齿形或者采用树脂材料。

（4）扭矩传感器。扭杆式扭矩传感器主要由扭杆弹簧、转角－位移变换器、电位计组成，如图 6－23 所示。扭杆弹簧主要作用是检测司机作用在方向盘上的扭矩，并将其转化成相应的转角值。

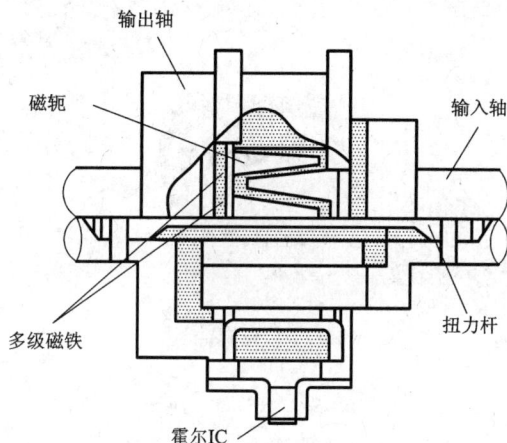

图 6－23　扭矩传感器结构示意图

【工作过程】

一、检测步骤

1. 准备工作

（1）防护装备：工作服、工作帽、手套、劳保鞋。

（2）车辆，台架，总成：卡罗拉整车。

（3）车间设备：举升机、工具车。

（4）手工工具：拆装工具一套。

（5）辅助材料：翼子板布和前格栅布、三件套、抹布、手套、白板笔等。

（6）检测设备：KT600 诊断仪，如图 6－26 所示。

2. 使用自诊断系统进行诊断

（1）读取故障码（DTC）。

①将点火开关置于"OFF"位置。

②连接智能检测仪，并启动检测仪。

③根据检测仪上的提示读取 DTC。

（2）清除故障码（DTC）。

①将点火开关置于"OFF"位置。

②连接智能检测仪，启动发动机并启动检测仪。

③根据检测仪上的提示清除 DTC。

④将点火开关置于"OFF"位置。

⑤从 DLC3 上断开智能检测仪。

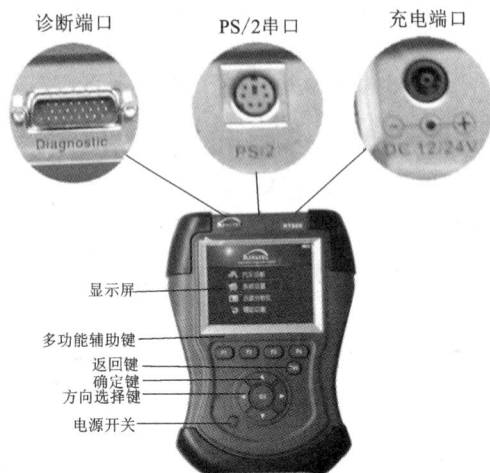

图 6－24　KT600 诊断仪

（3）读取数据流。

定格数据的值根据测量条件、环境或车辆状态的不同变化很大，所以很难准确地显示规定值（判断值）。因此，即使数值在规定范围之内也可能存在故障。将点火开关置于"ON"位置并将车辆停在水平地面上。使用智能检测仪检查定格数据。

①将点火开关关闭，连接智能检测仪。

②打开点火开关置于"ON"位置。

③根据智能检测仪屏幕上的提示检查定格数据。

（4）数据表/主动测试。

利用诊断仪的数据流功能，可对系统中各个组件的工作状态进行检查。

检查步骤如下：

①使发动机暖机。

②将点火开关置于"OFF"，连接检测仪。

③打开点火开关，并正确启动检测仪。

④进入以下菜单：chassis/EMPS/Datalist。

⑤根据检测仪上的显示，读取"Datalist"。

测试数据科与维修手册数据进行比较，如果发现数据有较大偏差，说明该组件存在故障。

3. 扭矩传感器的校准（手动校准）

当出现以下维修过程时，需要进行扭矩传感器的校准。

①转向柱总成（包含扭矩传感器）已更换；

②动力转向 ECU 已更换；

③左右转向力矩有差异。

校准步骤如下：

（1）检测 DTC（故障码）。

检查是否存在 DTC。如果存储了 DTC C1516（扭矩传感器零点调整为完成），则不能校准

扭矩传感器零点。开始校准前清除该 DTC。如果输出 C1516 之外的其他 DTC，则参见维修手册

（2）预先校准检查。

①将点火开关置于"OFF"位置。

②断开动力转向 ECU 连接器 E32。

③将点火开关置于"ON"（IG）位置。

④根据表 6 – 25 中的值测量电压。

表 6 – 25　电压值

检测仪连接	开关状态	规定状态
E32 – 6（IG）– 车身搭铁	点火开关置于 ON（IG）位置	11 ~ 14 V

如果测量值为 9 V 或更低，则不能执行校准。对蓄电池充电或更换蓄电池，然后执行校准。端子位置如图 6 – 25 所示。

⑤将点火开关置于"OFF"位置。

⑥连接动力转向 ECU 连接器 E32。

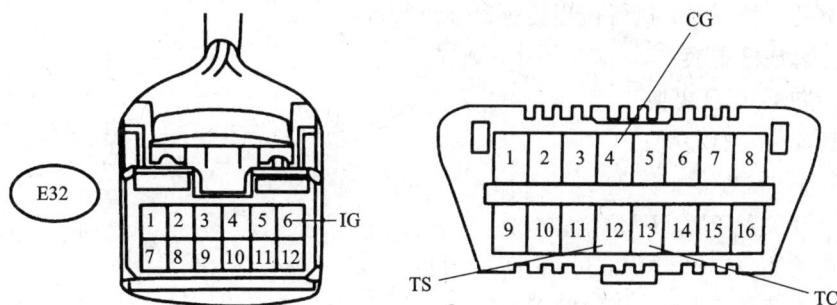

图 6 – 25　端子连接示意图

（3）初始化扭矩传感器零点。

①将方向盘置于中心位置，并将前车轮对准正前方。

②将点火开关置于"OFF"位置。

③使用 SST（短接线），连接 DLC3 端子 12（TS）和 4（CG）。

④使用 SST，连接 DLC3 端子 13（TC）和 4（CG）。

⑤将点火开关置于"ON"位置。

⑥在 20 s 内断开并重新连接 DLC3 端子 13（TC）20 次或更多次。

⑦检查并确认 P/S 警告灯闪烁且一直亮。P/S 警告灯亮起表明 DTC C1516 已被存储。

⑧将点火开关置于"OFF"位置。

（4）执行扭矩传感器零点校准。

①将方向盘置于中心位置，并将前车轮对准正前方。

②将点火开关置于"ON"位置。

③使用 SST,连接 DLC3 端子 12 和 4(图 6 - 25)。

④将点火开关置于"ON"位置。

⑤P/S 警告灯亮起后等待 7s。

⑥确认 P/S 警告灯的闪烁间隔 0.125s(图 6 - 26)。

⑦从 DLC3 上断开 SST。

⑧确保未输出 DTC。

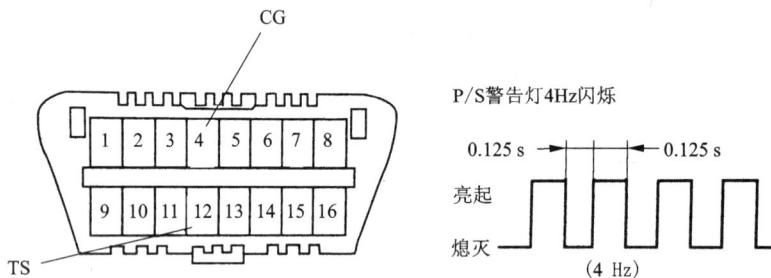

图 6 - 26 端子连接及警告灯闪烁示意图

4. 扭矩传感器的校准(使用智能诊断仪)

出现以下任一情况时,执行扭矩传感器零点校准:

①转向柱总成已更换;

②动力转向 ECU 已更换;

③左右转向力矩有差异;

(1)校准前的检查。

①将点火开关置于"OFF"位置;

②将智能检测仪连接至 DLC3,并正确开机;

③进入以下菜单:chassis/EPMS/Datalist。

④参考表 6 - 28,检查数值。

表 6 - 28 标准值

检测仪显示	测量项目/范围	正常状态	诊断备注
IG Power Supply	ECU 电源电压/最小: 0 V;最大: 20.1532 V	11 ~ 14 V	点火开关置于 ON

(2)执行扭矩传感器零点校准。

如果存储了 DTC C1516(扭矩传感器零点校准为完成),则不能校准扭矩传感器零点。开始校准前清除该 DTC。

①将点火开关置于 OFF 位置。

②将智能检测仪连接至 DLC3。

③启动发动机。

④打开智能检测仪。

⑤进入以下菜单: chassis/EMPS/Utility/Torque Sensor adjustment。

将方向盘置于中心位置，并将前车轮对准正前方。不要快速转动方向盘，扭矩传感器零点校准过程中不要触碰方向盘。

(3)零点校准完成后，确保没有 DTC 输出。

★ 任务工单

工作单

	任务名称:	
	日期:	
	组长:	
	成员:	

车辆描述:

车型_____ 发动机型号_____ 车辆识别码_____

1. 故障现象描述

_____

_____

2. 选用的工具与材料

_____

_____

3. 描述电动式电控动力转向系统的组成及功用

_____

_____

4. 基本检查情况记录

项目	检查结果
故障灯	
蓄电池	
线路连接	

预测故障: _____

5. 故障码诊断

步骤	注意事项
连接诊断仪	
读取故障码	
读取数据流	
预测故障范围	

步骤	注意事项
故障排除	
清除故障码	

6. 元件检测

（1）传感器检测

项目	检测结果

（2）执行器的检查

项目	检测结果

（3）ECU 与元件连接的检查

项目	检测结果

7. 根据检测结果分析出现该故障原因并提出解决方法

故障分析：_____

_____

修理建议：_____

8. 思考提高

（1）电控液压动力转向系统与电动电控动力转向系统有哪些区别？

_____

_____

（2）网上查询一下某一款电动式电控动力转向系统常见的故障及解决方法，向同学介绍一下。

_____

_____

_____

★ 拓展知识

四轮转向控制系统(4WS)

所谓四轮转向(four wheel steering, 4WS)是指汽车转向过程中,4个车轮可根据前轮或行车速度等信号同时相对车身偏转。四轮转向汽车的后轮可以与前轮同向偏转,可以反向偏转,如图6-27所示。

若后轮的转向与前轮转向方向相同,则称同向控制模式。其转弯半径比两轮转向的转弯半径大。汽车在40 km/h以上行驶时,后轮同向偏转角为2.5°。其作用是汽车在转向时车身与行驶方向的偏转角小,减少了汽车调整行驶转向时的旋转和侧滑,提高了操纵稳定性,且能保证汽车在潮湿路面上稳定地转向。若后轮的转向与前轮转向方向相反,称反向(逆向)控制模式,其转弯半径比两轮转向的转弯半径小。低速时后轮逆向偏转角最大为5°,适用于汽车驶入车库和在狭窄的拐角处转弯。随着车速的升高,后轮转向角变小,在车速达到40 km/h时转向角变成0°。这就提高了汽车停车或在狭小空间转向的机动性。四轮转向系统的工作方式有机械式、液压式和电动式等实现方式,其工作原理如图6-28所示。

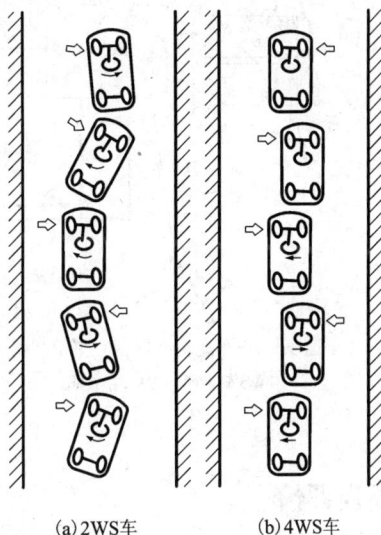

(a)2WS车   (b)4WS车

图6-27 直行时2WS车和4WS车的比较

随着汽车技术的发展,主动安全性日益受到重视。四轮转向是提高主动安全性的方法之一。四轮转向车辆首次出现于20世纪80年代的日本。近年来,本田、日产、马自达等汽车厂商纷纷推出了带有四轮转向控制系统的概念车,并把一些成熟的四轮转向技术应用到了它的普及型汽车中,提高了其汽车的主动安全性。四轮转向系统具有以下显著的优点:首先,在转向时能够基本保持车辆质心侧偏角为零,且能够改善汽车对转向盘输入的动态响应特性,在一定程度上改善了横摆角速度和侧向加速度的瞬态响应性能指标,明显改善车辆高速行驶的稳定性。当在高速行驶中转向时,四轮转向系统通过后轮与前轮的同相转向,能有效降低/消除车辆侧滑事故的发生概率,明显改善车辆高速行驶的稳定性及安全性,进而缓解驾驶者在各种路况下(尤其是在风雨天)高速驾车的疲劳程度。其次,缩小车辆低速转向时的转弯半径。在低速转向时,车辆因前后轮的反向转向能够缩小转弯半径达20%。四轮转向技术使大型车辆具有如同小型车辆的操纵及泊车敏捷性。再次,提高了车辆的挂车能力。通过转向后轴对挂车的转向牵引,四轮转向系统极大地提高了转向操作随动性和正确性,改善了车辆挂车行驶的操纵性、稳定性及安全性。

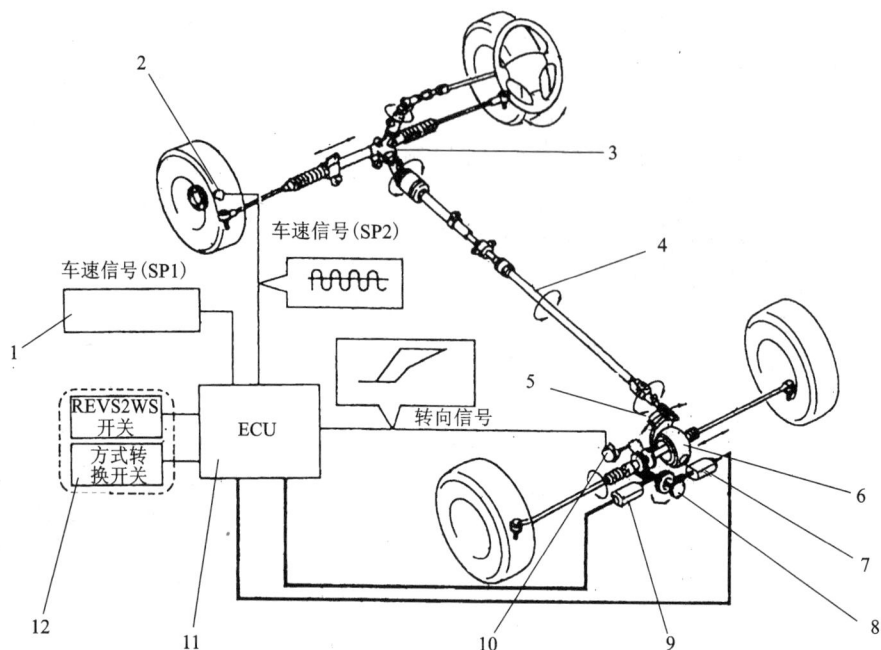

图 6－28　4WS 系统工作原理简图

1—车速表；2—车速传感器；3—输出小齿轮；4—连接轴；5—扇形齿轮；6—转向枢轴；7—伺服电机；
8—4WS 转换器；9—主电机；10—转向角比传感器；11—转向控制单元；12—4WS 开关

项目评价

课程名称		学习项目		
学生姓名		学习小组		
评价内容 ＼ 评价等级	优	良	中	差
相关知识的掌握				
任务实施				
工作单的完成				
6S 管理				
纪律				
团队合作				
教师综合评价				

教师评语：

年　　月　　日

项目七　胎压监测系统的检修

在中国高速公路上发生的交通事故有70%是由于爆胎引起的,而在美国这一比例则高达80%。据国家橡胶轮胎质量监督中心的专家分析,保持标准的车胎气压行驶和及时发现车胎漏气是防止爆胎的关键。汽车轮胎气压监测系统(TPMS)是一项提高汽车主动安全性的新技术。它运用了最新的汽车电子技术、传感器技术、无线发射和接收技术等。本项目设计了一个任务,工作内容包括:典型车型轮胎压力监控系统学习、加装及检查检修方法。

任务7-1　轮胎气压监测系统的检修

★ 情境导入

一辆别克君威轿车的车主反映,该车因前轮缺气(胎压192 kPa),去车行充了气达到了240 kPa,但是完成之后胎压监测显示仪无法正常显示轮胎气压,只是显示"请检修胎压监测系统"。于是送进4S店进行维修,4S店修理师傅说需要对胎压监测系统重新学习一下。

故障分析:原车上配备了胎压监测系统,并一直与车轮上装设的传感器及发射器保持通信,但当轮胎换位或者补气时,需要重新进行学习和设定,系统才能正常工作。

★ 学习目标

完成本学习任务后,你应该能:

1. 能够对胎压监测系统中的组成及工作原理有所了解。
2. 能够对胎压监测的电子元件进行正确的安装拆卸。
3. 能够使用解码器对车辆进行胎压监测系统方面故障诊断与排除。
4. 能够进行团队合作,工作过程符合6S管理要求。
5. 能够检查、评价、记录工作结果。

建议课时:6课时

【相关知识】

一、胎压监测系统概述

胎压监测系统,简称TPMS,即Tire Pressure Monitoring System 的缩写,主要用于在汽车行驶时,适时地对轮胎气压和温度进行自动监测,如图7-1所示。可以对轮胎漏气、低压、高压、高温等危险状态提前进行预警，确保行车安全。在汽车行驶过程中，只有时刻保持轮胎在标准压力下使用，才能尽可能地避免爆胎事故发生。TPMS 能实时监测所有轮胎的气压，对气压过低、气压过高、以及快速漏气等异常状态及时发出报警，提示驾驶员及时处理有效排除爆胎事故的隐患，并能降低整车的油耗，延长轮胎的寿命，对于提高汽车安全性及经济性具有较大贡献。

图 7 - 1　胎压监测系统

图 7 - 2　轮胎故障导致的事故

美国汽车工程师学会的调查，美国每年有 26 万起交通事故是由于轮胎气压低或渗漏造成的，另外，每年 75% 的轮胎故障是由于轮胎渗漏或充气不足引起的，如图 7 - 2 所示。此外，轮胎胎压过高或者过低均会引起不同危害。胎压偏低的危害：轮胎肩部反复折叠，该处橡胶迅速老化，容易爆胎。除了爆胎以外，低压轮胎继续行驶将造成不可逆的损伤：磨两胎肩、鼓包、径向撕裂、过度屈挠会造成帘布断裂或热脱层、油耗增加等。相反地，胎压偏高的危害：轮胎抓地力降低，刹车性能减弱，轮胎快速磨损、磨胎冠中心部位、胎冠变形等不可逆的损伤。分别如图 7 - 3 和图 7 - 4 所示。

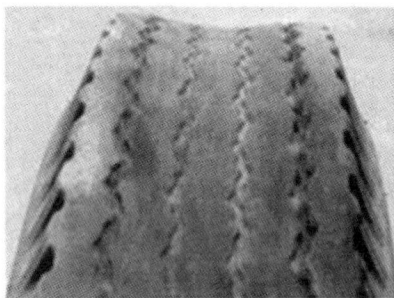

图 7 - 3　磨胎冠中心部位

图 7 - 4　胎冠变形

1. 胎压监测系统的类型

（1）直接式：直接式是目前流行的类型，在每个轮胎内安装电子式气压传感器，通过无线发射接收实现气压监测，然后对各轮胎气压数据进行显示。当轮胎气压太低或漏气时，系统会自动报警。优点是反应快、准确、直观。直接式胎压监测系统按照安装形式的不同，又可以分为车载式（图 7 - 5）和加装式（图 7 - 6）。

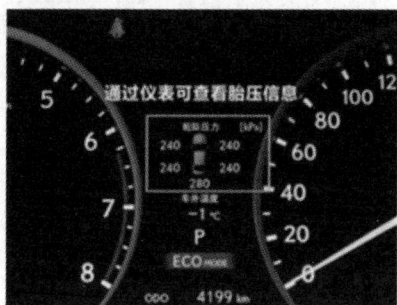

图 7 - 5 车载式

图 7 - 6 加装式

(2)间接式：利用汽车 ABS 刹车系统上的速度传感器来比较四只轮胎的转动次数，若其中一只轮胎胎压较低，这只轮胎的转动次数会和其他轮胎不同，进而判断某个轮胎缺气。这种间接式胎压监测缺点是：静止时不能监测、动态反应时间长、无法指出具体哪个轮胎发生异常。四轮同时缺气不能报警、不能显示轮胎气压值、误报率高(高速)。而且遇上冰雪、砂石、弯道多等状况，轮胎转速差就会较大，当然胎压监测也会失去作用。

(3)直接式与间接式两者的比较如表 7 - 1 所示。

表 7 - 1 直接式与间接式的比较

项目	间接式	直接式
>100 km/h	无法检测	可检测
同侧缺气	无法检测	可检测
误报警	经常出现	无
气压显示	无	可以
温度显示	无	可以
测量精度	低	± 10 kPa
自检功能	无	有
传感器供电	不需要	需要
技术难度	较低	高
安装要求	较低	较高

2. 胎压监测系统的功能

汽车轮胎气压监测系统(TPMS)是一项提高汽车主动安全性的新技术。它运用了最新的汽车电子技术、传感器技术、无线发射和接收技术等。主要功能包括：

(1)欠压报警功能。当轮胎压力低于轮胎冷态气压值(冷态气压可设定，若无设定，则默认为 2.5 bar)的 75%，系统在 30 s 内发出故障报警信息，仪表弹出胎压界面，指示异常轮胎位置。

（2）高压报警功能。当轮胎压力高于轮胎冷态气压值（冷态气压可设定，若无设定，则默认为2.5 bar）的125%，系统在30 s内发出故障报警信息，仪表弹出胎压界面，指示异常轮胎位置。

（3）高温报警功能。当轮胎温度高于设定标准值时（若无设定，系统默认85℃），系统在30 s内发出故障报警信息，仪表弹出胎压界面，指示异常轮胎位置。

（4）漏气报警功能。当轮胎压力处于快速降低时，系统在30 s内发出故障报警信息，仪表弹出胎压界面，指示异常轮胎位置。

（5）系统故障报警功能。当车辆行驶速度超过25 km/h时（从总线获取车速信号），启动轮胎信号计时，当轮胎信号丢失超过10 min，系统发出故障报警信息，仪表弹出胎压界面，指示异常轮胎位置，轮胎数据显示"－－－"。

（6）传感器低电压报警功能。当轮胎传感器出现电池电压过低时，系统发出故障报警信息，仪表弹出胎压界面，指示异常轮胎位置，轮胎数据显示"－－－"。

二、胎压监测系统的组成及工作原理

1. 直接式胎压监测

1）系统组成

（1）发射器。发射器安装于轮胎内，将收集到的轮胎信息发送到接收机并且在显示器上进行显示。其作用是检测汽车轮胎气压和温度的大小，有两种常见的类型，一种是安装在汽车轮胎内（内置式），另一种是安装在车轮的气嘴上的（外置式），如图7-7（a）和图7-7（b）所示。

(a)内置式发射器　　　　　　　　　　　(b)外置式发射器

图7-7　发射器

胎压传感器直接安装在每个轮胎里测量轮胎压力和温度，并将测量得到的信号通过高频无线电波（RF）发射给胎压接收器。如图7-8所示，发射器壳体内有压力和温度传感器、发射天线、测量和控制组合电子装置、供电电池等构成。

（2）胎压接收器。如图7-9（a）和图7-9（b）所示，胎压接收器一般安装在

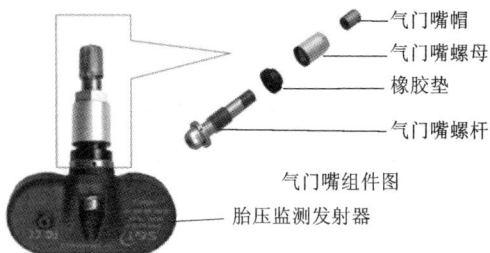

气门嘴帽
气门嘴螺母
橡胶垫
气门嘴螺杆

气门嘴组件图

胎压监测发射器

图7-8　胎压发射器的构造

车内的某个位置，例如在驾驶员的座位底下，负责接收胎压传感器发射的信号，将各个轮胎的压力和温度数据实时传递到车内的显示系统上，供驾驶者参考。如果轮胎的压力或温度出现异常，胎压接收器根据异常情况，发出不同的警报信号，提醒驾驶者采取必要的措施。

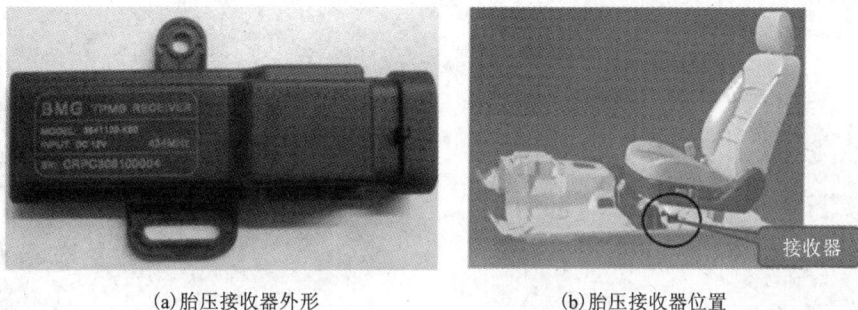

(a)胎压接收器外形　　　　　　　(b)胎压接收器位置

图7-9　胎压接收器

（3）显示系统。如图7-10所示，显示系统控制器隐藏安装于车身内，接收胎压接收器传输的数据信号，将各个轮胎的压力和温度数据通过CAN总线实时传递到仪表板内置或者外置的显示屏上显示出来，供驾驶者参考。

图7-10　车载显示系统

2）工作原理

如图7-11所示，直接式胎压监测系统通过安装在轮胎内的发射器直接检测每个轮胎的气压和温度数据；数据通过无线传输至接收机，接收机经过数据分析后在显示器上显示出每个轮胎压力和温度数据；系统通过不断分析连续数据来发现异常状况，并针对不同的异常状况通过显示器向驾驶员发出各类声光警报。当轮胎出现如漏气等故障时会发出声音报警并且迅速指出故障轮胎位置，以便维修。

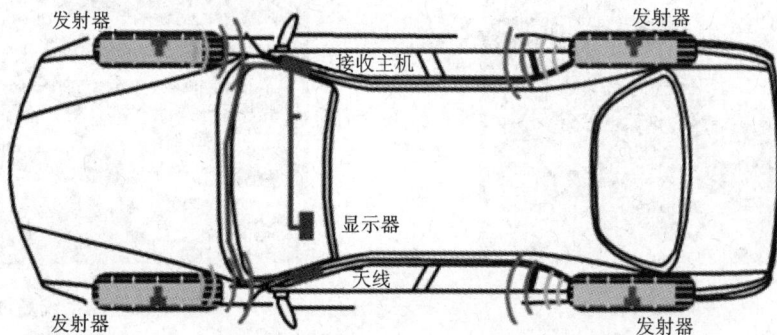

图7-11　胎压监测系统的工作简示图

2. 间接式胎压监测

1）系统组成

（1）轮速传感器。如图 7 - 12 所示，轮速传感器是压监测系统的重要组成部件之一，实时监测四个轮子的转速信息。轮速传感器通常利用电磁感应或者霍尔效应原理检测车轮转速。

图 7 - 12   轮速传感器

图 7 - 13   ABS/ASR 控制单元

（2）ABS/ASR 控制单元。间接式胎压监控系统中没有独立的 TPMS 控制单元，而是利用 ABS/ASR 控制单元或动态稳定控制单元来作为胎压控制系统的主控单元。如图 7 - 13 所示，由该系统负责对轮速传感器的信号进行采集、分析与计算，监控轮胎胎压是否正常，同时也对传感器、报警灯等部件及其线路进行监控。

（3）胎压报警灯与复位开关。胎压报警灯的作用是当某轮子胎压异常时提醒驾驶员注意的，一般位于仪表上，如图 7 - 14 所示。复位开关通常见于间接式胎压监测系统，一般位于变速杆前方。当轮胎进行放气或充气之后，需要重新设定胎压标准值。方法为按压 SET 键 3 s，仪表指示灯点亮一次并有"叮"的一声，完成初始化。当轮胎重新设定后，胎压监测系统要在车辆行驶最少 15 ~ 20 km 才能正常工作。SET 键的位置如图 7 - 15。

图 7 - 14   报警灯

图 7 - 15   胎压监测系统复位开关

2）工作原理

如图 7 - 16 所示，在间接测量式胎压监控系统中，轮速传感器作为监控系统标准信号的输入传感器，用以检测每个车轮的转速。胎压监控 ECU 只是集成在 ABS/ASR 模块中的一个功能，利用非压力传感器测得相关数据，再利用轮胎的力学模型间接计算出轮胎气压，或者通过轮胎之间的气压差别来达到监测胎压的目的。目前有常用转速检测法和频率监测方法。

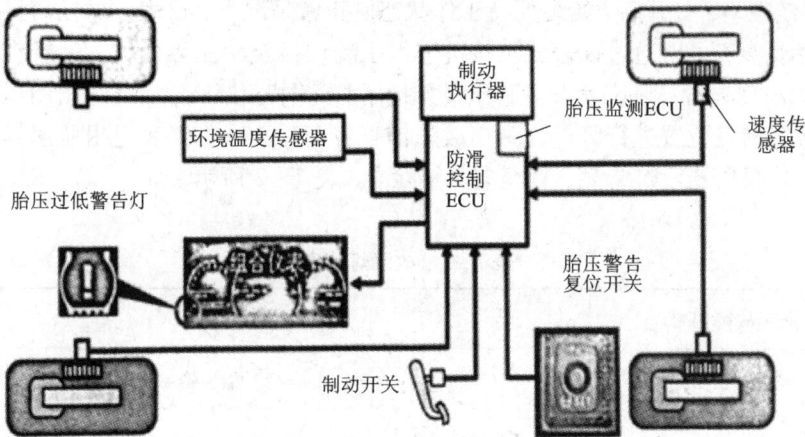

图 7-16　间接式胎压监测系统的工作原理

（1）转速检测法。这种系统是通过汽车 ABS 系统的轮速传感器来比较轮胎之间的转速差别，以达到监视胎压的目的。该类型的主要缺点是无法对两个以上轮胎同时缺气的状况和速度超过情况进行判断。工作原理是：当某轮胎的气压降低时则该轮的滚动半径变小，100 km/h 导致该轮转速比其他车轮快，通过比较轮胎之间的转速差别，以达到监视胎压的目的。所以，间接轮胎报警系统实际上依靠计算轮胎半径对胎压进行监测，如图 7-17 所示，当某一车轮的胎压降低时，其动态半径减小，车轮转速增加，系统利用这一特性计算出该轮的胎压数值。当胎压低于预设的限值时，系统点亮报警灯，提示胎压低。

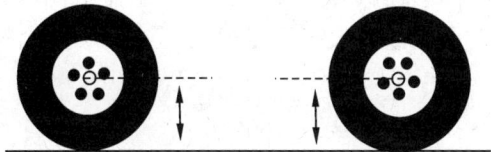

图 7-17　相对轮速差监测法

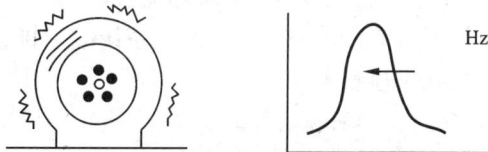

图 7-18　共振频率检测法

（2）频率监测法。在汽车行驶过程中，轮胎的弹簧常数随轮胎气压的变化而发生变化。如图 7-18 所示。利用四个车轮上安装的 ABS 车轮传感器产生的波形并经过处理，求出轮胎的共振频率，由此可得出轮胎的弹簧常数，再根据轮胎和弹簧常数成正比关系，最后求出轮胎气压。轮胎气压低时，控制单元检测出并传出信号到报警灯。

三、胎压监测系统的检修

1. 开机系统自检

点火开关或者钥匙打到 ON 挡开始进行 TPMS 自检，在 10 s 内应可以显示所有轮胎信息

（采用熄火前的数据，为节约熄火耗电，熄火状态下关闭接收监控），如果轮胎有异常，发出报警信息，点亮 TPMS 故障灯。

2. 系统运行状态检查

TPMS 系统在 ON 打开后，始终保持工作状态。正常情况下，仪表不做任何显示。如需查看当前的轮胎信息，可以通过仪表分页按键进行手动切换至胎压界面，显示当前轮胎数据信息。如果轮胎出现异常，则仪表点亮胎压报警指示灯，同时仪表显示屏弹出胎压界面，显示轮胎信息，故障信息位置进行闪烁。弹出故障信息界面后 10 s，仪表退出胎压界面，返回原先界面，但胎压报警指示灯常亮，直至故障解除。如表 7 − 2 所示。

表 7 − 2　故障灯状态

胎压监测系统故障灯状态	条件
熄灭	轮胎正常
点亮	某个轮胎气压 ≥ 2.8 bar
	某个轮胎气压在 30 s 内下降超过 0.16 bar
	某个轮胎气压 ≤ 1.7 bar
	某个轮胎温度 ≥ 85 ℃
	车速 ≥ 30 km/h 时，控制器连续 10 min 未收到某个轮胎的信号
	某个轮胎传感器电量低于设定值。

此时轮胎故障报警灯点亮。且仪表组合屏会显示文字提醒"某某轮漏气、某某轮压力过低、某某轮压力过高、某某轮温度过高、某某胎压传感器故障、某某胎压传感器电池电量低"，且蜂鸣器鸣响。如果胎压系统故障排除，此时胎压故障报警灯点熄灭，文字提醒取消，蜂鸣器停止鸣响。

3. 故障码读取

轮胎气压监测系统出现故障时，要区分检查轮胎气压过高/过低故障和胎压监测系统故障是很重要的。理解两个不同故障的区别有助于区分正常系统操作（轮胎需要充气）和系统故障。检查轮胎气压过高/过低信息灯和维修轮胎监测信息灯之间有两个重要的不同点：一是"检查轮胎气压/胎压气压过低"警告灯始终点亮，系统未设置故障码，说明轮胎气压监测系统正常工作，校正轮胎气压即可解决问题。二是驾驶员仪表显示中心上提示"请检修胎压监测系统"，警告灯闪烁，系统设置故障码，这时胎压监测系统才需要诊断修理，常见故障码如表 7 − 3 所示。

提示：胎压监测正常值需要设定，或是经过一定时间采集而成。胎压监测装置并不完善，建议定期人工检查胎压。

表7-3　TPMS故障码一览表(以东风AX7车型为例)

序号	故障对象名称	DTC码显示码	故障类型描述	设置条件	恢复条件	自愈条件	可能故障原因	维修建议
1	电源电压	U3003	电源电压低于7.5V	电源电压低于7.5V超过1s，当检测到故障出现时DTC会立即确认	电源电压连续高于8.5V超过2s	连续40个周期未检测到该故障达到故障清除条件	电源系统电量低	充电
		U3003	电源电压高于18V	电源电压高于18±0.2V超过1s，当检测到故障出现时DTC会立即确认	电源电压连续低于16V超过2s	连续40个周期未检测到该故障达到故障清除条件	电源系统的供电压高	降低电源电压
2	未检测到有效的传感器	B1700	未检测到有效的传感器ID	ECU模块上电启动，检测到LF, RF, RR, LR的任一位置传感器ID=0×FFFFFFFF	检测到4个轮胎的ID都为非0×FFFFFFFF	连续40个周期未检测到该故障达到故障清除条件	①为学习ID; ②从EEPROM读取ID失败	①重新学习ID; ②更换接收模块
3	未检测到有效的标准压力值	B1701	未检测到有效的标准压力值	ECU模块上电启动，检测到标准压力值处于值范围之外(1.8~2.2 Bar)	检测到ECU存储有正确的标准压力值	连续40个周期未检测到该故障达到故障清除条件	①未设置标准压力值; ②从EEPROM读取标准压力值失效	①重新设置标准压力值; ②使车辆处于行驶状态后测试能否恢复接收
			左前轮收不到胎压数据	10 min未收到更新数据	连续3次有效RF数据	连续40个周期未检测到该故障达到故障清除条件	①传感器故障; ②信号处于被故障得物屏蔽的位置	①更换传感器; ②使车辆处于行驶状态，测试能否恢复接收
4	左前轮	B1702	左前轮传感器电池电量低	传感器电池电量低于2.1V	连续3次非低电压数据	连续40个周期未检测到该故障达到故障清除条件	传感器电池电量低于2.1V	更换传感器

续表 7－3

序号	故障对象名称	DTC 码显示码	故障类型描述	设置条件	恢复条件	自愈条件	可能故障原因	维修建议
5	左后轮	B1703	左后轮收不到胎压数据	10 min 未收到更新数据	连续 3 次有效 RF 数据	连续 40 个周期未检测到该故障 达到故障清除条件	①传感器故障；②信号处于行驶时被屏蔽的位置	①更换传感器；②使车辆处于行驶状态测试，测试能否恢复接收
			左后轮传感器电池电量低	传感器电池电量低于 2.1 V	连续 3 次非低电压数据	连续 40 个周期未检测到该故障 达到故障清除条件	传感器电池电量低于 2.1 V	更换传感器
6	右前轮	B1704	右前轮收不到胎压数据	10 min 未收到更新数据	连续 3 次有效 RF 数据	连续 40 个周期未检测到该故障 达到故障清除条件	①传感器故障；②信号处于行驶时被屏蔽的位置	①更换传感器；②使车辆处于行驶状态测试，测试能否恢复接收
			右前轮传感器电池电量低	传感器电池电量低于 2.1 V	连续 3 次非低电压数据	连续 40 个周期未检测到该故障 达到故障清除条件	传感器电池电量低于 2.1 V	更换传感器
7	右后轮	B1705	右后轮收不到胎压数据	10 min 未收到更新数据	连续 3 次有效 RF 数据	连续 40 个周期未检测到该故障 达到故障清除条件	①传感器故障；②信号处于行驶时被屏蔽的位置	①更换传感器；②使车辆处于行驶状态测试，测试能否恢复接收
			右后轮传感器电池电量低	传感器电池电量低于 2.1 V	连续 3 次非低电压数据	连续 40 个周期未检测到该故障 达到故障清除条件	传感器电池电量低于 2.1 V	更换传感器

续表 7 – 3

序号	故障对象名称	DTC码显示码	故障类型描述	设置条件	恢复条件	自愈条件	可能故障原因	维修建议
8	CAN 总线关闭	U0001	CAN 总线关闭	连续 2 次检测到 CAN 总线关闭	2 s 内未发生 Bus off	连续 40 个周期末检测到该故障达到故障清除条件	节点由于错误帧触发，进入节点关闭状态	检测通信电路异常，如有无 CANH 和 CANL 短路等通信故障
9	车速信号丢失	U0121	车速信号丢失	连续 50ms 收不到 0 x A0 报文，超时计数器加 1，计数到 10 时记录故障码	超时计数器未 0	连续 40 个周期末检测到该故障达到故障清除条件	ESC 故障或短线，仪表故障或断线或 CAN 线故障	检查 CAN 线束，仪表，ESC
10	仪表通讯丢失	U0155	IC 通讯丢失	IC1（0 x 320）报文连续 5 倍周期末收到，超时计数器加 1，计数达到 10 时记录故障码	超时计数器未 0	连续 40 个周期末检测到该故障达到故障清除条件	仪表故障或断线，或 CAN 线故障	检查 CAN 线束，仪表
11	软件校验码故障	U0390	软件校验码故障	计算的软件校验和存储的不一致	计算的软件校验码和存储的验码一致	连续 40 个周期末检测到该故障达到故障清除条件	软件更新	

【工作过程】

一、准备工作及相关技术要求

（1）防护装备：工作服、手套、劳保鞋。

（2）车辆设备：装备 TPMS 的整车，如东风 AX7 轿车；铁将军胎压监测系统套装。

（3）车间设备：举升机、工具车。

（4）监测设备：KT600 诊断仪或原厂诊断仪。

（5）手工工具：拆装工具一套。

（6）辅助材料：翼子板布和前格栅布、三件套、抹布、手套等。

（7）注意事项：按照安全操作规程完成工作；胎压应标准值充气，严禁过充；拔插电脑专用仪器时，应该关闭点火开关，以免损坏电脑 ECU。

二、直接式胎压监测系统的安装

（1）使用扒胎机拆胎，并去掉原气嘴。将传感器的气门嘴螺母拧下，气门嘴端从轮毂气门嘴孔穿出，如图 7－19 所示。

（2）用手将传感器螺母旋上，再用 12 mm 套筒拧紧。力矩（3.8±0.3）N·m，如图 7－20 所示。

（3）装上橡胶轮胎。

图 7－19　拆卸车胎

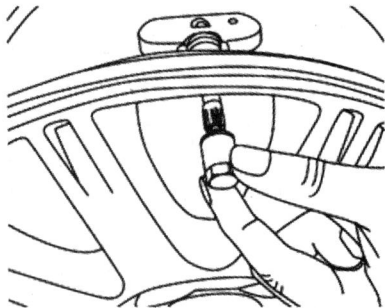

图 7－20　安装传感器

提示：在定位扒胎机的分离铲时，注意不要直接压在传感器上。

（4）将轮胎充气到标准压力，然后用肥皂水检查气门芯和锁紧螺母处是否漏气，如图 7－21 和图 7－22 所示。

（5）盖上气门嘴帽，传感器安装完毕。

（6）传感器安装完毕调整轮胎的动平衡，如图 7－23 所示。

（7）匹配参数。安装显示屏，保证牢固。启动发动机进入胎压检测界面，按对应的轮胎，手动匹配各项参数。在匹配参数的过程中要注意轮胎要进行充气、放气连续超过 4 s，系统才能收到数据信息，如图 7－24 所示。

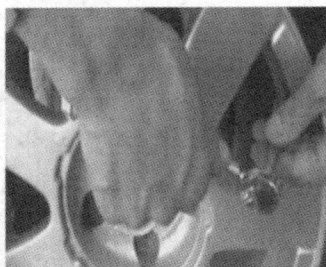

图7-21　轮胎重新充气

图7-22　检查漏气

图7-23　轮胎动平衡

图7-24　行车检验

（8）行车运行检验。行车检验系统，并按实际情况调整更精确的胎压值。

三、轮胎气压监测系统的初始化

胎压监测系统在以下情况时需要做初始化设置：轮胎漏气后充气，更换车轮和轮胎，轮胎换位，对胎压监测系统进行维修后等。初始化设置需要先将点火钥匙置于 ON 挡，调节仪表分页开关至胎压信息显示界面，长按灯光组合开关端部按键约 3~5 s，进入胎压系统学习模式，如图 7-25 所示，接着进行如下操作：

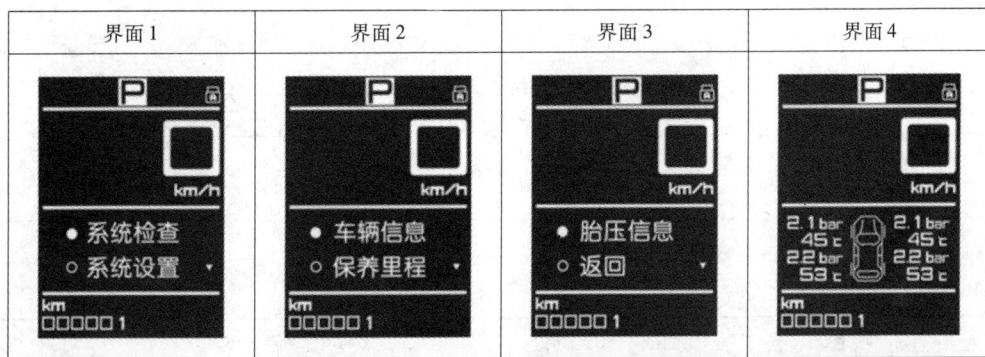

图7-25　初始化学习

（1）按动灯光组合开关端部，进入图界面1，再按一次左边开关，进入图界面2；

（2）按动刮水器/洗涤器组合开关端部（两次），进入图界面3；

（3）按动灯光组合开关端部，进入图界面4；在图界面4时，长按灯光组合开关端部约3~5 s，进入胎压学习，此时界面上会显示"胎压学习开始"。

（4）利用厂家配置的激活工具（图7-26）激活左前轮传感器，传感器发送ID学习数据信息给控制器，控制器接收到信息后完成对左前轮的学习，此时仪表显示"左前轮学习完毕"，蜂鸣器蜂鸣一声。

（5）依次完成右前轮、右后轮、左后轮的学习，完成后仪表显示"胎压学习成功"。

图7-26　激活工具

提示：上述学习过程应在240 s内完成，超时TPMS控制器自动退出学习模式，没有学习到的轮胎ID置为无效，仪表上无信息显示；轮胎学习顺序为"左前、右前、右后、左后"，不可调换。

★ 任务工单

工作单

任务名称：	
日期：	
组长：	
成员：	

车辆描述：

车型＿＿＿＿＿＿＿　发动机型号＿＿＿＿＿＿＿　车辆识别码＿＿＿＿＿＿＿

1. 故障现象描述

＿＿＿＿＿＿＿＿＿＿＿＿＿＿＿＿＿＿＿＿＿＿＿＿＿＿＿＿＿＿＿＿＿＿＿＿＿＿

2. 选用的工具与材料

＿＿＿＿＿＿＿＿＿＿＿＿＿＿＿＿＿＿＿＿＿＿＿＿＿＿＿＿＿＿＿＿＿＿＿＿＿＿

3. 描述胎压监测系统的组成及功用

＿＿＿＿＿＿＿＿＿＿＿＿＿＿＿＿＿＿＿＿＿＿＿＿＿＿＿＿＿＿＿＿＿＿＿＿＿＿

4. 基本检查情况记录

项目	检查结果
故障灯	
蓄电池、油液	
线路连接	

预测故障：＿＿＿＿＿＿＿＿＿＿＿＿＿＿＿＿＿＿＿＿＿＿＿＿＿＿＿＿＿＿＿＿＿＿

5. 故障码诊断

步骤	注意事项
连接诊断仪	
读取故障码	
读取数据流	
预测故障范围	
故障排除	
清除故障码	

6. 元件检测

(1)传感器检测

项目	检测结果

(2)执行器的检查

项目	检测结果

(3)ECU 与元件连接的检查

项目	检测结果

7. 根据检测结果分析出现该故障原因并提出解决方法

故障分析：_____

修理建议：_____

8. 思考提高

(1)原车配备的与额外加装的胎压监测系统在故障检修方面有何不同？

_____
_____
_____

（2）网上查询一下某一款车型胎压监测系统常见的故障及解决方法，向同学介绍一下。

_____

_____

_____

★ 拓展知识

外置式胎压监测装置的加装

有一些轿车没有间接式胎压监控系统，也没有直接式胎压监控系统。车主只能通过出发前对轮胎的观察来进行判断，也不能行车时实时掌握轮胎状况。因此加装胎压监测仪是有必要的。下面介绍一款外置式的胎压监测，安装过程十分方便，车主可以自己独立完成。

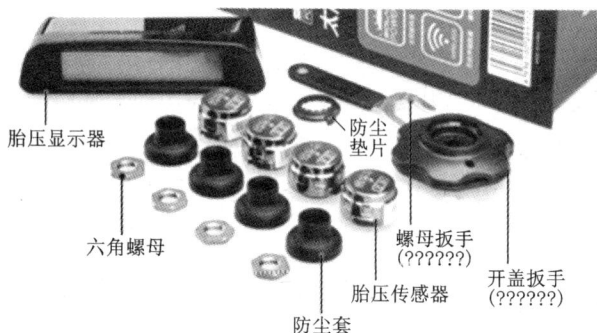

图 7 - 27　某铁将军胎压监测产品

产品包装里主要有胎压显示器、四个胎压传感器、防尘套，以及安装时要用的小零件和工具，包括六角螺母、防尘套、防尘垫片、开盖扳手与螺母扳手（图 7 - 27）。四个外置胎压传感器有对应轮胎位置的标识，需要安装到对应位置的轮胎上，不能混用的。胎压传感器内有纽扣电池，正常情况下可以使用 2～3 年。胎压显示器采用太阳能供电方式，在向上的面板上有一块太阳能充电板。

图 7 - 28　胎压传感器

图 7 - 29　传感器电磁安装

外置胎压监测仪的优势就是不需要拆卸轮胎，也都不需要调试和接线。只需要 5 min 就可以轻松完成安装（图 7 - 30）。把气嘴的防尘盖扭开，然后套入防尘套，把六角螺母装上，装上胎压传感器，用螺母扳手把传感器扭紧。这样就完成一个胎压传感器的安装。下面是安装的步骤：

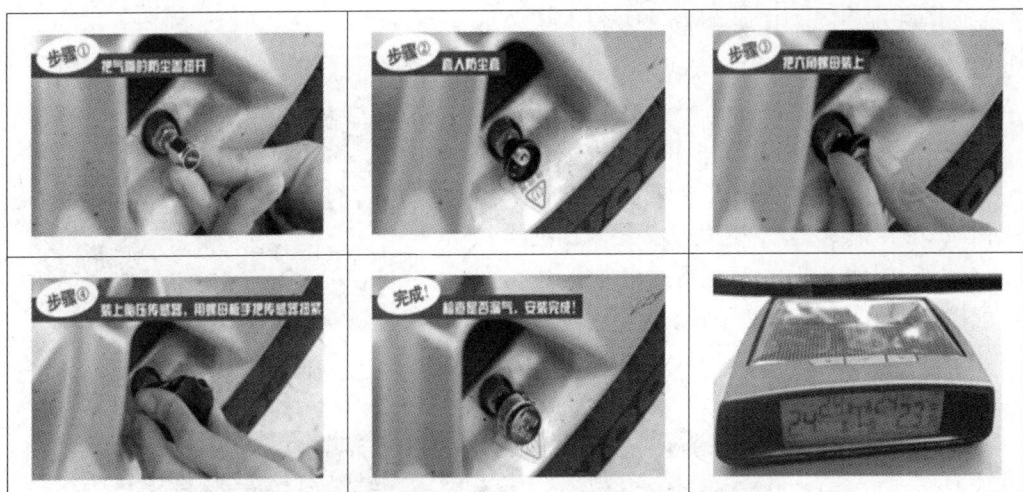

图 7 - 30　铁将军外置式胎压监测系统 DIY

最后，就是安装点烟式显示器的插入到车上，刚把显示器插入点烟口的瞬间，显示器上的警示灯会变红色，约 2 s 后熄灭，此外当你的车速大于 20 km 行驶时，胎压测试系统会自动刷新数据。因为要行驶到 20 km 才会有数据接收，四个轮子都安装成功后，正常情况下只显示胎压数值。

最新的铁将军胎压监测装置产品，通过下载手机 App，便可实现胎压监测报警器与手机的连接，车主可以通过手机来看到监测的数据情况。车辆点火后，铁将军的蓝牙接收器瞬间启动，手机铁将军客户端和蓝牙接收器匹配后，车上人员就可以看到手机上的实时监控数据，非常方便，而且手机显示四个轮胎的信息也很全面，包括胎压，温度，以及是否漏气等信息，如图 7 - 31(a)和图 7 - 31(b)所示。

(a)手机客户端软件　　　　　　(b)手机连接

图 7 - 31　手机实时监控

当某一轮胎气压出现异常情况时，除了接收器会有灯光提醒(图 7 - 32)与警报声外，手机客户端会有十分形象的图像进行提醒[图 7 - 33(a)]。清晰地告诉车主，哪一个轮胎发生什么问题，令车主可以及时做出相应的应对措施。

除了可以准确监测到轮胎慢漏气的情况外，铁将军还可以对轮胎气压过高与轮胎温度过高的情况进行检测,并且明确指出哪一个轮胎出现问题,如图 7 - 33(b) 所示。

铁将军的外置式胎压产品不仅具备了灵活方便、容易安装的特性,而且适用于主流手机使这款胎压监测产品拥有更简便的连接方式和更直观的显示界面;在实际使用上,这款产品经测试也非常可靠,实时监测的胎压状况也能很好地提醒车主轮胎的使用情况,很大程度地降低了开车的隐患,为行车提高了安全系数。

图 7 - 32　接收器

(a)漏气提示　　　　　　　　(b)温度过高提示

图 7 - 33　手机客户端的提示

📝 项目评价

课程名称		学习项目		
学生姓名		学习小组		
评价内容 ＼ 评价等级	优	良	中	差
相关知识的掌握				
任务实施				
工作单的完成				
6S 管理				
纪律				
团队合作				
教师综合评价				

教师评语:

　　　　　　　　　　　　　　　　　　　　　　　　　年　月　日

项目八　定速巡航系统的检修

相比起传统的油门控制，汽车的巡航控制技术让驾驶变得更加轻松舒适，定速巡航控制系统能根据汽车实际运行状况，能实现对车辆的速度进行控制。该系统工作可靠性对各组成部件有较高要求。本项目设置了一个任务——定速巡航电控系统检修，主要完成定速巡航控制系统的基础知识学习与故障检修的技能学习。

任务 8-1　定速巡航系统的检修

★ 情境导入

一辆丰田卡罗拉汽车，因发动机的机械故障，对发动机进行了拆装检修。装复之后，发现该车的定速巡航功能即失去作用。作为修理工，当你接到此工单之后，你将如何开展检查修复工作。

定速巡航系统涉及的电控元件较多，要解决这个问题，首先需要学会该系统的结构组成、使用方法及控制原理。

★ 学习目标

完成本学习任务后，你应该能：

1. 能正确描述汽车巡航控制系统的作用及工作原理。
2. 能识别定速巡航控制系统的组成元件及其作用。
3. 能正确使用和操纵定速巡航控制系统。
4. 能完成定速巡航控制的故障诊断及检修。
5. 能够进行团队合作，工作过程符合 6S 管理要求。
6. 能够检查、评价、记录工作结果。

建议课时：6 课时

【相关知识】

一、定速续航系统的概述

定速巡航系统（Cruise Control System）缩写为 CCS，又称为定速巡航行驶装置、速度控制系统、自动驾驶系统等。如图 8-1（a）和图 8-1（b）所示，按司机要求的速度合开关之后，不用踩油门踏板就自动地保持车速,使车辆以固定的速度行驶。采用了这种装置,当在高速公路上长时间行车后,司机就不用再去控制油门踏板,减轻了疲劳,降低了交通事故发生概率。同时减少了不必要的车速变化,可以节省燃料,提高汽车的经济性和环保性,减少磨损延长寿命。

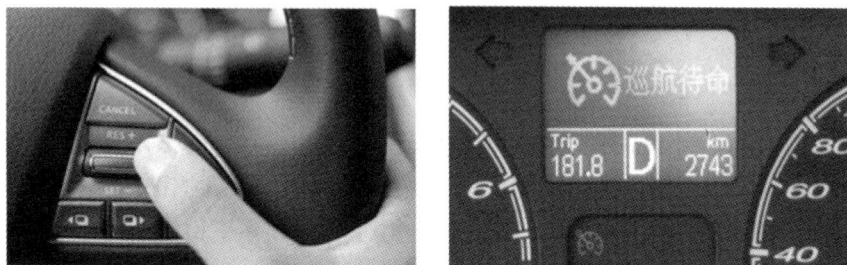

(a)巡航系统的控制   (b)巡航系统的显示

图 8-1　车上定速巡航系统

1. 基本功能

巡航控制系统功能有车速设定功能、消除功能、恢复功能、制动踏板消除功能、低速自动消除功能、加速功能、滑行功能、其他一些功能,如电子节油功能,油门加速功能,限速设定功能,刹车故障报警功能等。

(1)定速巡航功能。主要是通过巡航控制组件读取车速传感器发来的脉冲信号与设定的速度进行比较,通过精准的电子计算发出指令,保证车辆在设定速度下的最精准供油量。

(2)电子节油功能。主要是通过智能优化控制节气门的开启角度与开启时间,有效屏蔽电子油门传感器由于颠簸路段及不良驾驶习惯形成的杂乱信号,经过精确计算喷油量,使燃油得到最充分燃烧,来实现节油。

(3)油门加速功能。主要是通过提高节气门响应灵敏度实现的,当系统发现司机有加速意愿时,会驱动节气门尽可能快的打开,这样就使油门响应的敏感度得到了提高。在油门踏板被踩下时,控制器会根据踩下幅度、时间计算油门信号的变化率,变化越快,说明加速要求越强烈,最终实现油门响应速度更快,整车的动力感会明显增加,能够让司机感觉到整车动力大大提升。

(4)限速设定功能。通过控制器,根据限定的速度值,设定输出油门信号最大值,当油门输出信号超不过设定的最大值,来实现限制速度的目的。

(5)刹车故障报警功能。通过采取刹车电路的信号,当刹车电路或刹车保险故障时,会通过告警的方式对司机进行提示。如今一些高端配置的车上,还具有智能控制与前车保持安全距离的功能等等。随着汽车技术的快速发展,汽车巡航系统的功能会不断地增加。

2. 定速巡航控制系统的类型

随着汽车技术的不断发展,目前定速巡航主要分为三大类:

(1)机械拉线式(适用于油门控制方式采用机械拉线式控制的车辆)。

(2)电子式(适用于油门控制方式采用电子式控制的车辆)。

(3)电子智能多功能式(适用于油门控制方式采用电子式控制的车辆)。

　　传统机械拉线式定速巡航是通过巡航控制模块给机械执行机构（真空泵或伺服电机）发出指令，由执行机构机械的控制节气门的开度，来实现定速巡航功能。其优势为：通用型很强，大部分拉线式油门的车都可以通用，开发成本低。其劣势在于：①控制精确度低；②有机械故障卡位的可能，安全性、可靠性稍差。常说所谓的使用、安装定速巡航有油门失控的危险性也是对此机械拉线式定速巡航而言的。

　　电子式定速巡航，摒除了机械执行部分，能够完全精准地通过电子信号控制，通过行车电脑控制节气门。其优势为：①安全性、可靠性得到了有效地保障，完全消除了油门失控的可能性的发生，消除了大众对定速巡航危险性的顾虑。②可以实现多功能化，能够增加使用性价比。其劣势为：通用型差，专车专用，开发成本高，因此普及性差。

二、巡航系统组成及工作原理

　　汽车巡航控制系统原理如图 8－2 所示。它包括控制器、节气门执行器、发动机及变速器、车速传感器和操纵开关等部分。控制器由线性放大器 K0 和积分放大器 K1 组成，有两个输入信号，一个是实际车速的反馈信号，由车速传感器检测后反馈给控制器，另一个是驾驶员按要求直接设定车速，控制器检测辨别不同信号后，产生一个控制信号送至节气门执行器，节气门执行器根据所接收到的信号调节发动机节气门开度，从而保证车速稳定性。控制器作为巡航控制系统的核心部件，其所采用的控制技术直接决定控制结果。

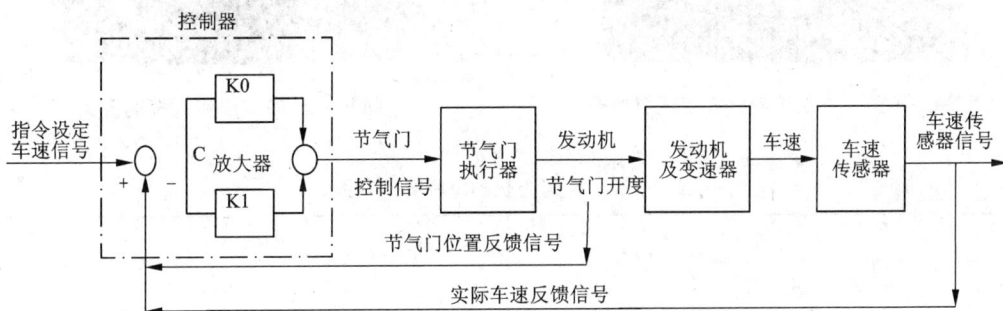

图 8－2　汽车巡航控制系统原理图

C—巡航系统控制器；K0—线性放大器；K1—积分放大器

三、汽车巡航控制系统的组成

　　汽车巡航控制系统主要由开关（巡航操纵开关、离合器开关、变速器空挡启动开关、制动开关、驻车制动开关、点火开关等）、伺服装置、发动机及车速传感器及巡航控制模块 ECU 等部分组成，如图 8－3 所示。

　　1. 开关

　　（1）巡航操纵开关。巡航操纵开关控制巡航系统的起动、关闭、控制调节巡航工作状态，实现巡航的基本功能：启动巡航、设定车速、降低巡航车速、提高巡航车速、关闭巡航、重启巡航。图 8－4 为卡罗拉汽车的操纵杆式的巡航控制开关，它有"CANCLE"、"CRUISE ON/OFF"、"＋"、"－"等按钮。还有一种常见的集合在多功能方向盘上巡航控制开关，如图 8－5 所示。定速巡航操纵杆上面英文字母的具体含义如表 8－1 所示。

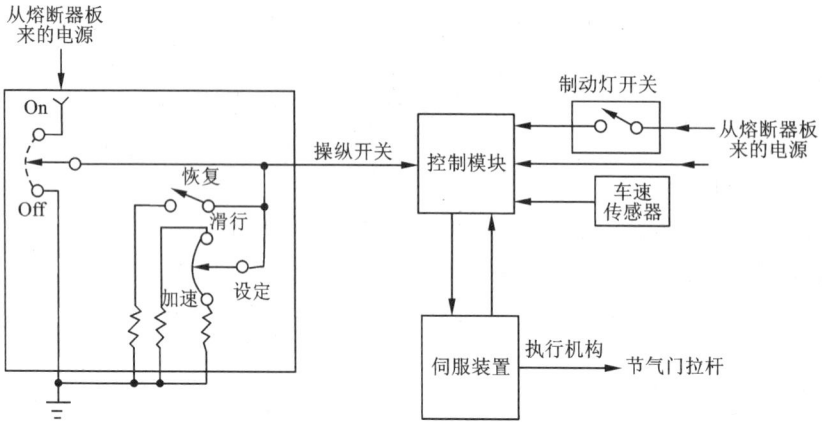

图 8-3 巡航控制系统的构成

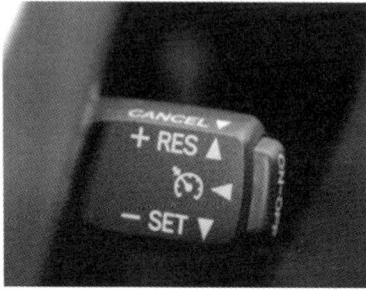

图 8-4 丰田卡罗拉控制杆式定速巡航开关

图 8-5 方向盘组式控制开关

表 8-1 定速巡航操纵杆英文对照

英文名称	中文含义
CRUISE ON/OFF	巡航开关
RESUME(RES)	续航恢复
SET + 、SRT -	巡航设置，速度增加/速度减少
CANCEL	续航取消

（2）离合器开关或者变速器空挡起动开关。手动变速器车辆，当汽车在巡航状态下行驶，出现驾驶员干预，如变换变速器挡位、制动等情况，驾驶员踩踏离合器踏板，离合器开关即由断开变为闭合，离合器开关的闭合，使电控单元立即自动关闭巡航工作状态。离合器开关装在驾驶室离合器踏板的上部，靠驾驶员踩踏离合器踏板的机械动作，使其闭合。

自动变速器车辆变速器空挡起动开关的作用与离合器开关类似。空挡起动开关的安装位置紧靠变速器操纵杆，并与变速器操纵杆联动，当变速器操纵杆置于空挡时，空挡起动开关由断开变成闭合。

（3）制动器灯开关。当驾驶员踩踏制动踏板时，在制动（接通）灯亮的同时，将控制节气门动作摇臂的电磁离合器断开，迅速退出巡航控制的工作状态。在制动器灯开关中原来常开触点的基础上，增加了与之联动的常闭触点，当驾驶员踩踏制动踏板、制动灯亮的同时，常闭触点断开，电磁离合器断电，节气门不再受巡航系统控制。

(4)驻车制动器制动开关。驻车制动器制动开关的作用与离合器开关(变速器空挡起动开关)类似。安装位置紧靠手刹操纵杆并与手刹操纵杆联动，当拉手制动时，此开关由断开变为闭合。

2. 传感器

巡航系统的传感器主要有车速传感器、节气门位置传感器等。

(1)车速传感器。用于提供一个与汽车实际车速成比例的交变振荡脉冲信号，巡航控制ECU将该信号进行处理。车速传感器信号与发动机电控系统共用。

(2)节气门位置传感器(TPS)。是把节气门的位置或开度转换成电压信号，然后传输给电控单元，作为电控单元判定发动机运行工况的依据，实现喷油量在不同节气门开度下的控制。节气门位置传感器有两种类型：一种线性节气门位置传感器，另一种是霍尔式节气门位置传感器，工作原理如图8-6(a)和图8-6(b)所示。

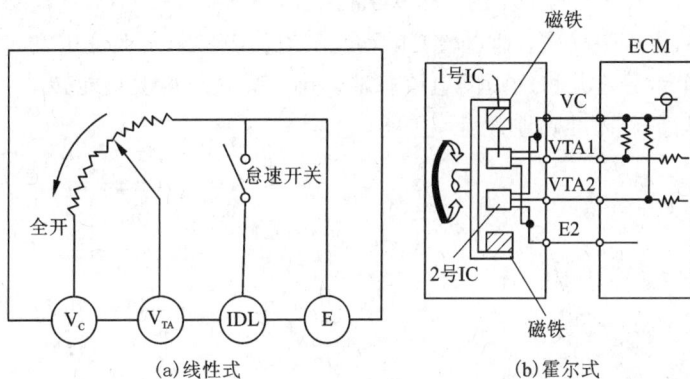

图8-6 开关输出型位置传感器原理图

3. 执行器

执行器是将巡航控制系统ECU输出的电流或电压信号转变为机械运动，进而控制节气门的开度，最终达到控制车速的目的。目前使用的执行器有两种类型，一种是真空电磁膜片式执行机构；另一种是步进电机式执行机构。前者由负压操纵节气门，后者由步进电机操纵节气门。

(1)真空电磁膜片式执行机构。真空电磁膜片式执行机构如图8-7所示。它由真空驱动膜片、真空阀(让膜片室连接真空源的常闭型电磁阀)、空气阀(让膜片室通至大气的常开型空气电磁阀)、可变电感式位置传感器和节气门拉索等组成。

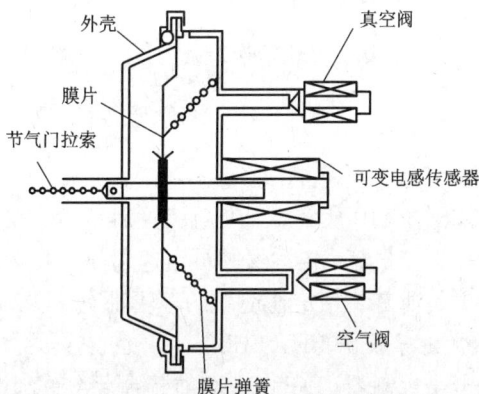

图8-7 真空电磁膜片式执行机构

ECU 通过占空比信号控制真空阀的通电与断电，通过改变占空比控制执行器内的真空度，从而控制节气门的开度，如图 8 - 8(a)和图 8 - 8(b)所示。同时通过可变电感式位置传感器测量膜片推杆的位置信号并反馈到 ECU，以达到闭环控制的目的。

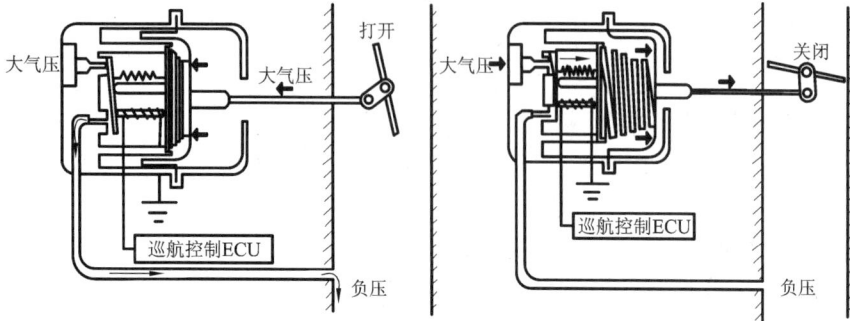

图 8 - 8　真空膜片式的闭环控制

(2)步进电机式执行机构。步进电机式执行机构如图 8 - 9(a)和图 8 - 9(b)所示。它采用直流永磁式双向步进电动机，通过改变电动机的电流方向就可改变电动机的运动方向、由于输入电流是一个十分之几秒的短路电流脉冲，同时节气门每次只能转动一个很小的角度，从而能保证节气门平顺而准确地开启或关闭。

(a)步进电机的实物

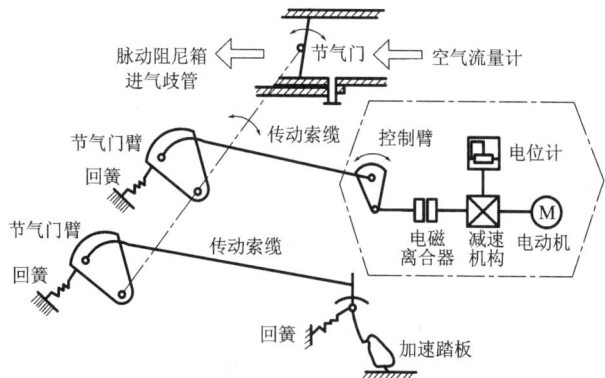

(b)步进电机式执行机构控制原理

图 8 - 9　步进电机式执行机构

4. 定速巡航警报灯

如图 8 - 10 所示，当巡航装置启动后，在仪表上会显示一个警报灯，告诉驾驶员定速巡航正在运行中。但是并不是所有装备定速巡航的车辆都有。

5. 电子控制单元(ECU)

电子控制器(ECU)是巡航控制系统的中枢，其作用是接受巡航控制开关信号、车速传感器信号、制动灯开关信号等，经转换处理后，输出控制信号，驱动执行器工作。图 8 - 11 为巡航控制 ECU 方框图。

图 8 - 10　定速巡航报警灯

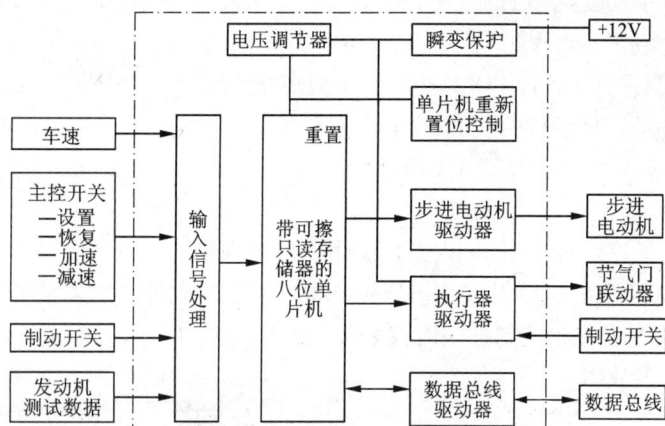

图 8 - 11　巡航控制系统 ECU 方框图

四、巡航控制系统的使用方法

1. 设定巡航速度

为确保行车安全，巡航控制系统的低速控制点一般为 40 km/h，也就是说车速低于 40 km/h 巡航系统不工作。设定巡航速度的方法是：

（1）开启巡航控制系统，按下巡航控制主开关按钮至 ON，如图 8 - 12 所示，踩下加速踏板，使车辆加速。

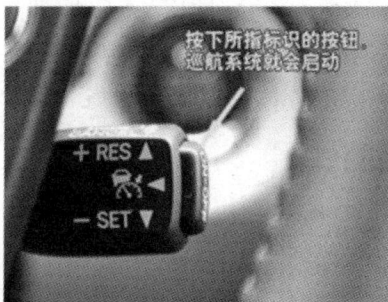

图 8 - 12　开启巡航控制

图 8 - 13　巡航控制的设定

（2）当车速达到人为设定值时，将控制开关手柄置于 SET 方位一按（图 8 - 13），这就进入了自动行驶状态，驾驶员可将加速踏板松开，巡航控制系统会根据汽车行驶时阻力的变化，自动调节节气门的开度，使车速保持在设定的范围内。若驾驶员想加速，如需超越前方的车辆时，只要踩下加速踏板即可。超车完毕后再释放加速踏板，汽车便又恢复到已设定的巡航速度行驶。

2. 取消设定巡航速度

1）人工取消方式

（1）将巡航控制系统控制开关手柄置于 CANCEL 方位并释放。

（2）踩下制动踏板使汽车减速。

（3）装备 MT（手动变速器）的汽车，踩下离合器踏板即可；装备有 AT（自动变速器）的汽车，将选挡杆置于空挡。

（4）将巡航控制主开关 ON‐OFF 按钮置于 OFF 位置。

采用人工方式（不包括第四种方法）取消巡航设定车速时，如果行驶速度在限制范围之内，则此前设定的车速会继续存储在 CCS ECU 内，可以利用控制开关的 RES 恢复。

2）自动取消方式

当汽车的实际车速降至 40 km/h 以下或低于设置速度 16 km/h 时，巡航控制会自动取消。同时在 CCS ECU 中的速度设置也被取消，无法恢复。此外，如果系统中发生任一故障，CCS ECU 也会自动停止巡航控制。同时仪表板上的巡航控制 CRUISE 主指示灯开始闪烁，以提示驾驶员系统出现故障。

3. 巡航加速设定

在巡航状态下，将巡航控制系统的控制手柄置于"＋RES"方位约半秒钟可以增加时速约 1.5 km/h，如图 8‐14 所示。也可将控制手柄置于"＋RES"位置并保持手柄不动，此时车速将逐渐加快，当车速达到要重新设定的巡航速度时释放手柄。这种加速的方法与前面所述设定巡航速度的操作方法相比，所用的时间较长。

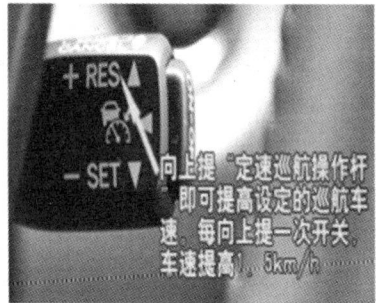

图 8‐14 巡航控制的加速设定

4. 巡航减速设定

在巡航状态下，将巡航控制系统的控制手柄置于"‐SET"的位置约半秒钟可以降低时速 1.6 km，如图 8‐15 所示。也可将控制手柄置于"‐SET"的方位并保持手柄不动，此时车速将逐渐减慢，当车速降至所要求的设定速度时释放操纵手柄。这种减速方法与踩制动踏板减速相比，减速度要小。

5. 恢复到原来设定的巡航速度

当巡航短暂解除之后，将巡航控制系统控制手柄置于"＋RES"方位（图 8‐16），汽车可恢复到原设定的速度做巡航行驶。除非车速已降至 40 km/h 以下或低于设定速度的差值在 16 km/h 以上时，巡航控制系统自动停止工作。

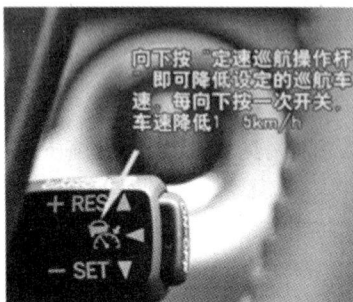

图 8‐15 巡航控制的减速设定

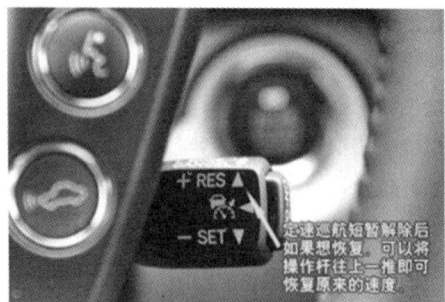

图 8‐16 巡航控制的恢复

6.定速巡航使用注意事项

（1）为使汽车获得最佳控制，当遇到交通阻塞或在雨、冰、雪等湿滑路面上行驶或遇到大风天气时，不要使用 CCS。

（2）为避免 CCS 误工作，在不使用 CCS 时，务必使 CCS 的控制开关处于关闭状态。

（3）汽车行驶在陡坡时，使用 CCS 会引起发动机转速过大，因此最好不要使用。下坡驾驶时，应避免加速行驶。若车辆的实际行驶速度叫设定车速高出很多，则忽略巡航控制，然后将变速器换入低挡，利用发动机制动控制车速。

（4）车速巡航行驶时，对装备 MT 的汽车应在踩下离合器踏板时将变速杆置于空挡，否则发动机转速会急剧升高。

（5）使用 CCS 要注意观察组合仪表上的 CRUISE 指示灯是否闪亮，若闪亮，则表明 CCS 处于故障状态。此时，应停止使用 CCS，待排除故障后再使用。

（6）ECU 是 CCS 的中枢，对电磁环境、湿度及机械振动等有较高的要求。

CCS 对以上各方面进行了全面的防护，有较强的适应能力。检查维护时还需注意以下几点：①保持汽车发电机及其电压调节器处于良好的技术状态。②必须保证车辆的蓄电池与发动机、车身的良好连接。③保持 ECU 电源接插件连线正确，连接可靠。④注意 ECU 防潮、防震、防磁、防污染。

五、凌志 LS400 典型巡航控制系统介绍

1.巡航系统的组成

凌志 LS400 汽车巡航控制系统的组成如图 8 – 17 所示，主要由操纵开关、制动开关、传感器、巡航控制 ECU 和执行元件等组成，其部件安装位置如图 8 – 17 所示。

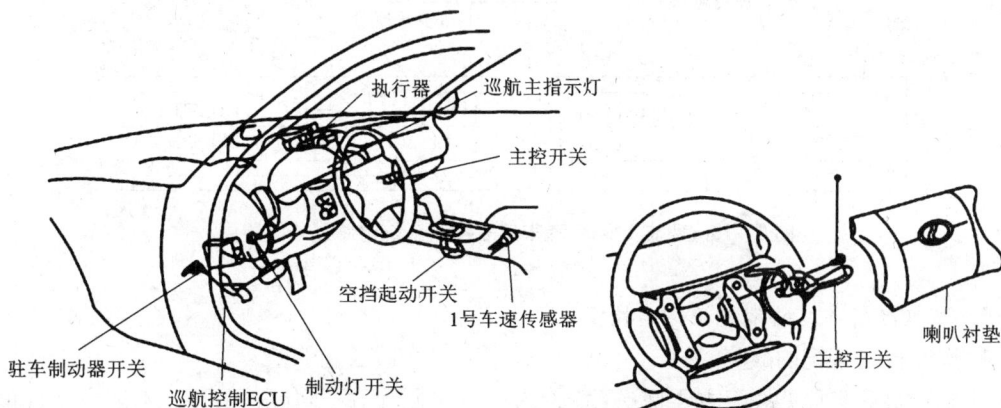

图 8 – 17 凌志 LS400 汽车巡航控制系统部件位置

2.巡航控制系统电路

如图 8 – 18 所示为日本丰田雷克萨斯 LS400 巡航控制系统电路图。操纵开关和传感器将信号送至 ECU，ECU 根据这些信号计算出节气门的合理开度，并给执行器发出信号调节节气门的开度，保持汽车按设定的车速等速行驶。当汽车行驶速度低于设定的巡航车速时，ECU 发出指令增加节气门开度，发动机功率上升，汽车速度提高；当汽车行驶速度高于设定的巡

航车速时，ECU 发出指令减小节气门开度，发动机功率下降，汽车速度降低。

巡航控制系统工作时，如果 ECU 在预定的时间内收不到车速信号，或由于操纵开关和执行元件故障而自动解除巡航控制模式，ECU 会使仪表盘上的巡航控制系统指示灯"CRUISE MAIN"闪烁 5 次，表明巡航控制装置已有故障，需要进一步读取故障码，并根据故障码提示进行检修，具体操作在后文中将详细介绍。

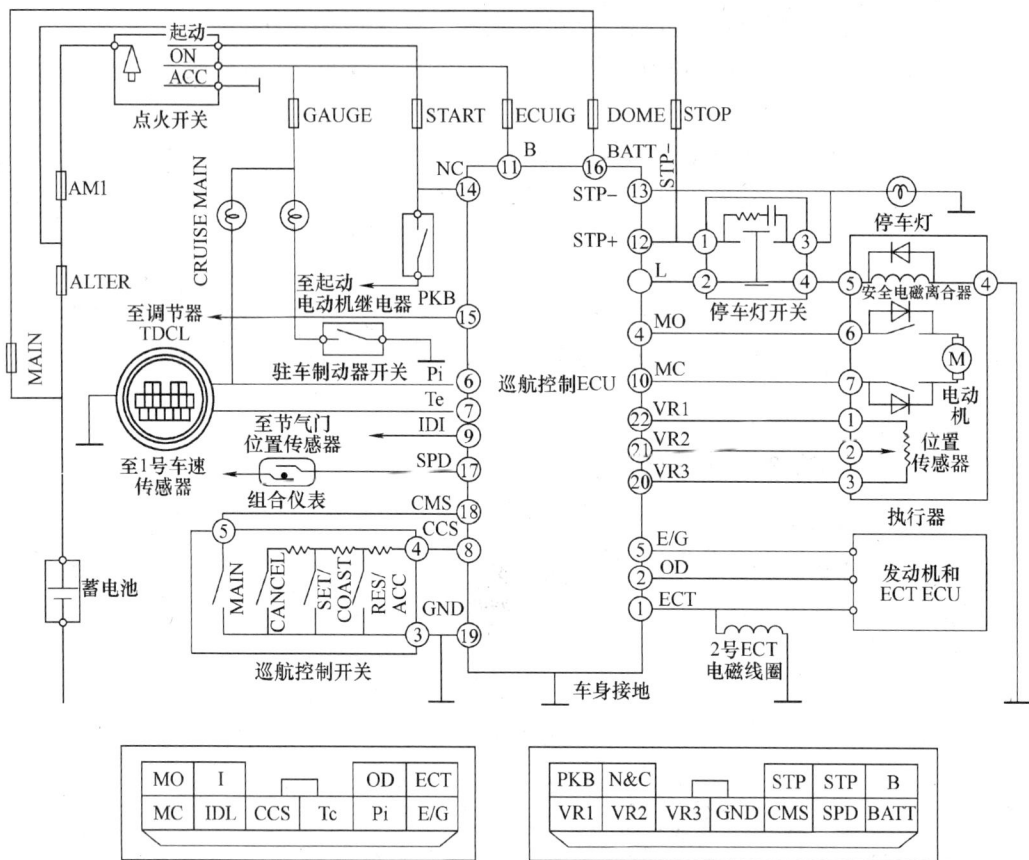

图 8-18　凌志 LS400 汽车巡航控制系统电路及连接器图

3. 巡航控制系统的常见故障与检修

1）巡航控制系统的故障

巡航控制系统常见故障主要是：不能进入巡航控制模式、间歇性故障、不能维持巡航控制车速、安全保护系统故障等，巡航控制系统常见故障诊断方法如下：

（1）巡航控制系统不工作。出现巡航控制系统不工作的故障，首先要检查所有的熔丝，然后目测检查系统有无电气线路连接点脱落、接触端子腐蚀生锈、线路绝缘损坏以及真空管路变形、扭结和泄漏等。如果目测正常，没有不良情况，可参考下列步骤继续检测。

①踩住制动踏板，观察制动灯是否正常发光。如果制动灯不亮并非灯泡损坏，则检查制动灯开关及与巡航控制系统相关的电路。

②如果车辆装备的是手动变速器，检查离合器开关的工作是否正常。用欧姆表或电压表

检测并判断其工作情况。

③检查执行器操纵杆和节气门拉线动作是否正常。

④如果巡航控制系统是气动式的结构，需要检查执行器的止回阀是否良好。断开止回阀和执行器之间的真空管（在执行器侧边的止回阀），在管子的开口端施加 60 kPa 的真空，止回阀应能保持住真空，否则需更换止回阀。

⑤检查真空泄放阀工作是否正常。

⑥检测控制开关和相关线路，对照电路图检查线路连接是否正确可靠，对照开关连通图检查开关端子之间的对应关系是否正确。

⑦检测执行器的工作情况。

⑧检测车速传感器的工作情况。

⑨如果所有检测均表明工作正常，但巡航控制系统还不能工作，需更换电控单元。

（2）巡航控制系统出现间歇性工作。巡航控制系统工作时间歇性动作，通常由电气连接或真空连接松动引起。如果目测检查不能查出故障，进行汽车行驶检测并在出现故障时进行辨别。如果在正常巡航中出现故障，从第一步开始；如果在控制键操作时或打转向盘时出现故障，则从第三步开始。

①如果是气动式执行器，将真空表连接到执行器的入口管处，应该至少有 80 kPa 的真空度。

②检测执行器的工作是否正常。

③利用维修手册中的开关连通性图表和系统原理图检测开关的动作，转动转向盘到最大角度的同时检测开关。

如果转向盘转动时欧姆表的阻值显示呈现增减变化，可能性最大的原因是接触滑环变脏。可以拆下转向盘，清洁滑环与电刷，并在电刷上薄薄地涂一层用介电润滑剂。如果阻值超出技术要求值，检查开关和搭铁回路。

如果行驶（或道路检测）检测不能识别故障，进行模拟道路试验的同时晃动电气线路、插接器和真空管路、阀体的连接处，以便将故障隐患找出。

（3）巡航控制系统控制车速不能稳定。当车辆进入巡航控制状态，并且设置好巡航车速之后，车速却明显忽高忽低，这种现象又称为"游车"。对于无自诊断功能的巡航控制系统，当出现"游车"时需进行以下检查步骤。

①检查执行器连杆机构操作是否平稳，有无间隙过大等松旷情况。

②检查车速表软轴走向是否适当并检查软轴上有无扭结。

③检测伺服机构动作是否正常可靠。

④检查车速传感器工作是否正常。

⑤检查真空泄放阀的动作是否正常。

⑥检查所有的电气连接是否正确、可靠。

⑦如果所有检测均表明工作正常，但巡航控制系统还不能工作，需更换电控单元。

2）巡航控制系统的路试检查

为确认巡航控制系统工作是否正常，可进行路试检验。路试检验的项目和方法如表 8 - 2 所示。

表 8-2　巡航控制系统路试检验的项目和方法

路试项目	正常情况
试验车速在 40 km/h 以上,使巡航控制开关接通,按下设置开关一次立即释放,右脚离开加速踏板	汽车能保持所设定的车速
一直压按着设置开关,至车速降低 7~8 km/h,释放设置开关	若试验车速在 40 km/h 以上,压按设置开关超过 1 s,便会出现车速下降,并使巡航控制系统在新的较低的车速下恒速工作
一直压按着复位开关,至车速增加 7~8 km/h,释放复位开关	汽车能加速,并使巡航控制系统在新设置的较高车速下恒速工作
轻轻踩下制动踏板	巡航控制系统脱开,节气门回至怠速位置
压按或抬起复位开关一次并立即释放	车速增加并能保持原设置车速
压按或抬起复位开关一次并立即释放	车速增加 1.6 km/h 并能保持新设置车速
压按或抬起设置开关一次并立即释放	车速减少 1.6 km/h 并能保持新设置车速
恒速主开关断开	巡航控制系统脱开,节气门回至怠速位置

4. 巡航控制系统故障自诊断

在进行故障自诊断测试前,首先应检查巡行(CRUISE MAIN)指示灯是否正常。当巡航控制主开关接通时,巡行指示灯应点亮。

1)系统的自诊断测试

在进行故障自诊断测试时,均应使系统进入自诊断测试状态。不同的车系、车型,进入自诊断测试的方式也不尽相同,下面以丰田皇冠轿车为例介绍巡航控制系统的故障自诊断测试。

(1)将点火开关转到"ON"位置。

(2)接通巡航控制主开关,巡航指示灯应点亮;关闭巡航控制主开关,巡航控制指示灯应熄灭。

(3)如果巡航控制 ECU 诊断出系统有故障时,巡航指示灯将闪烁 5 次,每次闪烁指示灯亮 0.5s,灭 1.5s,并且 ECU 将故障码存储在存储器内。

2)读取故障码

(1)接通点火开关。

(2)用跨接线将诊断座 TDCL 的端子 T_c 与端子 E_1 短接,如图 8-19 所示。

(3)根据仪表板上的 CRUISE 指示灯的闪烁情况读取故障码,如图 8-20 所示。

(4)如果系统没有存储故障码,则巡航指示灯将以点亮 0.25 s、熄灭 0.25 s 的方式持续闪烁。

(5)故障码的含义如表 8-3 所示。

(6)完成检查后,拆下 T_c 与 E_1 端子之间的跨接线,关闭点火开关。

3)清除故障码

排除故障后,关闭点火开关,拆下位于发动机室的熔断器/继电器盒内的"DOME"熔断器 10 s 以上,即可清除故障码。之后再接上熔断丝检查,CRUISE MAIN 指示灯应闪烁显示正常图形。

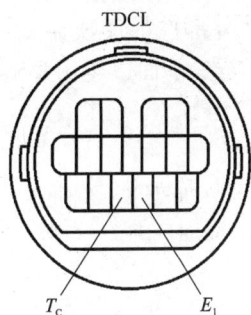

图 8 - 19 诊断座端子 T_c 与 E_1

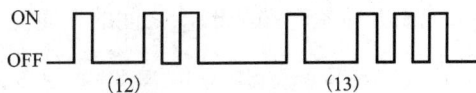

图 8 - 20 仪表板故障灯闪速频率

表 8 - 3 巡航系统常见故障码代码及含义

故障码	故障码的含义	故障码	故障码的含义
11	驱动电动机或安全离合器电路不正常	23	实际车速低于设定车速 16 km/h 以上
12	安全离合器电路不正常	31	控制开关电路不正常
13	驱动电动机或安全离合器电路不正常	32	控制开关电路不正常
21	车速传感器不正常	34	控制开关电路不正常

【工作过程】

一、工作准备与相关技术要求

1. 工作准备

(1)防护装备：工作服、手套、劳保鞋。

(2)车辆设备：装备 CCS 的整车或者台架，如丰田皇冠或者卡罗拉等车型。

(3)车间设备：举升机、工具车。

(4)监测设备：KT600 诊断仪或原厂诊断仪。

(5)手工工具：拆装工具一套。

(6)辅助材料：翼子板布和前格栅布、三件套、抹布、手套等。

2. 技术要求及注意事项

(1)点火开关打开时，不要随意断开蓄电池接线，否则会丢失控制模块中存储的信息，也不能拆卸或安装控制模块及其插接器。

(2)尽量使用生产厂家规定的检测工具，否则可能损坏控制系统的零部件。

(3)如果汽车生产厂的维修手册没有指明，就不要将系统的任何电路或元件加电压或接地。

(4)车辆举升或者起动发动机时，严格按照安全操作规程去做，注意人身安全。

二、丰田皇冠巡航控制系统的检修

在进行故障诊断之前，应先对执行机构的连接情况进行检查，检查执行机构与节气门的连接杆件是否变形或连接松动；巡航控制系统各连接导线是否有绝缘损坏、裸露或折断；巡航控制系统安装是否正确,插头是否连接可靠等。经确认上述外部件都良好时,才能对巡航控制系统进行检修。不同车型的巡航控制系统检测方法略有差异,下面以丰田皇冠轿车为例来说明。

1. 主开关的检测

(1)导通检查。拆出转向盘中心衬垫,脱开控制开关连接器。如表 8 - 4 所示,检查开关在接通或断开位置时端子 3,5 之间的导通性。若连线端子间不导通,则应更换主开关。

表 8 - 4　主开关端子间的导通性

主开关	端子	正常标准	
断开	3 与 5	不导通	
保持接通	3 与 5	导通	

(2)电阻检查。拆出转向盘中心衬垫,脱开控制开关连接器,操作控制开关,同时测量控制开关连接器端子 3 与 4 之间的电阻,标准如表 8 - 5 所示。

表 8 - 5　主开关电路电阻

开关位置	电阻/Ω	
OFF	∞	
RES/ACC	60 ~ 80	
SET/COAST	180 ~ 220	
CANCEL	400 ~ 440	

(3)输入信号检查。拆开巡航控制 ECU,连接器仍连接。将点火开关打至 ON 挡,当 SET/COAST、RES/ACC 及 CANCEL 开关分别接通时,测量 ECU 连接器的 CCS 端子与车身接地之间的电压。具体数值如表 8 - 6 所示。

表 8 - 6　输入信号的检测

开关位置	电压/V	
OFF	10 ~ 14	
RES/ACC	0.75 ~ 2.5	
SET/COAST	2.3 ~ 4.6	
CANCEL	4.1 ~ 7.2	

2. 离合器开关检测(手动变速器车辆)

(1)断开离合器开关上的插头。

(2)拆下离合器开关。

(3)按表 8 - 7 检查 1, 2 端子间的导通性。

(4)如有必要,可更换开关或调节离合器踏板高度。

表 8 - 7 检查离合器开关各端子间的导通性

离合器踏板状态	端子	正常标准	
踩下	1 和 2	不导通	离合器开关撬接器
放开	1 和 2	导通	

3. 制动开关检测

(1)断开制动开关上的 4 针插头。

(2)拆下制动开关。

(3)按表 8 - 8 检查 1, 2, 3, 4 端子的导通性。

(4)如有必要,可更换开关或调节制动踏板高度。

表 8 - 8 检查制动开关各端子的导通性

制动踏板状态	端子	正常标准	
踩下	1 和 3	导通	停车灯开关撬接器
	2 和 4	不导通	
放开	1 和 3	不导通	
	3 和 4	导通	

4. 执行器检测

执行器的检测主要包括电磁离合器、电机及位置传感器的检查,如图 8 - 21 所示。

(1)电磁离合器的检查:如图 8 - 22 所示,用手应能平滑地转动执行器摇臂,当电源正极接执行器插接器 5 端子,负极接 4 端子时,电磁离合器应接通。

(2)电机的检查:如图 8 - 23 所示,当电磁离合器接通时,6 端子接电源正极,7 端子接负极,摇臂可移动到开的位置。当摇臂全开到垂直位置,电机应断开,停止转动。电磁离合器接通时,7 端子接电源正极,6 端子接负极,摇臂可移动到关闭位置。当摇臂全关时,电机应停止转动。

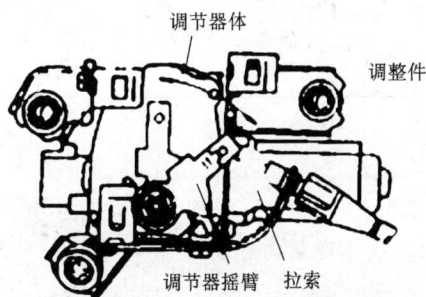

图 8 - 21 巡航系统执行器的检测

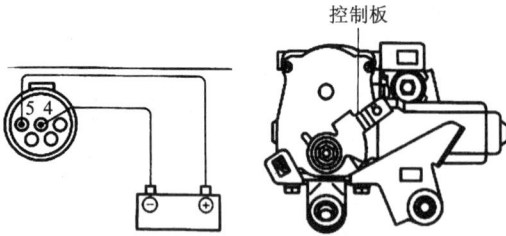

图 8 - 22　电磁离合器的检测

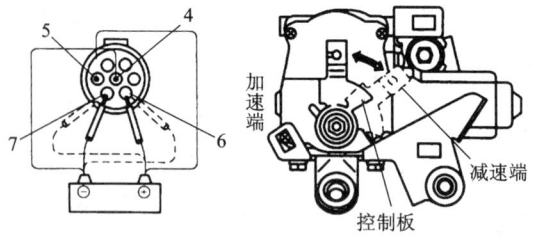

图 8 - 23　电机的检测

（3）位置传感器的检查：如图 8 - 24 所示，测量 1，3 端子电阻约为 1.6 ~ 2.4 kΩ；当摇臂从关闭转至全关全开时，测量 2，3 端子电阻，全关闭时：200 ~ 800 Ω；全开时：1.2 ~ 2.4 kΩ。

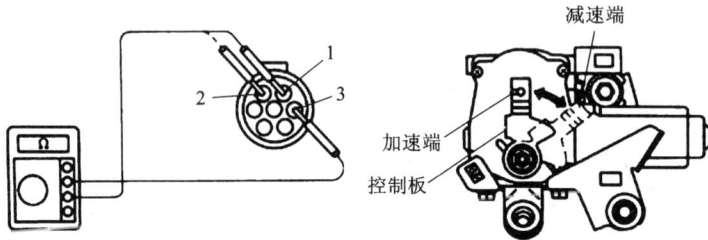

图 8 - 24　位置传感器的检测

若上述检查不符合规定要求，则执行器已坏，应更换。

★ 任务工单

工作单

任务名称：	
日期：	
组长：	
成员：	

车辆描述：

车型＿＿＿＿＿＿　　发动机型号＿＿＿＿＿＿＿＿＿　　车辆识别码＿＿＿＿＿＿＿

1. 故障现象描述

＿＿＿＿＿＿＿＿＿＿＿＿＿＿＿＿＿＿＿＿＿＿＿＿＿＿＿＿＿＿＿＿＿＿＿＿＿＿＿

＿＿＿＿＿＿＿＿＿＿＿＿＿＿＿＿＿＿＿＿＿＿＿＿＿＿＿＿＿＿＿＿＿＿＿＿＿＿＿

2. 选用的工具与材料

＿＿＿＿＿＿＿＿＿＿＿＿＿＿＿＿＿＿＿＿＿＿＿＿＿＿＿＿＿＿＿＿＿＿＿＿＿＿＿

＿＿＿＿＿＿＿＿＿＿＿＿＿＿＿＿＿＿＿＿＿＿＿＿＿＿＿＿＿＿＿＿＿＿＿＿＿＿＿

3. 描述定速巡航系统的组成及功用

_____

_____

4. 基本检查情况记录

项目	检查结果
故障灯	
蓄电池、油液	
线路连接	

预测故障: _____

5. 故障码诊断

步骤	注意事项
连接诊断仪	
读取故障码	
读取数据流	
预测故障范围	
故障排除	
清除故障码	

6. 元件检测

(1) 传感器检测

项目	检测结果

(2) 执行器的检查

项目	检测结果

(3) ECU 与元件连接的检查

项目	检测结果

7. 根据检测结果分析出现该故障原因并提出解决方法

故障分析：_____

_____

修理建议：_____

_____

8. 思考提高

(1)使用巡航控制系统时要注意哪些事项？

_____

_____

(2)在网上查询，以某款车型的巡航控制系统为例，向同学们介绍其常见故障及解决方法。

_____

_____

_____

★ 拓展知识

主动式定速巡航介绍

主动巡航控制系统(Adaptive Cruise Control，简称 ACC)类似于传统的巡航控制，系统包括雷达传感器、数字信号处理器和控制模块。司机设定所希望的车速，系统利用低功率雷达或红外线光束得到前车的确切位置，如果发现前车减速或监测到新目标，系统就会发送执行信号给发动机或制动系统来降低车速使车辆和前车保持一个安全的行驶距离。当前方道路没车时又会加速恢复到设定的车速，雷达系统会自动监测下一个目标。主动巡航控制系统代替司机控制车速，避免了频繁的取消和设定巡航控制，使巡航系统适合于更多的路况，为驾驶者提供了一种更轻松的驾驶方式。

一、主动巡航控制系统的组成

主动巡航控制系统主要由车距传感器(雷达)、轮速传感器、转向角传感器以及 ACC 控制器 ECU 等组成。车距传感器(图 8 - 25)一般安装在散热器格栅内或前保险杠的内侧，它可以探测到汽车前方 200 m 左右的距离；在前后车轮上装有轮速传感器(与 ABS 系统共用)，可以感知车辆的行驶速度；转向角传感器用来判断车辆行驶的方向；ACC 控制器 ECU 采集各个传感器的信号并进行计算，以便可以适时地与发动机控制单元和制动防抱死控制单元交换数据。

图 8 - 25　车距传感器

二、主动巡航控制系统的工作原理

主动巡航控制系统是一种智能化的自动控制系统。在车辆行驶过程中，安装在车辆前部的车距传感器(雷达)持续扫描车辆前方道路(图8－26)，同时轮速传感器采集车速信号。当与前车之间的距离过小时，ACC控制器ECU可以通过与制动防抱死系统、发动机控制系统协调动作，使车轮适当制动，并使发动机的输出功率下降，以使车辆与前方车辆始终保持安全距离。主动巡航控制系统在控制车辆制动时，通常会将制动减速度限制在不影响舒适的程度，当需要更大的减速度时，ACC控制器ECU会发出声光信号通知驾驶者主动采取制动操作。当与前车之间的距离增加到安全距离时，ACC控制器ECU将控制车辆按照设定的车速行驶。

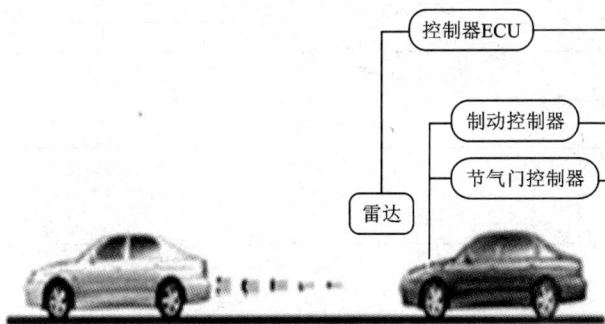

图8－26 车距传感器扫描前方道路

三、主动巡航控制系统的扩展功能

通过软件升级和增加少量电子装置等方法，主动巡航控制系统无须增加更多的装置即可实现车辆的智能驾驶等多项扩展功能。

(1)通过车距传感器的反馈信号，ACC控制单元可以根据靠近车辆物体的移动速度判断道路情况，并控制车辆的行驶状态；通过反馈式加速踏板(图8－27)感知的驾驶者施加在踏板上的力，ACC控制单元可以决定是否执行巡航控制，以减轻驾驶者的疲劳。

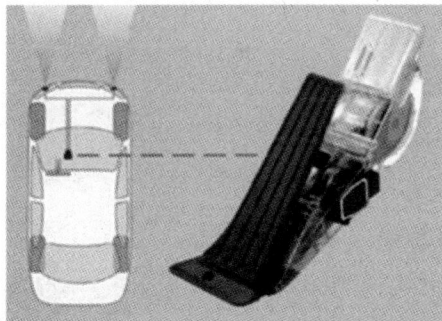

图8－27 反馈式加速踏板

(2)主动巡航控制系统一般在车速大于25 km/h时才会起作用，而当车速降低到25 km/h以下时，就需要驾驶员进行人工控制。通过系统软件的升级，主动巡航控制系统可以实现"停车/起步"功能，以应对在城市中行驶时频繁的停车和起步情况。主动巡航控制系统的这种扩展功能，可以使汽车在非常低的车速时也能与前车保持设定的距离。当前方车辆起步后，主动巡航控制系统会提醒驾驶员，驾驶员通过踩油门踏板或按下按钮发出信号，车辆就可以起步行驶。

(3)主动巡航控制系统使车辆的编队行驶更加轻松。ACC控制器ECU可以设定自动跟踪的车辆，当本车跟随前车行驶时，ACC控制器ECU可以将车速调整为与前车相同，同时保持稳定的车距，而且这个距离可以通过转向盘附近的控制杆上的设置按钮进行选择。

📢 项目评价

课程名称			学习项目		
学生姓名			学习小组		
评价内容＼评价等级	优	良	中	差
相关知识的掌握				
任务实施				
工作单的完成				
6S 管理				
纪律				
团队合作				
教师综合评价				

教师评语：

年　　月　　日

参考文献

[1] 柯文远. 自动变速器构造与维修[M]. 北京：人民邮电出版社，2013

[2] 张毅. 汽车底盘电控系统构造与检修[M]. 成都：西南交通大学出版社，2016

[3] 贾志涛，庞成立，徐长思. 汽车底盘电控系统检修[M]. 北京：北京理工大学出版社，2015

[4] 沈沉，刘宜. 汽车底盘电控系统原理与检修一体化教材[M]. 北京：机械工业出版社，2014

[5] 李培军. 汽车底盘电控技术[M]. 北京：人民邮电出版社，2015

[6] 李春明. 汽车底盘电控技术[M]. 北京：机械工业出版社，2014

[7] 杨辉，白秀秀，杜晓辉. 汽车底盘电控系统检修[M]. 北京：北京理工大学出版社，2014

[8] 王绍铫，李建秋，夏群生. 汽车电子学（第2版）[M]. 北京：清华大学出版社，2011

[9] 闵思鹏，周羽皓. 汽车底盘电控系统检修[M]. 北京：人民交通出版社，2015

[10] 谭本忠. 自动变速器原理与维修[M]. 济南：山东科学技术出版社，2010

[11] 石庆丰，齐方伟. 汽车底盘电控系统检修[M]. 南京：南京大学出版社，2013

[12] 徐罕，康海洋. 汽车底盘电控系统结构与检修[M]. 西安：西安交通大学出版社，2014

[13] 邓晓蓉，沈晓飞. 新编汽车电控单元针脚速查手册（上册）[M]. 北京：机械工业出版社，2013

[14] 孙余凯，吴鸣山，项绮明. 看图学汽车电控系统故障检测与维修[M]. 北京：化学工业出版社，2014

[15] 杨金霞，蒋家旺. 丰田汽车电控系统检修一体化[M]. 北京：机械工业出版社，2013

[16] 黄费智. 汽车底盘和车身电控技术图解教程[M]. 北京：机械工业出版社，2013

图书在版编目(CIP)数据

汽车底盘电控系统检修/柯文远,谢岳辉主编.
—长沙:中南大学出版社,2016.8
ISBN 978 - 7 - 5487 - 2425 - 4

Ⅰ.汽…　Ⅱ.①柯…②谢…　Ⅲ.汽车 - 底盘 - 电气控制系统 -
检测 - 高等职业教育 - 教材　Ⅳ.U472.41

中国版本图书馆 CIP 数据核字(2016)第 210689 号

汽车底盘电控系统检修

主编　柯文远　谢岳辉

□责任编辑　刘　辉
□责任印制　易红卫
□出版发行　中南大学出版社
　　　　　　社址:长沙市麓山南路　　　邮编:410083
　　　　　　发行科电话:0731-88876770　　传真:0731-88710482
□印　　装　长沙印通印刷有限公司

□开　　本　787×1092　1/16　□印张 17　□字数 432 千字
□版　　次　2016 年 8 月第 1 版　□印次　2016 年 8 月第 1 次印刷
□书　　号　ISBN 978 - 7 - 5487 - 2425 - 4
□定　　价　40.00 元